2023年度辽宁省社会科学规划基金青年项目"汉语程度构式演化类型及认知机制研究"（L23CYY007）成果

Research on the Constructionalization and Cognitive Mechanism of Chinese Degree Construction

姚海斌 著

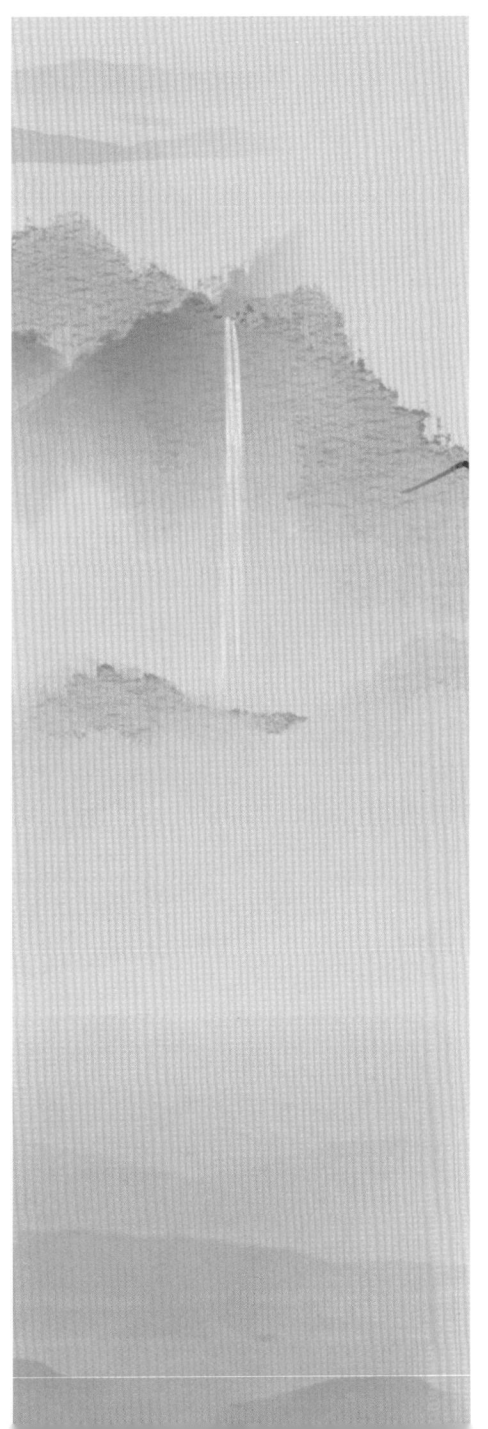

# 汉语程度构式的构式化及认知机制研究

中国社会科学出版社

图书在版编目(CIP)数据

汉语程度构式的构式化及认知机制研究/姚海斌著. —北京：中国社会科学出版社，2024.4
ISBN 978-7-5227-3233-6

Ⅰ.①汉… Ⅱ.①姚… Ⅲ.①汉语—语法结构—研究 Ⅳ.①H14

中国国家版本馆 CIP 数据核字(2024)第 049744 号

| | |
|---|---|
| 出 版 人 | 赵剑英 |
| 责任编辑 | 慈明亮　王　越 |
| 责任校对 | 夏慧萍 |
| 责任印制 | 戴　宽 |

| | |
|---|---|
| 出　　版 | 中国社会科学出版社 |
| 社　　址 | 北京鼓楼西大街甲 158 号 |
| 邮　　编 | 100720 |
| 网　　址 | http://www.csspw.cn |
| 发 行 部 | 010-84083685 |
| 门 市 部 | 010-84029450 |
| 经　　销 | 新华书店及其他书店 |
| 印刷装订 | 三河市华骏印务包装有限公司 |
| 版　　次 | 2024 年 4 月第 1 版 |
| 印　　次 | 2024 年 4 月第 1 次印刷 |
| 开　　本 | 710×1000　1/16 |
| 印　　张 | 20.25 |
| 插　　页 | 2 |
| 字　　数 | 296 千字 |
| 定　　价 | 119.00 元 |

凡购买中国社会科学出版社图书，如有质量问题请与本社营销中心联系调换
电话：010-84083683
版权所有　侵权必究

# 序

姚海斌博士的《汉语程度构式的构式化及认知机制研究》成书，准备出版，让我写个序。作为导师，我首先表示祝贺，凝聚作者大量心血的著作终于完工，值得庆贺；其次希望推荐给学界和社会，因为这是一部成功之作，在程度构式研究方面充实了现代汉语语法研究，对构式研究、程度范畴研究都有助益。

姚海斌硕士阶段是在渤海大学就读的，师从王德福教授。王德福教授有很好的语言学功底，特别是理论语言学和修辞学功底，他在博士期间研究的是丹麦哥本哈根学派的语言学理论，研究非常深入，在修辞方面也成果丰硕。前几年我去锦州开会，他送了我《红楼梦》修辞研究的著作。姚海斌继承了导师的研究，特别是修辞方面的研究，在读博之前，就写作了一些修辞学论文。

姚海斌同学于2018年考入上海师范大学人文学院攻读博士学位，由于我的方向偏向语法（虽然也做一点点修辞），我们协商后决定还是做语法论文，研究内容是有关程度构式方面的。这方面我有过一些尝试，比如"X到家""VP不知道多少NP""不是一般的X"异类比较句等。姚海斌梳理了前人的研究，选择了系列程度构式作为研究对象，希望通过不同类别的程度构式找出一般原则。姚海斌所选择的构式有传统程度构式，如"X得什么似的"；有新兴构式，如"X在线"；有普通话构式，如"X得不得了/X得了不得"；有方言构式，如东北方言"X完了"。有的构式学界有较多研究，有的构式学界研

# 序

究较少甚至尚未有人研究。有些程度构式很有意思，比如情态补语构式，肯定和否定尽管是相反的，但都可以出现在补语位置用来表达程度意义，就像"X得不行"和"X得可以"，前者是否定的，后者是肯定的，但在表达程度意义上却是相同的。

在汉语中，程度范畴（指语义范畴，不是语法范畴）是非常显赫的，不但表达形式多样，而且经常有新的形式出现，研究程度构式，不仅有助于更好地认识程度表达的方式，也有助于从语言的角度看社会、文化、认知等，因此对程度构式做出系统研究，是非常有价值的。

姚海斌 2021 年博士毕业，到大连大学工作，在博士毕业论文的基础上申报了辽宁省社会科学规划基金青年项目"汉语程度构式演化类型及认知机制研究"并获得成功，其结项成果是在博士论文基础上进一步整合、补充、完善而取得的，我们希望这部书稿能早日出版，呈现给学界，也祝愿姚海斌博士笔耕不辍，多出成果，不断进步！

宗守云

2023 年 12 月 21 日

# 目　　录

绪　论 ……………………………………………………………（1）
 1　研究对象与研究意义 ……………………………………（1）
  1.1　研究对象 …………………………………………（1）
  1.2　研究意义 …………………………………………（2）
 2　研究回顾与研究评述 ……………………………………（3）
  2.1　汉语程度相关研究 ………………………………（3）
  2.2　构式理论及构式化相关研究 ……………………（6）
  2.3　程度构式相关研究 ………………………………（10）
 3　研究目标与研究方法 ……………………………………（11）
  3.1　研究目标 …………………………………………（11）
  3.2　研究方法 …………………………………………（12）
 4　语料来源与文章体例 ……………………………………（13）
  4.1　语料来源 …………………………………………（13）
  4.2　文章体例 …………………………………………（13）

## 第一编　程度构式界定及相关理论问题

### 第一章　汉语程度构式界定标准与共性特征 ………………（17）
 1　构式观及程度构式界定 …………………………………（17）
  1.1　本书构式观 ………………………………………（17）

# 目 录

  1.2 程度构式界定 ……………………………………… (18)
  1.3 程度构式选取 ……………………………………… (19)
 2 汉语程度构式共性特征 ………………………………… (20)
  2.1 半填充的图式构式 ………………………………… (20)
  2.2 构式义浮现特征 …………………………………… (21)
  2.3 构式程度义功能 …………………………………… (22)
  2.4 构式主观性特征 …………………………………… (23)
 3 本章小结 ………………………………………………… (24)

## 第二章 汉语程度构式构式化及其促动机制 ……………… (26)
 1 构式化及相关问题 ……………………………………… (26)
  1.1 构式化界定 ………………………………………… (26)
  1.2 构式化、语法化与词汇化 ………………………… (27)
  1.3 构式化机制 ………………………………………… (28)
 2 汉语程度构式构式化机制 ……………………………… (29)
  2.1 概念叠加与构式整合 ……………………………… (29)
  2.2 语义滞留与构式压制 ……………………………… (30)
  2.3 语境固化与语用类推 ……………………………… (32)
  2.4 主观凸显与认知转换 ……………………………… (34)
 3 本章小结 ………………………………………………… (36)

## 第三章 汉语程度构式立场特征及影响因素 ……………… (37)
 1 程度构式立场特征 ……………………………………… (37)
  1.1 言者立场 …………………………………………… (37)
  1.2 立场客体 …………………………………………… (39)
  1.3 言者意图 …………………………………………… (41)
  1.4 言者态度 …………………………………………… (42)
  1.5 言听互动 …………………………………………… (43)
 2 程度构式立场表达影响因素 …………………………… (44)

  2.1 语言内部因素 ……………………………………………(44)
  2.2 语言外部因素 ……………………………………………(46)
 3 本章小结 ……………………………………………………(48)

# 第二编　与存在方式有关的程度构式研究

## 第四章　存在方式与程度构式 ……………………………(51)
 1 相关构式解析 ………………………………………………(52)
  1.1 溯因存在凸显的程度构式:"这是得有多 X" …………(52)
  1.2 像似存在凸显的程度构式:"X 得(像/跟)NP 似的" ……(54)
  1.3 处所存在凸显的程度构式:"X 在这儿/那儿呢" ………(57)
  1.4 虚拟空间存在凸显的程度构式:"X 在线" ……………(59)
 2 与存在方式有关的程度构式特征 …………………………(61)
  2.1 存在方式多样性 …………………………………………(61)
  2.2 存在范畴为程度构式提供语义基础 ……………………(63)
  2.3 存在范畴确定程度构式的特殊性 ………………………(64)
 3 存在方式何以实现程度表达 ………………………………(66)
  3.1 关联配合 …………………………………………………(66)
  3.2 回溯推理 …………………………………………………(67)
  3.3 主观加工 …………………………………………………(67)
  3.4 隐喻投射 …………………………………………………(68)
 4 本章小结 ……………………………………………………(69)

## 第五章　高程度溯因感叹构式"这是得有多 X" ………(70)
 1 "这是得有多 X"构式框填限制及构式变体 ………………(71)
  1.1 构件"X"的框填限制 ……………………………………(71)
  1.2 "这是得有多 X"构式变体 ………………………………(73)
 2 "这是得有多 X"构式义特征 ………………………………(75)
  2.1 结果事件 …………………………………………………(76)

# 目 录

  2.2 程度感叹 …………………………………………… (78)
  2.3 条件关系 …………………………………………… (80)
  2.4 原因追溯 …………………………………………… (81)
 3 "这是得有多 X"构式的构式化过程 ………………… (84)
  3.1 从语法构式到修辞构式 …………………………… (84)
  3.2 构式叠加与构式整合 ……………………………… (87)
 4 本章小结 ………………………………………………… (88)

## 第六章 程度构式"X 得什么似的"特征及构式义获得 ………… (90)
 1 "X 得什么似的"框填限制及增扩形式 ………………… (91)
  1.1 构件"X"的填充限制 ……………………………… (91)
  1.2 "X 得什么似的"增扩形式 ………………………… (93)
 2 "X 得什么似的"构式义特征 …………………………… (94)
  2.1 "X"语义特征 ……………………………………… (94)
  2.2 事实描摹 …………………………………………… (96)
  2.3 抽象程度 …………………………………………… (98)
 3 "X 得什么似的"构式义获得 …………………………… (101)
  3.1 构式压制 …………………………………………… (101)
  3.2 认知整合 …………………………………………… (104)
 4 本章小结 ………………………………………………… (106)

## 第七章 "X 在那儿呢":从处所到程度 ……………………… (107)
 1 "X 在那儿呢"构式构件分析及相近构式 ……………… (108)
  1.1 构件"X"的特征表现 ……………………………… (108)
  1.2 相近构式"X 在这儿呢" …………………………… (110)
 2 "X 在那儿呢"构式义表征 ……………………………… (111)
  2.1 语义背景 …………………………………………… (112)
  2.2 程度感叹 …………………………………………… (112)
  2.3 因果关涉 …………………………………………… (113)

2.4　主观评价 ……………………………………………（114）
　3　"X在那儿呢"构式程度义获得 ………………………（115）
　　3.1　处所义"X在那儿呢" ………………………………（115）
　　3.2　程度义"X在那儿呢" ………………………………（117）
　4　本章小结 ………………………………………………（118）

## 第八章　新兴程度构式"X在线" ……………………………（120）
　1　程度构式"X在线"的构件性质及句法特征 …………（121）
　　1.1　构件"X"的表现形式 ………………………………（121）
　　1.2　程度构式"X在线"句法特征 ………………………（123）
　2　程度构式"X在线"构式义表现 ………………………（125）
　　2.1　主观肯定评价 ………………………………………（125）
　　2.2　隐含程度显现 ………………………………………（126）
　3　程度构式"X在线"构式义获得过程及机制 …………（127）
　　3.1　程度构式"X在线"构式义获得过程 ………………（127）
　　3.2　程度构式"X在线"构式义获得机制 ………………（128）
　4　本章小结 ………………………………………………（132）

# 第三编　与能性状态有关的程度构式研究

## 第九章　能性状态与程度构式 ………………………………（135）
　1　相关构式情态类型 ……………………………………（135）
　　1.1　动力情态否定到程度："X得不得了/了不得"与
　　　　 "X得不行" ……………………………………………（136）
　　1.2　动力情态肯定到程度："X得能VP"及"X得可以" ……（138）
　2　与能性状态有关的程度构式特征 ……………………（141）
　　2.1　肯定否定不对称性 …………………………………（141）
　　2.2　主观抽象量级特征 …………………………………（142）
　3　能性状态发展到程度的路径机制 ……………………（143）

# 目录

　　3.1　语义虚化 …………………………………………… (143)
　　3.2　构式压制 …………………………………………… (144)
　4　本章小结 ………………………………………………… (145)

## 第十章　"不得了"与"了不得"在程度构式中对比研究 ……… (146)
　1　"不得了"与"了不得"的句法分布 …………………… (147)
　　1.1　句法特征共性 ……………………………………… (147)
　　1.2　句法特征差异 ……………………………………… (148)
　2　"不得了"与"了不得"的语用功能 …………………… (151)
　　2.1　语用功能共性 ……………………………………… (151)
　　2.2　语用功能差异 ……………………………………… (152)
　3　"不得了"与"了不得"的语义演化和词语竞争 ……… (154)
　　3.1　语义的演化 ………………………………………… (154)
　　3.2　词语的竞争 ………………………………………… (156)
　4　本章小结 ………………………………………………… (158)

## 第十一章　"X 得能 VP"的构式特征及构式义获得 ………… (159)
　1　"X 得能 VP"构件分析 ………………………………… (160)
　　1.1　变量构件"X" ……………………………………… (160)
　　1.2　变量构件"VP" …………………………………… (162)
　　1.3　常量构件"得"与"能" …………………………… (164)
　2　"X 得能 VP"构件互动关系 …………………………… (165)
　　2.1　同一"X"搭配不同"VP" ………………………… (165)
　　2.2　同一"VP"说明不同"X" ………………………… (166)
　　2.3　"X"与"VP"常规联想 …………………………… (167)
　3　"X 得能 VP"构式特征 ………………………………… (168)
　　3.1　构式的非现实性 …………………………………… (169)
　　3.2　抽象程度的具象描摹 ……………………………… (171)
　4　"X 得能 VP"构式程度义获得 ………………………… (173)

  4.1 动力情态肯定到高程度投射 …………………… (173)
  4.2 认知整合 ………………………………………… (175)
 5 本章小结 ……………………………………………… (177)

## 第十二章 "X得可以":情态肯定到主观高程度 ………… (178)
 1 构件分析与句法特征 ………………………………… (179)
  1.1 变量"X"特征 …………………………………… (179)
  1.2 "得"与"可以" ………………………………… (180)
  1.3 构式"X得可以"句法特征 ……………………… (181)
 2 构式语义表现及语用功能 …………………………… (182)
  2.1 肯定情态 ………………………………………… (182)
  2.2 论断属性 ………………………………………… (183)
  2.3 程度填充 ………………………………………… (184)
 3 "X得可以"构式形式演进 …………………………… (185)
  3.1 "可以+VP"构式 ………………………………… (186)
  3.2 "X得Y"构式 …………………………………… (186)
  3.3 "X得可以+VP"构式 …………………………… (187)
  3.4 "X得可以"构式 ………………………………… (188)
 4 "X得可以"程度义获得机制 ………………………… (189)
  4.1 类推原则 ………………………………………… (189)
  4.2 肯定情态到高程度投射 ………………………… (190)
 5 本章小结 ……………………………………………… (192)

## 第十三章 高程度义构式"X得不行" ………………………… (193)
 1 构式组成要素特征 …………………………………… (194)
  1.1 构件"X"特征 …………………………………… (194)
  1.2 "得"及相关标记 ………………………………… (195)
  1.3 构件"不行" ……………………………………… (197)
  1.4 构式变体 ………………………………………… (197)

## 目录

2 构式义特征表现 ……………………………………… (198)
　2.1 模糊高量程度 …………………………………… (199)
　2.2 主观高量程度 …………………………………… (200)
　2.3 动态结果凸显 …………………………………… (201)
　2.4 负面评价色彩 …………………………………… (202)
3 构式义获得及形成机制 ……………………………… (203)
　3.1 "不行"的虚化 …………………………………… (203)
　3.2 构式压制赋予程度义 …………………………… (205)
　3.3 情态否定到高程度投射 ………………………… (206)
4 本章小结 ……………………………………………… (207)

# 第四编　与情状凸显有关的程度构式研究

## 第十四章　情状凸显与程度构式 ……………………… (211)

1 情状凸显的基本特征 ………………………………… (211)
　1.1 状态持续性 ……………………………………… (211)
　1.2 主观凸显性 ……………………………………… (212)
2 程度构式不同类型情状凸显 ………………………… (213)
　2.1 摹声情状凸显：拟声词重叠式相关构式 ……… (213)
　2.2 临界情状凸显："X 得要死/要命" ……………… (214)
　2.3 承受情状凸显："X(得)够呛" …………………… (215)
　2.4 终结情状凸显："X 完了" ……………………… (216)
3 情状凸显表程度的基础 ……………………………… (216)
　3.1 心理学基础 ……………………………………… (217)
　3.2 类型学基础 ……………………………………… (217)
　3.3 语言学基础 ……………………………………… (219)
4 情状凸显表程度的机制 ……………………………… (220)
　4.1 隐含到规约 ……………………………………… (220)
　4.2 凸显到强化 ……………………………………… (221)

4.3　隐喻及转喻 ……………………………………………（222）
　　4.4　主观化作用 ……………………………………………（223）
　5　本章小结 …………………………………………………（223）

**第十五章　程度构式"X＋得＋拟声词重叠式＋的"研究** ………（225）
　1　"X＋得＋拟声词重叠式＋的"构件特征 …………………（226）
　　1.1　单音节拟声词重叠式充当构件 ………………………（226）
　　1.2　双音节拟声词重叠式充当构件 ………………………（227）
　2　"X＋得＋拟声词重叠式＋的"构式义特征 ………………（230）
　　2.1　"X＋得＋拟声词重叠式＋的"构式状态描摹义 ……（230）
　　2.2　"X＋得＋拟声词重叠式＋的"构式程度强化义 ……（231）
　3　"X＋得＋拟声词重叠式＋的"构式程度义来源 …………（232）
　　3.1　构件与程度 ……………………………………………（233）
　　3.2　构式压制 ………………………………………………（235）
　　3.3　象似性 …………………………………………………（236）
　4　本章小结 …………………………………………………（237）

**第十六章　程度补语构式"X得要命"与"X得要死"**
　　　　　**对比研究** ………………………………………（239）
　1　"X得要命"与"X得要死"构式义特征 …………………（240）
　　1.1　构式共性特征 …………………………………………（240）
　　1.2　构式差异特征 …………………………………………（244）
　2　"X得要命"与"X得要死"构式义获得 …………………（246）
　　2.1　语义演变 ………………………………………………（246）
　　2.2　构式压制 ………………………………………………（248）
　3　"X得要命"与"X得要死"构式义认知阐释及特征成因 ……（250）
　　3.1　临界情状到极致程度 …………………………………（250）
　　3.2　社会固有认知的识解 …………………………………（251）
　　3.3　听说双方互动与招请推理 ……………………………（252）

4 本章小结 ･････････････････････････････････････････ (253)

## 第十七章 高程度义构式"X 得够呛"研究 ･････････････････ (255)
1 "X 得够呛"构式构件组成 ････････････････････････ (256)
  1.1 "NP"与"AD" ･････････････････････････････ (256)
  1.2 "得"与"够呛" ････････････････････････････ (257)
  1.3 "V"与"A" ･････････････････････････････････ (258)
2 "X 得够呛"构式义特征 ･･･････････････････････････ (262)
  2.1 "X 得够呛"构式的高程度义 ･･････････････････ (262)
  2.2 "X 得够呛"构式的主观性 ････････････････････ (263)
3 "X 得够呛"构式义获得 ･･･････････････････････････ (264)
  3.1 "够呛"的语义演化 ･･･････････････････････････ (264)
  3.2 抄近路得出隐含程度义 ･･･････････････････････ (266)
4 本章小结 ･････････････････････････････････････････ (268)

## 第十八章 东北方言"X 完了"的程度表达功能 ･･････････････ (270)
1 东北方言程度构式"X 完了"构件分析 ･･･････････････ (271)
  1.1 变量构件"X" ･･･････････････････････････････ (271)
  1.2 常量构件"完了" ････････････････････････････ (273)
2 东北方言"完了"语义表现 ･････････････････････････ (274)
  2.1 终结情状"完了$_1$" ･････････････････････････ (274)
  2.2 极致程度"完了$_2$" ･････････････････････････ (275)
3 东北方言"完了$_2$"程度义获得机制 ･･････････････････ (277)
  3.1 东北方言"完了"的认知投射 ･･････････････････ (277)
  3.2 东北方言"完了"的否定衍推 ･･････････････････ (278)
  3.3 转喻与隐喻 ･････････････････････････････････ (279)
4 东北方言表程度"完了"相关表达 ･･･････････････････ (281)
5 本章小结 ･････････････････････････････････････････ (283)

结　语 …………………………………………………（284）
　　1　主要观点 ………………………………………（284）
　　2　不足与展望 ……………………………………（285）

参考文献 ………………………………………………（287）

后　记 …………………………………………………（305）

# 绪　　论

## 1　研究对象与研究意义

### 1.1　研究对象

本书描写一些不同类型的汉语程度构式。程度范畴属于认知语义范畴，程度构式将人们深层认知整合结果通过外在形式表现出来。汉语程度构式正在不断更新发展，既出现了大量新兴程度构式类型，又有程度构式在新语境下展现出的新功能与新用法。程度构式并非孤立地存在于语言系统中，程度范畴与其他语义范畴存在交互转换、跨域投射现象，因此考察程度构式不能在单一程度范畴视域内，要考察与其他范畴之间的交互影响。我们以程度构式为主体和着眼点，研究相关程度构式表现形式、构式特征以及构式义获得认知路径。

首先，我们研究与存在方式有关的程度构式，讨论不同存在方式与程度构式间的交互关系。主要涉及溯因存在、像似存在、处所存在、虚拟存在等不同存在方式与程度之间的交互作用。例如，"这是得有多X"是溯因存在与高程度之间关联，"X得什么似的"构式体现像似存在与高程度之间联系，"X在那儿呢"则是处所存在到高程度投射。

其次，我们研究与能性状态相关的程度构式，讨论不同能性状态对程度构式产生及特征表现的影响，以及能性状态与程度构式之间的交互关系。主要包括动力情态肯定及否定到程度的投射。动力情态的

## 绪 论

肯定及否定形式都可以与程度发生关联，只是认知路径不同。例如，"X得可以""X得能VP""X得不行"几个构式的程度表达与情态的肯定或否定相关。

最后，我们研究与情状凸显相关的程度构式，程度构式有不同的情状凸显方式。主要包括摹声情状凸显（拟声词重叠式表程度的构式），临界情状凸显（"要命"或"要死"组成的构式），承受情状凸显（"够呛"相关构式）与终结情状凸显（东北方言"X完了"构式）。

总之，本书研究对象为汉语的程度构式，分析程度构式的构式特征及其与不同范畴的交互关系，讨论汉语程度构式的构式化及构式化认知机制。

### 1.2 研究意义

本书运用构式理论、认知语言学理论、语法化及主观化等相关理论，分析汉语程度构式相关特征，促进汉语程度构式与其他范畴结合研究进一步深入。这个课题不仅具有理论意义，还有较强的应用价值。具体如下。

理论意义：

①探索汉语程度构式的分析方法。构式理论对汉语的研究既有理论意义又具有方法论意义。汉语程度构式研究可以为构式研究提供一些新的材料和方法，有利于进一步丰富构式理论。

②丰富汉语程度构式相关研究。程度构式还存在许多未探索的领域，不同范畴视域下的汉语程度构式研究为之后的研究提供新思路和新材料，进一步完善整个程度范畴和构式理论体系。

③促进认知语义范畴的深入研究。程度所表语义内涵深层次上属于认知语义范畴，程度构式反映出人们对程度的认知规律。程度构式与相关范畴的结合研究，对认识汉语程度范畴具有促进作用。通过构式的视角，为揭示汉语程度范畴共性提供一定的语言事实与基础。

④探索共性认知规律。东北方言程度构式探讨为相关研究提供了一个更为广阔的视角和实际的研究价值，进一步推动构式理论完善和

挖掘程度认知共性规律。

实践意义：

①相关探索有益于解释汉语程度构式的形成机制。

②加深汉语程度构式认知，保留相关独特表达式。

③有利于促进对外汉语教学的开展，解决对外汉语教学过程中一些难以解释的现象。

# 2 研究回顾与研究评述

## 2.1 汉语程度相关研究

人类如何认知世界及如何表达认知都会在人类的言语行为中有所反映。人类语言是一个规则严密的系统，语法是对现实规则的映射，语义反映客观世界的一系列范畴与关系。程度是个常见的语义范畴，同其他范畴一样，是人类认知世界的一种方式。人们在认知、交际过程中几乎都涉及程度表达，具体来说，程度是指事物的性质或状态体现的不同状况。程度一直是语言学研究的热点之一，国内语言学界对程度的研究起步早、成果多，在程度范畴、程度副词、程度补语、程度构式等方面成果颇丰。我们从这几个方面简单梳理汉语有关程度的研究现状。

（一）程度范畴相关研究

程度范畴实际上是从语义角度对不同范畴的划类。吕叔湘（1956）的《中国文法要略》认为"程度"是"数量"的一个次范畴，并列举出一些程度表达式，可以说是国内最早将"程度"视为一个范畴的研究。马庆株（2000）提出"程度"是个语义范畴。李宇明（2000）的《汉语量范畴研究》将"程度"视为量范畴的一种。李琳（2004）将程度看作独立的语义范畴，总结了现代汉语程度范畴的语义特性和多种语法表达形式，分析了语义特征对语法形式的制约作用并划分了程度范畴的次范畴。蔡丽（2010）详细探讨程度范畴在现代汉语补语系统里的句法表现，并重新整理了现代汉语补语系统，研究程度与补语之间的关系。目前学界从程度范畴的不同表现形式考察程度这个语义范畴的探索从未停止，主要是有关程度副词和程度补语的研究。但单独深入考察程度范畴的研究成果要少于程度副词或程度补语研究，程度范畴还缺乏系统、深入的探究。

（二）程度副词相关研究

程度副词现今是副词中一个单独的次类，对它的研究起步早，成果多。黎锦熙（1924）在《新著国语文法》中将"程度副词"作为数量副词的一个小类。丁声树等（1979）在《现代汉语语法讲话》中研究探讨了"很、太、多"等表示程度的副词。王力（1985）将常见的副词分八类，"程度修饰"位列其中，并且将程度副词分为相对程度副词和绝对程度副词。朱德熙（2002）的《语法讲义》和赵元任（2010）的《汉语口语语法》都使用"程度副词"的说法。这一系列研究为程度副词的深入探索奠定了基础。语言的动态发展会产生一些新兴的程度副词，加之研究者运用的划分标准存在差异，因此关于程度副词的数量各家看法不一。丁声树等列举10个，朱德熙列举17个，李泉（1996）则增加到76个程度副词，刘月华等（2019）列举25个，蔺璜、郭姝慧（2003）认为有85个程度副词，张谊生（2000）在《现代汉语副词研究》中列举89个程度副词，并在《现代汉语副词研究》（修订本）中增加到99个，是目前为止统计程度副词数量最多的。程度副词数量统计的差异与语言自身发展有关，另外也与各家所用划类标准不一相关。关于程度副词个案的研究不胜枚举，如"很、挺、怪、老、最、太、有点"等常见程度副词，以及新兴程度副词"暴、奇"等相关研究成果颇多，兹不一一举例。对程度副词的热烈讨论和持续关注反映出人们对程度相关方面的重视。

（三）程度副词对比研究

赵军（2006）对比了"最"与"顶"、"极"与"至"、"最"与"最最"三组极性程度副词的差异，包括极性程度副词对实词及短语的选择限制，语法化等。吕文杰（2013）重点考察程度副词和程度补语两种程度范畴表达方式。张谊生（2015）以"之极、至极"和"之至、之致"为例探讨了固化短语逐渐虚化为极性程度副词的相关问题。探讨副词化表达方式与功用涉及四个方面：极性化的绝对程度，构式化的四字构造，情态化的主观强调与和谐化的连用套叠。此外，程度副词对比研究还包括新兴程度副词与常规程度副词的对比，方言中程度副词与普通话程度副词对比研究。程度副词所表程度量级存在部分一致性，有助于进一步揭示程度范畴特征，因此对比研究十分重要。

（四）新兴程度副词研究

朱磊（2018）探讨新兴程度副词及带有程度副词的新构式。曹春静（2018）探讨多个现代汉语新兴程度量级构式并总结构式的共性演变动因，同时从类型学视野下探讨程度补语。张谊生（2018）分析"百般、万般"与"千般"强调程度的功用。张谊生（2019）分析"很/太+名/动"形化的临界模式、演化机制和表达功效，用法的构式化是表达功效其中之一。程度副词研究从现代的语法研究开始一直没有停止，最近几年关于新兴程度副词"爆/暴""超""巨""狂""奇"等研究层出不穷。我们仅列举出与程度构式相关的部分研究，为我们程度构式的探讨提供借鉴。

（五）程度补语相关研究

动结式萌芽于魏晋南北朝时期，普遍运用于隋唐五代（参见吴福祥，1999；梁银峰，2006）。"程度补语"最早是许绍早（1956）在《略论补足语》一文提出来的。程度补语产生之初在单独划类、语义特征等方面一直存在较大争议。20世纪80年代以前主要是描写性的为以后深入研究奠定基础的时期，比较有代表性的有张志公（1953）、许绍早（1956）、李临定（1963）等。20世纪八九十年代，程度补语的研究逐渐丰富，开始涉及程度补语的语义、语法、语用三个平面方面的探讨。代表性的成果有：王邱丕、施建基（1990）探讨程度与情状的关系，余志鸿（1991）《补语在句中的语义联系》，兰宾汉（1993）《也谈程度补语与结果补语》等。马庆株（1988）的《含程度补语的述补结构》首次全方位讨论程度补语范围、意义与类别，详细描写了各类述程式以及述语和补语的组合规律和制约关系，是比较有代表性的成果。20世纪90年代以来，程度补语的研究越来越多样化，引进和运用不同的语言学理论分析程度补语，成果颇丰。例如，吴福祥（2000）运用语法化理论考察"V 死 O"的历时来源。叶南（2007）运用标记理论解释程度副词在补语及状语位的各种不对称现象。宗守云（2010）讨论补语"透"的语义虚化和泛化，认为其程度补语的用法是由结果补语虚化而来。吴继峰（2014）分析现代汉语新兴程度补语"翻""毙""呆""爆""歪"的语法特点、形成基础及产生原因，并推测它们的语法化过程。吉益民（2017）提出主观极量唯补结构一个重要的构建机制是广义终结域（具象域）映射到主观极量程度（抽象域），并且总结补语位比状语位更具有表示极性的优势。张宝（2017）集中讨论现代汉语否定式程度补语，如"不行""不得了"等相关特征。卓尔（2018）认为后置的补语"不行"是极限义程度补语。新近程度补语研究多是以新兴极性义程度补语为对象，从语法化、构式、认知域之间的投射关系、主观化等理论解释不同的新兴程度补语，我们不一一列举。虽然对程度补语的研究成果丰硕，但运用构式理论重新审视这些已有研究又会产生新的解释力。

## 2.2　构式理论及构式化相关研究

（一）构式理论研究

构式语法理论以认知语言学为理论背景。Lakoff 的认知语义学、概念隐喻理论，Langacker 的认知语法学，Fillmore 的框架语义学等理论成果对构式语法理论的生成有重大作用。不同的构式流派对构式定义略为不同，参见 Langacker（1987）、Croft（2001）、Taylor（2002）、牛保义（2011）、王寅（2011）、侯国金（2015）等。影响最大的要数美国学者 Goldberg（1995，2006）提出的构式语法理论及构式的判断标准："构式是一个形式与意义的配对，且构式义不能从构成成分或其他已有构式中得到完全预测。"① 但是，构式并不是独立自存的，其形

---

① Goldberg, Adele E., *Constructions*: *A Construction Grammar Approach to Argument Structure*, Chicago and London: The Unioersity of Chicago Press, 1995.《构式：论元结构的构式语法研究》，吴海波译，北京大学出版社 2007 年版，第 4 页。

式与意义之间的关系也不是完全任意的,而是存在理据性,因此会存在跨语言的共同结构类型。构式主义研究路径的确在语言研究方面颇有成效。Goldberg 所说的构式不仅包括句式,也包括成语、复合词,甚至是语素在内。构式理论将构式看作语言系统以及语言运用的基本单位,提出不同构式组成语言系统,语言习得也是习得构式的过程。此外,构式的使用频率也影响着构式界定,一些能够被完全预测的构式只要出现频率足够高也可以称为构式。能够完全预测的构式相当于"常规构式",不能被完全预测的构式相当于"特殊构式"。另一个影响较大的是 Croft(2001)提出的激进构式语法(简单而言就是语言的一切单位都以构式表征)。虽然激进构式语法过于"激进",但泛化的构式观也为语言学研究提供了一个新的视角和方向。Goldberg 概括构式之间四种主要的传承性关系:多义性连接,隐喻性连接,分部性连接和例示性连接,构式网络正是基于此才得以建立。总之,不同构式语法理论都赞同构式是形义配对体的象征单位,且大部分构式具有独特性。

(二)构式化相关研究

Traugott & Trousdale(2013)提出构式化理论,目的是在构式语法理论框架内研究构式的历时演化过程。构式化理论通过考察形式与意义的变化为构式演化及认知动因提供较全面解释。并且构式化研究范畴不断扩大,更多的语言演化逐渐被纳入其中,进一步扩大了词汇化与语法化的适用范围,尝试以构式化为基础建立统一的解释框架。构式化实际上主要是历时方面的考察,国外很多认知语言学家都关注构式历时变化,并在认知与演化方面进行了不同方面的研究与探讨,成果丰富,代表人物主要包括 Fried,2008、2013;Gisborne,2011;Hilpert,2013;Trousdale et al.,2013;Traugott & Trousdale,2013。构式化之所以能够发生是内在机制与外在动因的作用,构式化机制是构式化产生的方式,构式化动因是解释构式化发生的原因。重新分析和类推是传统语言演化的重要机制。Traugott(2013)采用"新分析"和类比化解释构式化的发生机制和主要动因。构式化的解释有不同的识解方式,

# 绪　论

Lehmann（1995）和 Hopper 等（2003）主要讨论邻近的构式语境对表达式的影响。Barlow（2000）和 Bybee（2010）主张语言结构的变化是由语言使用引起的，相当于使用频率对构式的作用。隐喻、转喻及主观化同样是构式化发生的重要机制，隐喻和转喻的相互作用会产生新的构式，新构式在高频使用下发生构式化。语用推理也是引发构式演化的重要因素。构式的产生和变化是多因素共同作用的结果，不同构式的生成方式和演化路径存在差异性。无论如何，将构式化与词汇化、语法化看作一个连续体，在语言演化研究理论方面是一个突破和创新。构式化强调构式的使用引起了构式形式或意义的变化，构式化的发生离不开构式的使用。

（三）运用构式理论分析和解释汉语事实的研究

构式理论1999年被引入汉语研究，标志是张伯江（1999）对汉语双及物构式的研究。此后的20多年来，汉语语法构式各方面的研究逐渐成为语法学研究比较重要的内容之一。刘丹青（2005）分析非典型"连"字句是典型的构式句，它的强调义来自整个构式，且不可分解。彭睿（2007）以"从而""以及"和"极其"的演变为例研究构式语法化的机制与后果。构式语法化被界定为重新分析的过程，能够诱发内部成员融合以及语法化等。陆俭明（2008）关于构式语法理论价值及相关性的研究。随后（2010），又提出对现代汉语教学及句法分析有重大实用价值的"构式—语块"句法分析法。陈满华（2009）提出"树立二语教学的构式观"解决二语教学方面的相关问题。王寅（2011）分析构式理论的利弊，并阐发了自己的系列观点，如"体验性普遍观"以及"构式的体验性"等观点解决构式研究问题。刘正光（2011）主编的《构式语法研究》收录了37篇相关研究论文，分八个专题研究汉语相关构式问题，包括基础理论研究，词义与构式互动研究，构式与论元结构研究，还有具体的中动构式，双及物构式，"把"字句，致使构式以及动结结构。这些成果给汉语研究提供了解决问题的新观点和新方法。施春宏（2011）明确指出构式语法对语法教学系统性和层次性可以有很大影响。施春宏（2013）认可广义的构式观，认为凡是具有特异性的语言单位都可以看作构式，也就是说语素、词、习语、句法结构甚至语篇都可以被看作构式。广义构式观提供了一个新的视角和方向看待现代汉语语法问题。并在其后的文章（2016）再次梳理"构式"观念涉及的内在逻辑结构以及与之相关的核心论题，与此同时指出"构式"观念在语言学内外所蕴含的理论张力。顾鸣镝（2013）梳理构式语法产生的理论背景及不同构式相关理论，并具体分析汉语的构式实例。吴为善（2016）运用构式相关理论具体分析构式案例（如"X前X后"等）并探讨构式理论问题。石毓智（2018）把语法构式分为无标记的和有标记的两种。总之，构式理论被运用到现代汉语语法研究中已经取得了相当多的成果，但还有一些语法和语言现象没有从构式的角度进行深入研究。构式理论既是理论指导也是方法论指导，为我们解释现代汉语中的程度表达式提供强有力的理论支持，同时也为对外汉语教学及汉语本体研究提供新的思路。

（四）基于实例的理论研究

现代汉语的构式研究既有个案分析，也有基于汉语事实提出的理论发展，如复杂的构式整合、语法构式与修辞构式间的转换关系、构式化与其他语言学理论相结合的理论探索。江蓝生（2008）认为"差点儿VP"与"差点儿没VP"，"VP之前"和"没VP之前"的肯定否定不对称是概念叠加和构式整合的结果。王寅（2009）探讨构式压制、词汇压制和惯性压制之间的协同关系。刘大为（2010）研究语法构式与修辞构式之间的关系。施春宏（2012）从构式压制角度识解语法和修辞的互动关系。认知性构式压制现象是语法和修辞的界面现象，构式成分与构式整体本质特征上的契合度是构式压制得以实现的基础。陆俭明（2016）深入研究"语法构式—修辞构式—新的语法构式"具体演化过程，并认为构式语法理论有益于促进修辞学更好融入现代语言学。金梦柃、张谊生（2016）分析"集X于一身"完成构式化的基础是"容器隐喻"和"套件隐喻"，推动因素则是经济原则、适用原则及高频使用。构式理论引入汉语语法研究的20多年间，解决了汉语研究中的一些疑难问题，理论本身也在实践研究中获得进一步发展。

## 2.3 程度构式相关研究

程度构式研究目前多是单篇论文，主要是高程度构式研究，低程度构式研究相对较少。丁加勇、谢樱（2010）分析表程度的"A得C"构式程度加深来源表程度的补语以及表程度加深的构式义。文章以"A得C"类构式为例解析构式义对构式组成部分的影响以及二者的互动。孟德腾（2013）认为，高程度义构式"别提多X（了）"的句法功能及高程度义来源于回溯推理。陈一（2014）探讨了"有点小（不）A/V"高程度与低程度两种程度范畴的不平衡、不相称为低程度表达式创造了条件。王晓辉、池昌海（2014）认为"X就不用说了"属于程度评价构式，构式形成与程度的梯级演化有关，同时指出构式化进程促动因素大致包括言说动词的虚化、隐喻机制的影响、听说双方的互动及招请推理。形式上否定、意义上肯定的"形义不对称"的构式类型尤其值得我们关注。汪国胜等（2015）考察"要多A有多A"经历跨句语法化过程，由两个并列句发展为事理逻辑的主从关系句，继而成为表示主观极值的构式。甄珍（2015）概括"要多A有多A"构式义为："说话人就某主体在某一方面的性状做出主观极量评价。"此外，还考察口语中主观评议构式"那叫一个A"带有程度义特征（甄珍，2016）。吉益民（2016）分析了"比X还X""X中的X""要多X有多X""X（的）Y"等表示主观极量的图式构式。张晓琴（2017）分析程度构式"一点儿也不X"的语法、语义及语用等特征。董正存（2018）从构式增扩角度分析"最A不过"和"再A不过"两个高程度义结构式。王晓辉（2018）从程度评价构式"X没说的"出发，探讨习语性构式存在动态浮现性的普遍性。宗守云（2018）分析高程度构式"R不是一般的X"的性质，构式义获得一般规律以及独特的认知途径。唐玉环（2019）认定"想不X都难"为表达高程度必然性的构式。吕佩（2019）对比考察构式"X得不行"的增扩形式"F+X得不行"及"X得不行不行的"的差异特征及形成动因。甄珍、丁崇明（2020）从适切语境、构式对构式成分的准入限制、句法语用特征等方面研究主观超量构式"要不要这么A"。赵彧（2020）分析"V过A的，没V过这么A的"语用推理过程及构式极性程度义的获得。程度构式研究正处于层出不穷的新阶段，相关研究还有很多，在此不一一列举。程度构式研究多是对个案的独立探讨，程度构式系统的建立有待进一步挖掘。

我们发现，程度构式的研究多是以新兴构式为研究对象，分析它们的程度表达功能，并且近年来的程度构式研究理论日益丰富、方法多样，正在形成更广阔的视角。但汉语很多程度构式之间存在一定的趋同特征，对待相似度较高的程度构式还缺乏更深入的对比性研究，比如"X得要死/要命""X得不得了/了不得""X得可以/不行"等等程度构式的对比分析更有利于程度构式系统构建，内部区别性特征研究有利于抓住每个独特构式的本质特征，也为对外汉语教学提供一些帮助。此外，汉语方言中的独特构式还有待深入挖掘，方言中的程度构式体现更丰富的思维特征，有利于从更宏观视角解析程度构式系统。

综上，汉语有关程度各方面研究成果丰富，为我们的研究提供理论支持，但已有成果对程度构式的解释还有待深入，即使是常规的程度表达式在构式理论视域下也会有新的认识。汉语程度构式，尤其是新兴程度构式及方言中的程度构式还有待深入挖掘，既要重视构式的表征形式，又要重视构式化过程、内在机制以及构式程度义与不同范畴之间的交互关系；既要探讨共性的理论问题，又需要结合个案具体分析。

## 3 研究目标与研究方法

### 3.1 研究目标

本书将整体考察汉语程度构式特征，试图建立程度构式与其他相关范畴的系统关联。选取汉语程度构式和东北方言程度构式代表性个案做出全面系统的描写，并做出合理解释。

**绪 论**

①汉语程度构式的特征表现。对于以往有过研究的程度表达我们采用相近构式或构式变体之间对比的方法，分析其不同的构式表征和语用功能。语义不透明的程度构式表现出新特征，逐个分析构式的独特意义。选取部分东北方言程度构式加以详细分析，挖掘方言中程度构式的独特性。

②程度构式与其他范畴间的联系。程度构式的表义特征及演化历程都不是孤立在程度范畴内部，挖掘不同范畴与程度构式表达之间的交互关系。

③程度构式的共性及差异研究多体现为外在的形式表征，更为重要的是探索每个构式的构式化过程、形成机制及程度构式与多范畴之间的关系。

④构建程度构式内部系统并试图探索程度构式大系统的共性规律及认知阐释。

### 3.2 研究方法

本书写作过程综合运用语言学的科学研究方法。

①原型范畴法。根据原型范畴的方法确定汉语程度构式及东北方言程度构式。程度构式具有原型性质，给出若干条件，符合条件越多，就越具备该类构式的性质，由此确立典型的或比较典型的程度构式。

②系统分析法。程度构式是一个大的系统网络，系统内部具有整体性、相关性，对普通话及东北方言中个别程度构式进行分析，找出不同构式之间的联系及差异。进一步建立相互联系、相互区别的程度构式有机系统。

③对比分析法。汉语程度构式表现形式多样，程度构式存在很多相近的构式变体，通过对比方法揭示相近构式的共性及差异，有利于深入探测相近程度构式的区别特征。

④描写解释法。任何语言现象都需要详细的描写，但单纯描写不足以解决问题，需要在描写事实的基础上提供科学解释。尤其是构式的形成过程涉及多因素共同影响，运用多理论综合的方法对构式特征

及构式化过程提供合理解释。

## 4 语料来源与文章体例

### 4.1 语料来源

本书语料包括书面语、口语。主要来自各大语料库、网络检索、日常口语记录、部分内省式语料。充分利用当下丰富、便捷的网络资源，挖掘选取与本文论题相关的真实语料。保证全文语料真实性、准确性，全文语料都注明出处，部分语料做了适当删改。语料主要来源于以下四个方面：

①语料库。大型语料库包括北京大学中国语言学研究中心语料库（后文简称"CCL 语料库"），国家语委语料库，北京语言大学现代汉语语料库（后文简称"BCC 语料库"），陕西师范大学汉籍全文检索系统（第四版）。

②网络检索。研究一些新兴构式时，适当选取规范的网络语料。主要包括人民网、新浪网、百度、搜狐等网络搜索引擎检索出相对规范的语料，很多新兴的程度构式依托于网络产生和传播，高频率的网络语料反映了当下汉语使用现实。

③转用例句。主要包括前人时贤论著及词典中的典型例句，标注为"转引自某某人/《某某论著》"。

④自拟例句。自拟例句主要用于对比性研究及方言程度构式研究，有些来源于真实的口语对话记录。方言自拟语料经母语使用者核实，验证合格后才用于文中。

### 4.2 文章体例

本书按照编、章、节的体例顺序安排相应内容，以章为基本单位，每章下分不同小节，每节的标注方式为 1、1.1、1.1.1……。例句以章为单位单独排列，按照（1）（2）（3）等顺序排列，进行例句对比时，标注为（1）a、（1）b 等，所有例句全部标明出处（自拟例句标

## 绪 论

注为自拟)。例句中"()"内成分表示例句中存在但可以省略的部分，"［］"表示例句中没有，但可以添加的成分。"?"代表例句接受度不高，"*"代表例句不合规范。正文中注释采用脚注形式，以上标①②③方式每页单独排序。文章特殊符号只选取在学界已取得普遍共识、规约化的符号，例如："V/A/N"分别代表动词、形容词、名词，"VP/AP/NP"分别代表动词性成分、形容词性成分、名词性成分。"＿＿＿"下画线标注出例句中构式形式及与其对比的成分。

# 第一编

## 程度构式界定及相关理论问题

# 第一章　汉语程度构式界定标准与共性特征

当前语言生活存在很多不同的程度表达方式。构式语法理论认为，构式是语言在人类心智中的基本表征方式，程度范畴在人类心智中也以构式的形式储存、表达和识解。我们从构式理论视角出发，探讨汉语程度构式与其他相关语义范畴之间的交互关系。

## 1　构式观及程度构式界定

本书是对汉语不同程度构式的整体探讨，要研究程度构式首先需要确定构式的含义及相关理论问题，进而确定汉语程度构式的研究范围。本章首先明确本书采取的构式观，汉语程度构式的确定等相关理论问题。

### 1.1　本书构式观

构式语法是 20 世纪八九十年代一批语言学家以认知语言学为基本框架反思、批判转换生成语法（Tromsformaional-Generative Grammar，简称"TG 语法"）而形成的语言学理论，力图以"构式"为基本单位全面解释整个语言系统，主张同时研究构式的句法、语义、语用等层面。构式理论至今形成较为成熟的四个流派：Fillmore & Kay（1988）等的构式语法，他们对"let alone"的研究标志着构式语法的诞生，可以看作是构式语法的奠基之作；Goldberg（1995，2006）的构式语法理论对现代汉语语法研究影响最大；Langacker（1987，1991）的认知语法以及争议比较大的激进构式语法（Croft，2001）；目前国内汉语学界引介最多的是 Goldberg（1995，2006）的构式语法理论，本书拟采用其相关理论论述汉语程度构式相关问题。

　　Goldberg（1995，2006）的基本观点包括：构式是形式与意义配对体，构式形式及意义不能从组构成分完全推出，以及构式本身具有意义。虽然 Goldberg（1995）关于构式的定义不像 Croft（2001）的激进构式语法那么激进①，但在对理论不断修正过程中也逐渐走向宽泛。Goldberg（2006）将"构式＝形式＋意义"完善为"构式＝形式＋功能"，"功能"涵盖信息更广，包括：语义、语用、语篇、认知等。并且文章认为即使形式及意义可以完全预测，只要高频使用，也是以构式的形式储存的。修订的构式定义表述为："约定俗成的、习得而来的各种形式与功能配对"（Goldberg，2013：17）。我们选取形式及意义不能完全从组构成分推导出的语言结构作为本书定义的构式。

　　构式理论也在于解决语言形式如何表达意义，最基本的解释为构式是形义配对体。语言的所有信息都储存在形义配对的表征层面，构式形式同样作用于构式义。

## 1.2　程度构式界定

　　汉语程度构式库藏丰富，并在不断推陈出新。图式性构式因持续性扩展使容量不断增大（彭睿，2020：339），这是汉语程度构式存量丰富的原因之一。认知语法理论认为，范畴具有家族相似性，程度构式是一个程度表达大家族，内部具有一定的相似性：通过不同方式、手段经由不同转换关系表达相应程度量级。程度范畴与很多语义范畴存在交互关系，不同范畴与程度之间关系相生相化，相互依存，相互转换。如果将程度构式放置在一个中心位置，可能与之存在交互转化

---

① 激进构式语法主张"构式的原素性"取代"句法范畴的原素性"，用"构式关系"取代"句法关系"等。

关系的范畴包括但不限于：极致、结果、存在、条件、肯定、否定、疑问、感叹、情态、能性、数量、比较等。另外，程度构式研究并非孤立从构式角度出发，程度构式也是语言结构的表现方式，离不开传统语义、语法、语用分析。

程度构式是一个构式家族，有辨识度较高、比较容易识解的汉语程度构式，它们更像是程度构式家族的典型成员。例如，"X得要死""X得不得了"等。容易识解的程度构式内部一般为述补结构，其中"不得了""要死"等做补语存在认知识解基础，将其纳入构式中辨识度依然较高。还有一些形式特征辨识度较低的程度构式，如"这是得有多X""X在那儿呢""X得什么似的"等，辨识度低的程度构式单从形式识解较难看出其与程度表达之间的关系，它们的程度表达功能需要经由更复杂的认知转换才能被识解。程度构式无论辨识度高低，都处于程度构式家族中，它们存在一定的共性特征及功能。不同的程度构式共同组构成程度表达系统，部分程度构式还存在变体表达。例如，"X得不行"可以扩展为"X得不行不行的"，"X完了"变体构式为"X完完的了"等。如果我们将程度构式系统比喻成一棵树，那么各个程度构式便是组成大树的枝干，构式下位变体则是枝干的分枝，程度构式家族的"根"部则是与程度相关的认知范畴。

## 1.3 程度构式选取

汉语程度构式系统内部存在诸多个案，本书选取与程度具有认知关系的几个范畴，包括与存在相关的程度构式、与能性状态相关的程度构式、与情状凸显相关的程度构式三个子系统，考察程度构式与不同范畴的交互关系。既从整体把握构式的系统性，也从个案角度出发探讨构式的独特性。本研究不仅包括汉语普通话各个程度构式，还吸收部分东北方言程度构式；不仅选取新兴表达比较独特的程度构式，如"这是得有多X""X在线"等，还选取具有相近特征的程度构式进行对比分析，如"X得不得了"与"X得了不得"共性及差异探讨，"X得要死"与"X得要命"对比分析，东北方言程度构式"X

完了"与普通话中"完了"部分用法对比。

程度表达存在由低到高的量级层次，目前而言高程度表达在汉语中更为凸显。本书选取的程度构式几乎都是高程度表达构式，探讨高程度构式内部共性认知规律、对比高程度构式内部差异特征。在分析程度与其他语义范畴存在较多交叉或转化现象时，尽量选取与程度构式存在交互关系的不同语义范畴，厘清存在范畴、情态范畴等与程度范畴的交互作用，有利于加深程度范畴认知。本书共选取十二个程度构式个案详细探讨，具体见各章节。

## 2 汉语程度构式共性特征

汉语程度构式以半填充性的图式构式为主。Taylor（1995）指出"原型效应"[①] 存在于图式性构式构例间的意义特征上。构例在语义语用上有不同程度差异，却共享一种"基本意义"（彭睿，2020：340）。不同程度构式共享的基本意义便是表程度。汉语程度构式形式表现、语义特征等方面存在共性特征。

### 2.1 半填充的图式构式

构式依据组构成分是否需要替换分为：完全图式构式和半图式构式。完全图式构式内部构件成分固定，无须添加或替换构式构件，比如带有程度表达功能的"不能同意更多"。半图式构式存在变量构件需要依据表达需要填充并变换变量构件，程度构式的程度说明对象一般不太固定，形式上表现为以组构成分并非完全固定的半图式构式为主。本书选取的程度构式也都是可替换程度说明对象的半图式构式，如"这是得有多X""X得什么似的""X得要死""X得能VP""X得可以"等。

汉语程度构式以半图式构式为主。程度构式的主要功能便是程度

---

[①] "原型效应"论述也见于Goldberg（1995、2006），Langacker（2008），Bybee（2010）等。

描摹，构式中的填充成分多为程度描摹对象。描摹对象"X"的变换类似现代语言学中的聚合关系，聚合轴上的替换条件并非任意的，构式内变量构件也需要满足构式提出的条件才可以获得"准入资格"。程度构式对填充成分的基本要求是描述性特征，具有量幅的延展性。例如，性质形容词、心理动词等成分进入程度构式比较自由，指称性强的名词"桌子""书本"等名词很难获得进入程度构式的机会。每个程度构式对变量构件要求大抵一致，但构式整体谐和作用下又表现出差异特征，我们将在每个个案中详细探讨。

程度构式形式上的填充、可替换性给构式带来另一特征：能产性。能产性不仅体现在每个程度构式内部构件的可替换特征，还表现在整个程度构式系统丰富的程度构式形式。

### 2.2 构式义浮现特征

陆俭明（2016）提出，从广义上说，句法层面几乎所有的句子格式都可以看作某种特殊语法意义的构式，语言使用过程中，一些构式用频太高以至于人们感受不到它们作为构式的特殊意义。我们选取的程度构式在形式或意义上或多或少存在一定的不可推导性，在语言使用过程中逐渐浮现出不同于字面意义的构式义。语言与客观世界的联系都需要经过认知域，构式义浮现过程也离不开认知域参与。例如：

（1）燕云台里面窦骁的演技真的很好了，前期后期反差太大了，眼神神态各个方面，<u>演技颜值都在线啊</u>！（新浪微博 2020 年 11 月 14 日）

（2）张艺兴、赵丽颖合作《倔强》现场，这两个是我很喜欢的爱豆，丽颖不管是不是现场，一个演员她能唱成这样也不错了，艺兴不用说，主舞大人气息很稳的，<u>实力在这儿呢</u>！（新浪微博 2020 年 8 月 29 日）

根据人们认知经验，例（1）中类似"演技和颜值"类词语无法与表示存在于线上空间的"在线"组构。"演技颜值都在线"构式表示演技和颜值处于程度的较高量级,表达说话人对持有"演技颜值"的人或物的肯定评价。例(2)"实力"是非具象化的名词,与指示具体地点位置的"在这儿呢"结合,促发认知领域的相关联系,逐渐浮现出表示"实力强(量级程度高)"的构式义。语言本就是个复杂系统,语义与人们认知、心理密不可分,识解起来较为复杂。构式义最终识解是在认知领域逐渐浮现的过程。

程度构式形式上多表现为半固定的图式构式,构式形式经过替换逐渐趋向稳定。构式语义也不是直接得出,而是在动态浮现中逐渐固定。也就是说,汉语程度构式形式及构式义都处于动态浮现过程。

### 2.3 构式程度义功能

程度构式顾名思义是对不同说明对象的程度赋量,最基本功能便是表程度。程度范畴表达存在一定的不对称现象,语言中高程度表达手段和方式更丰富,低程度的构式表达相对而言较少。类似表示高程度的副词,包括"很""非常""太""极""极其""相当"等,表示低程度的副词有"点儿""些儿""不大"等。程度构式也以高程度构式为主,总体构式义大致可以概括为:说明某程度对象达到的高程度量级,以凸显程度为主。程度构式构式义获得途径不同,表程度基础外还附带其他功能,我们将在个案分析中探讨。下面举例分析各个构式的程度表达功能。

(3) 张杰和谢娜的爱情一直令大家津津乐道,此前张杰还发微博秀恩爱:"被这么多人 follow 的人,而她最 follow 的人还是我",简直是<u>甜的不要不要的</u>。(人民网,娱乐频道 2018 年 4 月 25 日)

(4) 女人:老板早。

大卫:早。秀梅早。郭小姐早安。你这衣服<u>怎么这么漂亮</u>。

郭燕:这是我衣服里最难看的。我正想把它扔了。

大卫:是很难看。是你让它变得漂亮了。(电视剧《北

京人在纽约》)

（5）昨儿黑下了一宿雨，你大爷又连着开了半宿车才到家，回来就睡可把他<u>累大（发）劲儿了</u>。（口语记录）

例（3）"甜的不要不要的"是程度构式，表示"甜"的程度超级高。"不要不要的"是新兴程度表达式，说明前面成分的高程度量级。例（4）"衣服怎么这么漂亮"表示"衣服漂亮"的程度高，"怎么这么X"由疑问表达发展到程度表达，带有强感叹特征。例（5）"累大（发）劲儿"是东北方言的程度表达，所表程度量级近似于"累坏了"。东北方言中"大（发）劲儿"具有表高程度功能，"气大（发）劲儿""嘚瑟大（发）劲儿""美大（发）劲儿"等都表达高程度义。

## 2.4　构式主观性特征

沈家煊（2001：268）介绍主观性是"话语中多多少少总是含有说话人'自我'的表现成分"。语言的主观性具有跨语言共性，汉语、日语、英语等语言主观性特征都较为突出。程度是人们认知域的语义范畴，不同程度构式表示的量级程度存在差异，同一程度构式对于不同识解者而言也存在量级差异。程度构式的主观性在说听双方都有表现，说话人在编码程度构式时带有自我的情感、态度和立场，听话人在识解程度构式时也根据自我的认知经验注入主观态度和情感，识解出不同的量级程度。例如：

（6）花费了十年时间才写成的一首词，想想<u>这得有多美啊</u>！（腾讯网2019年5月1日）

（7）路秀华一向舌尖嘴快，一听王永安这么说，冲着王永安那肥胖溜圆的脑袋就嚷："喔呀呀，你也来念穷经啰！你家倒是有几个人饿着啦？谁不看到你家一个个都<u>胖得像油葫芦似的</u>，还好意思说吃不饱！"（《人民日报》1957年11月17日）

例(6)"这得有多美啊"的背景语境是黄庭坚花了十年时间和秦观的《千秋岁》,文学欣赏可谓是"萝卜白菜,各有所爱",十年写就的词在不同主体看来"美"的程度不一,这是识解者对语言自带的主观认知。说话人编码"这得有多美啊"附带强烈的正面、肯定、感叹情感。例(7)"胖得像油葫芦似的"依据说话人认知经验,可以替换为其他的比附方式,如"胖得像猪/熊猫/海豹/啤酒桶/皮球/某某人似的"等。"胖得像油葫芦似的"通过"胖"与"油葫芦"之间建立关联,标明"胖"的程度高,说话人选取不同比附形象蕴含说话人不同的情感态度。"胖得猪似的"带有负面消极情感,"胖得熊猫似的"略带喜爱的情感态度,这是构件语义对整个构式义的影响。

程度构式表达和识解都需要经由认知域,即使输入内容相同经过不同主体的大脑认知加工识解,其输出内容多少会带有自觉或不自觉的主观加工。再往前追溯,输入内容的编码过程也添加了说话人的自我情感和态度。也就是说,语言输入、加工和输出过程都附带主观性特征:

输入内容(附带主观性)→认知加工(主观过程)→输出内容(附带主观性)

主观性几乎是语言的普遍共性(科学语体除外),很难将其与语言剥离,尤其是表示程度等无绝对客观标准的语义范畴。汉语程度构式多多少少会附带说话人的主观情感、态度或立场。

## 3 本章小结

本章简要介绍了本书采用的构式观,界定选取程度构式标准及范围。初步探讨程度构式在形式及语义上的共性特征。程度构式形式上表现为以具有填充性质的半图式构式为主,可替换的变量构件增加了构式的能产性。构式义在动态识解中逐渐浮现出来,共性语义功能是描摹说明对象不同的程度量级。程度是带有主观性的语义范畴,程度构式普遍带有说话人的主观特性。程度构式在共性特征基础上又表现出每个构式独立的语义表征。程度构式既在系统内部"保持一致"又

"独自芬芳"。汉语程度构式不仅包括普通话表达形式,方言中也有丰富的构式表达,方言和普通话程度构式都反映汉民族对程度范畴的思维方式和认知结构,探究方言程度构式有利于进一步深入认识程度范畴,构建汉语程度表达系统。

# 第二章 汉语程度构式构式化及其促动机制

本章拟探讨构式化相关理论问题及汉语程度构式构式化共性促动机制。

## 1 构式化及相关问题

语言形式不是凭空产生的，构式也如此。每个构式从产生到形成固定的形义配对体都需要经历历时层面或共时层面的演变。正如世界是绝对运动和相对静止状态的统一一样，构式演变过程也呈现为绝对运动和相对静止的状态。构式一直处于构式化及再演化的动态变化过程中，但构式化过程是缓慢进行的，因此，我们得以从共时平面解读构式特征。

### 1.1 构式化界定

简单而言，构式的形成、演化过程便是构式化过程。认知语法及构式语法学家们都很关注构式化问题，构式化发生离不开构式的使用，语言结构变化是由语言使用引起的（Barlow 等，2000；Bybee，2010）。Langacker（1987）认为，语言结构存在多节点的构式网络，它们之间存在继承关系连接。另外，跨语言甚至同一语言内部的方言变异也受到一般认知方式和构式类型的影响与制约（Croft，2001；Croft 等，

2004；Bybee，2010；Goldberg，2013）。更值得关注的是 Traugott & Grousdale（2013）等人为代表的学者对构式化的相关阐释，他们指出，语言两种类型变化：（1）影响已有构式特征的变化，这类变化不会导致新构式产生，称为"构式变化"。（2）新形式——新意义的配对组合，可称为"构式化"。"构式变化"可以看作"构式化"前期量的积累过程，"构式变化"到一定程度，发展出新的形式意义配对体则达到质变形成新的构式，"构式化"完成。大部分构式化都涉及某个节点上的构式变化，微观变化逐渐在人们头脑意识中储存，进而循序渐进形成新的匹配关系。构式的图式性、能产性、组构性与构式历时发展有紧密联系。

构式研究都是从整体视角探索整个构式网络，Traugott 等（2013）将构式网络思想概括几个方面：（1）构式通过网络连接并具有一定层级性。（2）说听双方动态、交互认知方式会影响构式表征。听话人识解方式影响构式某方面变化，但尚未形成新的节点，构成构式演化。（3）构式演化到一定程度，形成新的形式与新意义配对，即构式化。（4）构式化产生的主要方式与前提是语言使用者在词法、语法间梯度上的选择与重构。构式化是循序渐进、多因素共同促动的构式发展过程。文旭、杨旭（2016）将构式化概括为构式形式和意义的形成与演化。杨旭（2019）比较详细地整理了构式化理论相关演化问题。构式演化出新的形义配对关系则构式化完成，但语言演化的过程永远处于动态发展过程中，构式化完成后还会发生再演化。构式化理论被广泛运用到现代汉语具体的构式研究中。

## 1.2 构式化、语法化与词汇化

构式化建构一个新的表达式并提供可选择的心理路径。构式化是整体性研究思路，不只描写语言的微观变化，也厘清整个语言宏观演化特征。语言的历时变化一直客观存在，促使语言不断更新，语言历时变化过程还包括语法化和词汇化，三者具有一定程度的不可分割性。

语法化是语法产生的主要途径。王寅、严辰松（2005）总结语法化特征，并认为语法化的动因是多方面的，主要是高频重复和惯常化使用的结果。语法化涉及几个重要的促动机制：重新分析与类推，隐喻转喻以及主观性和主观化。语法化可以说是由实到虚、由虚到更虚的过程，功能的表达逐渐由实到虚、由表义为主到表语法功能为主。一个语言成分语法化主要表现为：语音弱化、语义虚化、句法泛化和语用淡化，也就是各方面都由实到虚地发展。历时语言学中，将词汇化用作语法化的假定反例，即去语法化。词汇化简单而言就是语言中非词成分逐渐成词的过程。Blank（2001：1603）概括词汇化：复杂词语变为简单词语过程；复杂词形和其他组合形式变为句法语义固定词条过程。语法化、词汇化及构式化三者都是基于使用发生的、以历时层面为主的语言变化。词汇化涉及新词、新义产生，语法化涉及新功能发展，构式化涉及新的匹配关系，构式化是在语法化、词汇化基础上发展而来，涉及语言各层级构式单位。构式化、语法化及词汇化具有一定的相通之处：机制类似、过程相关、历时层面为主同时包括共时发展。

构式化相关理论将词汇化、语法化和构式化看作连续体（Traugott，2014）。认知语言学历时研究范式的搭建有助于进一步揭示语言演化的规律及共性。

### 1.3 构式化机制

构式化过程是缓慢的、复杂的，与多方面因素紧密相关而非一个孤立系统。Givón（1979：12）认为，如果不考察语言历时演化，理解共时句法结构会存在困难。构式化研究有助于从共时层面解析构式特征。那么构式为何会发生演化，又会发生怎样的演化，演化的机制和动因是什么？

动因回答的是构式为什么会演化，机制回答的则是构式如何变化。Traugott & Grousdale（2013）认为，构式化的动因从认知上看，主要是类推性思考与习得以及人们交流的促动。基于使用的构式语法观认为，有机体的交互过程对语言意义的建构十分重要，语言结构都是语言实例的再现。因此，人际交流是构式化发生的动因之一，类推思考几乎无处不在，儿童学习语言的过程、成人创造新用法的过程很多都源于类推思考。

学界基本认可语言重新分析和类推是语言演化的重要机制。Givon（1991：258）认为，"类推是历时语言变化的重要机制"。Traugott & Grousdale（2013）认为，构式化的机制主要是新分析及类比化。构式产生是个复杂的交互过程，构式如何演化涉及多因素共同参与，重新分析、类推、语境、隐喻、转喻、主观化等都是解释构式如何变化的重要机制。具体到每类构式或每个构式的构式化过程，不同机制发挥作用并不相同。

## 2 汉语程度构式构式化机制

汉语程度构式产生及演化涉及不同因素共同参与。本节探讨一些促使程度构式构式化的共性机制，每个程度构式特征独特，构式义获得过程及构式化机制存在差异，我们试图探索一些共性规律。

### 2.1 概念叠加与构式整合

概念叠加是认知语言学较为常用的概念，已经被广泛应用到现代汉语词语、构式等研究中。"概念整合"理论代表人物有Fau-connier、Turner、Sweetser等。沈家煊（2006a）概括"概念整合"要旨为"整体大于部分之和"，"浮现意义"就是由整合产生的整体义，这与构式理论框架相契合。另外，沈家煊（2006b）将概念整合类型分为"糅合"和"截搭"两种。"糅合"整合不同输入空间相似性成员，"截搭"则是根据事物的相关性联系整合。隐喻和转喻在概念整合过程中发挥重要作用。江蓝生（2008）总结概念叠加和构式整合为：意义相同两概念叠加后，其中某些成分被删减继而整合为新结构式。概念叠加是发生在前的意义层面的操作，构式整合则是出现在后的语法层面并合。概念叠加与构式整合在构词层面以及句法层面都显性存在。张谊生（2012）认为，叠加是在原有表达基础上加上相近或相关成分，并将叠加概括为四种方式：并存式、累积式、框架式、糅合式。

汉语程度构式的构式化过程离不开概念叠加以及构式整合的共同作用，概念叠加发生后相应的结构也需要整合为新的形式。新形式既包含了叠加的概念又在形式上简约化，符合句法规则。汉语程度表达方式多样，一些程度构式正是经历概念叠加与构式整合才形成最终表达。例如：

(1) 这塞北七丑真是人如其名，个个<u>丑得可以</u>"避邪抓鬼"，那何老四长得实在也不怎么样，但至少他的五官还是分开的，在这一群丑人之中，确实称得上是美男子。(丁千柔《冷梅戏情》)

(2) 我正想走时，门外一阵喧嚷和脚步声，四个男女孩子闯进来了。大的八九岁，小的四五岁，手脸和衣服都很脏，而且<u>丑得可以</u>。(鲁迅《孤独者》)

例（1）"丑"与"避邪抓鬼"都可以说明评价人的长相，在人们认知里"他长得丑""他长得能'避邪抓鬼'"都是形容"丑"这一性质特征，"丑得可以'避邪抓鬼'"是人们两种形容程度量级的认知叠加。这样的概念叠加表达形式上不够简省，因此省缩"可以"后面的成分，形式上整合为例（2）中的"丑得可以"构式。整合后的构式形式更为简省，语义凸显"丑"达到的高程度。

## 2.2 语义滞留与构式压制

Hopper（1991）最早提出"语义滞留"原则，Hopper & Traugott（2001）的著作"Grammaticalization"进一步说明"语义滞留"原则。简单而言，"语义滞留"是指语言成分最初的语义及功能会被吸收、融合或直接滞留在新构式中。"语义滞留"在世界众多语言中都有表现，汉语自然也不例外。梁银峰（2008）解释"语义滞留"：当一个形式经历语法化时，原有的词汇意义踪迹依旧会黏附，并且历时细节也会反映在句法分布上。也就是说，后来的结构及意义会受到较早意义影响。史维国（2016）也谈及"语义滞留"，即词汇项的词汇意义"滞留"在语法项中，包括语义功能和语法功能两方面的制约。构式化也涉及"语义滞留"，语言成分进入程度构式充当构件其表义功能及构式内的句法限制依然受到原义影响。比如，"不得了"及"了不得"都可以进入程度构式表程度，二者原义积淀依然部分保留在两个构式上。例如：

（3）1946年1月1日，我跟着新四军三师进了通辽城，进去以后，我们就组织了工作团，做发动群众的工作。当时，正是冬天，<u>东北的冬天冷得不得了</u>，没有煤烧，烧啥呢？就把豆饼砸一砸，烧豆饼取暖。（1994年报刊精选）

（4）仗打完了，爸爸回到家里，奶奶和姑姑让他脱光了膀子，见他果然一点没残，<u>高兴得了不得</u>。（刘心武《钟鼓楼》）

例（3）"冷得不得了"描述"冷"的量级程度高，"东北的冬天"气温低，冷是客观事实，"不得了"位于构式内表示程度高。例（4）"高兴得了不得"描述说明"家人们高兴"的状态，主观性状特征凸显。检索语料库发现"了不得"说明对象几乎都是与人心理、性质、状态等相关的成分，主观赋量特征明显。"不得了"由于原义积淀进入程度构式可以表客观程度也可表主观程度，而"了不得"一般只表主观程度，主观性更强。"X得不得了/了不得"构式的差异特征主要来源"不得了"与"了不得"的原义积淀。

语义滞留是构式化过程中语言成分的语义表现。构式化完成过程离不开构式对构式成分的压制。构式语法理论既关注语言成分对构式影响也关注结构本身对构式义的作用。王寅（2011）认为，构式压制指动词义与构式义不完全一致或冲突时，构式一般会使动词改变论元结构和语义特征。Croft（1991）认为，词项概念化受到其所在句法环境影响。Goldberg（1995：238）指出：构式可强制词汇项产生出系统相关意义。De Swart（1998）认为，"压制"由解决（语义）冲突需要引起。Taylor（2002）论述"压制"：一个成分与另一个成分结合使用时，会对毗邻单位施加影响，使其改变用法特征。构式压制就是构式结构本身对构件的压制作用，赋予构件不具有的意义要素及句法特征。汉语部分程度构式的程度义正来源于"X 得 Y"构式整体压制作用，当然，构式压制发挥作用的前提是构件具有可压性，完全排斥构式压制的构件是无法在压制作用下完成构式化的。例如：

（5）掌柜的想了想道："这位客官很年轻，身上穿一件天蓝长衫，面貌十分英俊，噢，他手里还拿着一把折扇，潇洒得很……"（东方玉《起舞莲花剑》）

（6）不仅不给您留下尊容相貌，连赐封名姓通通都不给，这真是潇洒得可以！（《市场报》1994 年）

（7）看他平日待人风流倜傥、潇洒得要命，一遇上了未烯可就阵脚大乱，什么正常情圣的模样都不见，只剩下一个醋缸老公的行径。（方子衿《百万初吻》）

上述三例"潇洒得很/可以/要命"都位于"X 得 Y"构式网络内，三个构式的程度义部分来自构式整体对构件的压制。"很"原本表程度义，进入构式依旧表程度，但"可以"与"要命"的程度义表达则受到构式对其的语义压制。

语义滞留更多是从构件语义角度出发解析构式化过程，构式压制则是从形式角度出发解析构式化，但二者不是截然分开，而是相互补充。

### 2.3 语境固化与语用类推

语言识解、使用都离不开语境。狭义的语境是指上下文语境，广义的语境指涉整个社会大环境，包括百科知识、人们认知经验、社会固有认知模式等。语境对语言的识解、使用、演化发挥着不可或缺的作用。一个语言表达方式高频出现在某类带有固定信息的语境中，逐渐将语境意义吸收到语言成分自身，促使语言成分获得新的意义，这便是"语境吸收"，进而形成"语境固化"。现代汉语程度构式构式化也是在适宜语境中完成的，离不开语境的影响。语境固化需要语言成分高频使用在特定语境中，许多构式用以表程度最初是语用现象，经过高频使用，意义逐渐"凝固"下来，最终吸收为约定俗成的构式义。例如：

（8）夏雨清晰地记得，姜文一看到他就乐了，围着他的身子转悠，拍着他的脑袋说："真是很像，怎么这么像啊！"（1994年报刊精选）

（9）在去食堂的路上，姚佩佩满腹忧虑、心事重重。怎么偏偏把我调到他屋里去？怎么这么倒霉！（格非《江南三部曲》）

"怎么这么X"本是表疑问的构式，例（8）"怎么这么像啊"和例（9）"怎么这么倒霉"，说话人表达的重点不在对"像"和"倒霉"的疑惑，而是一种高程度感叹。例（8）前文语境有"真是很像"描述程度，"怎么这么像"以表层疑问方式凸显感叹"像"的程度高。例（9）"怎么这么倒霉"前续语境都围绕"倒霉"相关问题展开论述，说话人感叹"倒霉"达到的量级程度高。"怎么这么X"由表疑问发展到带有感叹义的程度构式过程有相邻语境的作用。

语境不仅可以提供构式语境义，说听双方还可以依据语境做出推理。语言意义获得通常包括两种方式：①直接从字面获得信息，这种方式较为直接、简洁，适合语义表达清晰完整的语句。②通过推理间接获得推导含义，识解出语言的"言外之意"。不同于逻辑推理之处在于语言学推理主要是语用推理。语用推理需要说听双方结合语境，从已知的表达信息推导出"言外之意"。常见的推理有"回溯推理"和"招请推理"。

回溯推理从结果出发，根据大前提推导小前提。回溯推理常见于人们的日常思维中，是在已知事实条件下推导出事实原因的推理方式。

具体到汉语程度构式而言，如果表示高程度，那么就存在与程度相关的要素，如存在、终点、否定等。同时意味着说话人说及这些与程度相关要素时，很可能表示高程度。

"招请推理"则需要说听双方共同参与，也就是说话人招请听话人对话语信息进行一定程度的推理。具体而言就是说话人使用某类语言格式时，出于交际互动考虑，会省略复杂的话语蕴含，引导听话人回溯推理，这种机制称为"招请推理"（参见 Trauyott，2010）。"招请推理"与 Grice 提出的量准则相符合，同时也是语言经济原则的体现。语用推理融合在程度构式构式化过程中。例如：

（10）这个庙虽小，总归是皇帝让建的，<u>级别在那儿呢</u>，总不能没人来管吧。（陆颖墨《龙子龙孙加点水》）
（11）进口货品和物流人员要按冷链标准管理排查；各地<u>快速追踪</u>、<u>精准排查的能力</u>也要<u>时时在线</u>。（新浪微博 2020 年 11 月 21 日）

"在那儿呢"常规认知中表示人或物等存在于某处，例（10）"级别在那儿呢"识解较为不同，听话者根据前后语境及已有认知经验推导出说话人想要表达"级别"高的推理义。例（11）"精准排查能力"与"在线"搭配，"在线"不再表示"在互联网上"这一原有义项，识解者需要进一步推理识解"排查能力在线"表示"排查能力"要时刻存在并且带有精准、高效的程度义。

语境固化与语用类推在汉语程度构式构式化过程中发挥重要作用。

## 2.4　主观凸显与认知转换

主观性是话语中留下的说话人的自我印记（沈家煊，2001：268），主要涉及说话人的立场、情感和态度。Traugott（1995）认为，主观化表现为：意义越来越依赖说话人关于命题内容的主观信念和态度。Langacker（1990）从共时视角看待主观化，关注说话人出于表达需

## 第二章 汉语程度构式构式化及其促动机制

要,选取视角"识解"客观情景。汉语程度构式构式义特征呈现出很大的主观性,夹杂说话人的情感倾向。程度表达标准不存在一个客观数值,大多数都是说话人的自我赋量,识解过程也是如此。主观性越凸显越有可能从客观的陈述转换到主观的程度表达。例如:

(12) 姑娘偷听婆婆家消息,也是一定的事。若说<u>丈夫病得要死了</u>,做姑娘的人,这也应当想到自己命薄。(张恨水《北雁南飞》)

(13) 黛安娜小心翼翼地先开口。当时我的<u>心情乱得要死</u>,怎么样都不觉得这是个可以解释最近学长的一切怪行为的好答案,可是我的灵感应该不会错吧?(安小乐《女巫日记》)

例(12)"病得要死了"主要凸显"病"达到"要死"状态的客观事实,已经接近死亡,很可能会真的死亡。例(13)"心情乱得要死"却不会真的发生死亡结果,而是凸显说话人的主观情态。"病得要死"——"乱得要死"是从主要凸显客观情状到主要凸显主观程度的演化,主观性增强既是构式的表现,同时也是构式化发生的机制之一。

构式化研究多是从认知语言学视角出发,构式化完成同时新的认知关系得以确立。程度构式语义来源有多种类型,所以,认知层面存在多范畴与程度的转化关系。程度构式构式化同样需要认知层面的转化关系,旧的认知识解逐渐扩展、演化直至形成新的认知图式。认知上的隐喻、转喻对构式演变具有不容忽视的重要作用。隐喻是源域基于相似性与目标域之间的投射关系,如"男人是狼"表达得益于认知层面"男人"与"狼"之间基于相似性的隐喻投射关系。转喻则是基于相关性的转指关系,不需要跨域,如"大盖帽"代表"警察",选取某个突出特征转指整体。汉语程度构式的构式化完成离不开认知上的复杂转换关系。例如:

(14) 福利院为此派专车来回接送、派年轻护士陪她赴宴。"那天,我可有面子了,战友们也<u>羡慕、感动得不行</u>。"(《福建日报》

2006年3月20日）

（15）"什么得空不得空！不就是拜神烧香的事嘛！告诉你，今儿小爷这顿酒是吃定了。你不来也得来！"那少年蛮横得可以。（刘斯奋《白门柳》）

例（14）"行"与"不行"原本属于情态认知域表示能力或允准，进入构式"羡慕、感动得不行"转向程度域，"不行"形式未变但认知域发生转换。例（15）"可以"原本属于情态域，"蛮横得可以"表示"蛮横"的程度量级高，认知上转向程度域。不同语义范畴与程度范畴之间转换需要具备的深层机制是认知领域具有可转性。

## 3 本章小结

汉语程度构式形成在历时及共时两个层面发生，构式化过程有的迅速（相对而言），如单纯在共时平面完成构式化的"这是得有多X"构式"X在线"构式等。有些程度构式构式化过程缓慢，需要经历相对较长时间的历时变化，如"X得不得了""X得不行"构式等。CCL语料库中检索显示"X得不行"最早用例在清代，发展经历了较长一段时间，至今形成较为固定的程度构式。无论是否涉及更长时间的演化过程，构式都是在一定机制作用下逐渐完成的。汉语程度构式构式化共性机制主要涉及：概念叠加与构式整合；语义滞留与构式压制；语境固化与语用类推；主观凸显与认知转换。具体的程度构式构式化过程比较复杂，涉及多方因素共同参与，且各方因素的作用大小不一。

# 第三章　汉语程度构式立场特征及影响因素

汉语程度构式为说话人的主观表达，带有明显的立场特征。立场表达与以往情态范畴、主观化、词义色彩等研究联系较为紧密。程度构式立场表达主要体现在言者方面，同时还包括言者与听者的互动。Biber & Finegan（1988）将立场定义为言者显性地表达关于信息的态度，情感，判断或承诺。Ochs（1996）将立场定义为"社会公认的意向"，并区分认识立场和情感立场。Conrad & Biber（2000）明确立场三个次范畴并按照使用频率由高到低排列为：认识立场、态度立场和风格立场。相关立场研究还有很多，此不赘述。

## 1　程度构式立场特征

Du Bois（2007）构建立场表达三角理论时强调：表达某种立场是语言使用最重要的一件事，极言立场在语言表达过程中的重要性。此外，立场三角理论还强调立场表达同时包括评价客体、设置主体（自己和他人）及主体间的认同过程。也就是说，立场表达涉及多方参与者，并且涉及多个维度。程度构式编码、识解过程包括说话人、听话人及第三方的多方参与，言者的立场、意图对整个构式编码起重要作用。

### 1.1　言者立场

"立场"多是一个静态的语义结果。程度构式的立场特征主要体现在言者的情感立场、认识立场。

### 1.1.1 情感立场

言者的情感立场极大地影响着程度构式编码。说话人针对同一客观事物会表现出自我的情感态度。情感立场表达具有一定的无界属性，如"烦""喜欢""爱"等标明言者情感的成分不加修饰的光杆表达很难界定出其程度级别。对比"我喜欢她"与"我喜欢她到肯为她放弃一切/我喜欢她喜欢得要死"，光杆形式"喜欢"的量级程度不凸显，后附不同补充性说明成分的表达促使"喜欢"这一情感立场实现一定程度的有界化。言者情感立场存在一个级阶，程度构式是言者在自我情感级阶上选取一个固定的情感位置，进而将程度构式的说明对象由无界状态实现为有界表达。情感立场有多种类型，如赞美或批评，亲近或疏远，低量或高量，完全中立、客观的程度表达极为少见。情感立场的选取影响因素是多方面的，说话人自身的"个性特点""人际关系"甚至单纯的个人喜好都会体现在情感立场表达中。下面是附带言者情感立场的程度构式具体实例：

（1）洪家根黑闪闪的眼珠转了转："原来您是后勤部门的首长，又是来检查工作的吧？上次有个后勤助理员来，我还提了条意见，闹了个大笑话，挨站长<u>一顿狠批</u>呢。"（《人民日报》1965年7月19日）

（2）每次在他家，我总想抽空同他谈几句，可他<u>忙成那样</u>，怎好意思？我总在想：高天这人干工作<u>怎么这样投入，这样执著</u>？好像永远不知疲倦，永远不停息地奔波。（《人民日报》1996年6月）

例（1）"挨了一顿狠批"表示被批得非常严重。句子包含言者对"批"动作承受者的同情，"一顿狠批"在情感级阶上偏向高量。例（2）"忙成那样""怎么这样投入，这样执著？"都具有程度表达功能。"忙成那样"通过"那样"指代描摹"忙"的高程度，"怎么这样投入，这样执著？"表示"投入""执著"的程度高。例（2）"可他忙成那样"是言者对"他"的情感移情。"怎么这样投入，这样执著?"描述"高天干工作"的状态，言者对程度构式所述对象的性质状态持肯定、赞同态度。

程度构式一般都是言者针对人或事的性质、状态的描述或评价，带有言者不同的情感态度。

1.1.2 认识立场

高彦梅（2015）讨论语篇中立场框架时，提出四大立场类型：认识立场、义务立场、态度立场和言语风格。日常语言中认识立场表达包括"我知道""我懂"等，程度构式虽然一般不包括认知类动词，但构式整体凸显出言者的认识立场。认识立场主要表现在对事物评价、言者的认识状态以及言者情感等，例如：

（3）费金说道，"昨天上午我失去了一个最好的帮手。""你该不是说他死啦？"波尔特先生叫了起来。"不，不"，费金回答，"还没有<u>糟糕成那样</u>。绝对没那么糟。"（狄更斯《雾都孤儿》）

（4）桂姨娘哭天哭地哭绍文，骂天骂地骂自己："我怎么<u>那么笨啊</u>！为什么不少说几句？"（琼瑶《青青河边草》）

例（3）"糟糕成那样"表示"糟糕"的程度高，话语内容表达言者的论断评价。说话人认为，情况"糟糕"并认可达到了一定的高程度量级。例（4）"我怎么那么笨"的言者与句子主语一致，构式表明言者对自我的相关认知。

言者认识立场表达受到多方面因素影响，主要包括言者的"个性特点""认知经验""人际功能"等。言者认识立场与情感立场并非泾渭分明，认识立场中包含情感因素，情感因素也会影响言者认识。情感立场也是认识的表达，认识状态会制约情感表达，二者存在交互性。

## 1.2 立场客体

Du Bois（2007）认为：主观性的立场表达离不开立场客体。语言的主观性表达需要一定的客观基础，立场客体简单而言就是主观立场

## 第一编　程度构式界定及相关理论问题

表达所关涉的对象，是立场表达不可或缺的一部分。程度构式凸显程度义，程度凸显存在一个描摹对象。比如，"怎么这么美"凸显"美"达到的高程度量级，"美"是性质的描述，存在一个更上层的描摹对象，也就是程度构式的立场客体。日常口语中言者说及"怎么这么美"时交谈各方都共知一个说明对象，书面语上下文语境也会出现"美"的描述对象。程度构式主要是对性质、状态的描摹，性质、状态必然涉及一个客体对象，只有存在这个客体对象，人们才会在此基础上进行主观加工。

（5）去年只是在电视里看到环湖赛了，当时心情就特别激动，没想到今年比赛要从自己的家门口经过，<u>大家别提有多高兴</u>。（新华社 2003 年 8 月新闻报道）

（6）这种殷切的渴望凝成一股力量，他感到<u>比勇敢还勇敢</u>，<u>比镇定还镇定</u>，他加速脚步。（刘白羽《第二个太阳》）

例（5）是对"高兴"高程度状态的描摹。"高兴"单独使用表述心情具有一定的客观性，其主体对象为"大家"。"别提有多高兴"是附带主观性的程度表达构式，基础量"高兴"在构式内被表达为极高量，主观立场凸显。"大家别提多高兴"的立场客体是"大家高兴"的客观事实，只是"别提多 X"对立场客体进行了主观程度加工。例（6）"比勇敢还勇敢，比镇定还镇定"用同比的方式加强程度。程度表达客体为"他感到勇敢和镇定"的事实，程度构式在立场客体基础上增加了主观态度和情感。

立场客体不一定是实实在在的客观事物，一定的客观事实基础也可以成为立场客体。程度构式的立场客体是程度表达的基础量，程度基础量具有一定的客观性。比如，"漂亮—非常漂亮—漂亮得不要不要的"三者都具有量级程度表达，"漂亮"是基础量，也是各种相关"漂亮"程度表达方式的立场客体。也就是说，程度说明对象是程度表达的立场客体，是各种主观态度、情感、立场表达的基石。

### 1.3 言者意图

语言是交际最重要的工具,交际双方或多方通过不同的语言表达方式达成交际目的。语言编码者将自我意图纳入语言形式中,不同程度构式都蕴含一定的言者意图,包括诱使移情、强化立场、标明亲疏等。

程度构式的诱使移情功能是指言者选取一定的程度表达促使交际另一方认同其表达并产生与言者相似的情感体验。例如:

(7) 一位推销代理人朱迪·惠勒说:"在周末,我没有计划做很多事,这使我烦得要死,我已经习惯了快节奏地生活。"(《读书》Vol-075)

(8) 主人"人赃俱获"地告到了张家,父亲指着篮里的鲜桃、鸭梨道:"你真混帐(注:应为"混账"),家里又不是没有水果吃!"给了他的小屁股蛋一顿好打……(《人民日报》1994年第3季度)

例(7)言者表达"烦得要死"希望交际另一方能够对其所表达内容及情绪引起一定共鸣,体悟言者处境。言者表达"烦得要死"希望听者体悟其负面、消极情绪。例(8)"一顿好打"具有程度表达意义,言者选取"一顿好打"希望读者识解词语表达意义外,还能产生与言者相一致的情感立场和类似的情感体验。"给他小屁股蛋一顿好打"除表明被打的严重程度外,还包含"父亲"对"他"的无奈与气愤,表述者希望言谈参与者多方达成相对一致的立场态度和情感体验。

另外,例(7)和例(8)这类程度构式还具有强化立场的意图体现。"烦得要死""一顿好打"相较于基础量级,表达立场得到强化,立场强化是言者有意为之,可以拉近交际者之间的距离。

程度构式还附带言者对亲疏关系的判断。交际过程中言者会依据交际方的亲疏距离选取不同的语言表达形式,双方关系亲近则语言表达形式更自由、蕴含更多的情感因素。关系相对较为疏远的交际双方,会选取较为正式、情感因素相对较少的语言表达形式。亲疏关系会影响言者程度构式的选择，关系亲近倾向于选取主观性更强的程度构式，关系疏远倾向于选取相对客观的程度表达。例如：

（9）花蜂道："你又错了，我勾引的人非但不是瞎子，而且每个人的眼睛都<u>美得很</u>。"（古龙《小李飞刀》）

（10）他凭什么早干完早歇工、多打粮多吃馍？天天悠悠达达赶着骡子下地，吭着小曲耪地、种麦、起红薯，<u>美得颠颠的</u>，凭什么？（严歌苓《第九个寡妇》）

例（9）"美得很"和例（10）"美得颠颠的"两种不同程度构式包含言者立场不同，体现的亲疏关系也不同。"美得很"程度表达相对客观，"美得颠颠的"表达比较活泼，言者主观情感和立场更凸显。"美得颠颠的"语言形式更为自由、轻松，给人一种亲近感，拉近了交际及识解各方距离。

所以，同样对一个说明对象进行程度描摹，不同的程度构式能够标明言者不同意图。诱使移情、标明亲疏、强化立场等意图促使言者综合各方面因素选择适宜的程度构式。

### 1.4 言者态度

方梅、乐耀（2017：3）提出立场表达包括言者所述命题的态度评价以及言者对受话人的态度。程度构式的立场表达包括言者对说明对象达到程度量级的正面或负面评价，以及言者对受话人的态度。评价色彩有的外显，有的蕴含在程度构式构件内部或上下文语境中。例如：

（11）我目前在练习巴赫的无伴奏组曲变奏曲第一乐章哩。说起那快速，就<u>别提有多快</u>啊，像我这样的初学者拿着弓子要赶上那速度可真不易。（大江健三郎著，谢宜鹏译《日常生活的冒险》）

（12）他想不到说话那么温柔，笑声那么好听的一个女子竟

肥得如此可怕,<u>简直肥得不像话了</u>。(古龙《小李飞刀》)

例(11)"别提有多快啊"表明非常"快",言者选取"别提有多快"类表面否定实则极大肯定的程度构式,构式明示言者对"快"的高量级程度极大肯定。例(12)"肥得不像话"可以抽象为"X得不像话"构式。例(12)上下文语境表明"女子""肥"的程度超乎言者想象,言者对其持有否定评价。肯定否定评价是言者态度表现,一般而言程度构式的肯定否定评价依据"X"的语义内涵而定,构式整体与构式构件之间语义色彩具有一致性。

言者态度是立场表达一个重要方面,言者对表达内容的态度直接影响表达形式选取。

### 1.5 言听互动

立场表达是一种交际互动行为,言者编码程度构式希望得到回应,进而达成互动,影响言听双方互动的因素是综合性的。陈辉、陈国华(2001)提出,交际双方的亲疏关系和地位高低直接影响双方的立场表达。交际双方的亲疏及地位差距不仅会影响立场表达还会影响双方的互动结果,程度构式也包含言听双方甚至是多方的互动。① 例如:

(13) 我整个人<u>虚弱得不像话</u>,连一句半句话都无力说出来。我还能说什么呢?我看看乔晖,又望望若儒。(梁凤仪《豪门惊梦》)

(14) 陈立农演唱歌曲《年少无邪》,农农来啦,<u>要不要这么甜</u>。(新浪微博 2020 年 12 月 31 日)

例(13)"虚弱得不像话"表示"虚弱"的程度高,言者通过表明自己实际性质、状况,希望与其他方实现进一步交际目的或与现实发生关联。例(13)在场交际者包括:言者"我"、乔晖、若儒。"我

---

① 我们所说的互动不仅包括说听双方的即时问答式互动,还包括言听双方甚至第三方对话语内容的行为反应。

虚弱得不像话"连接上下文语境，不仅传达语义信息还会影响在场各方进一步言谈内容及行为方式。例（14）"要不要这么甜"是对陈立农演唱歌曲及他本人的评价，"要不要这么甜"不表示选择问而是高程度表达。微博本就是互动性极强的开放式言谈语境，言者也希望能得到其他参与者的回应。

言、听互动是立场表达一个比较重要的方面，程度构式也具有互动表达功用，编码解码程度构式的不同立场会影响互动行为及结果。

## 2 程度构式立场表达影响因素

程度构式表达及识解受到语言内外因素影响与制约。语言内部因素主要表现在语义演化及相邻句位等，语言外部因素主要表现在社会固有认知模式、人际交流互动等。

### 2.1 语言内部因素

#### 2.1.1 语义滞留与演化

第二章中讨论程度构式构式化及其促动机制时我们谈到语义滞留对构式化的作用。就程度构式而言，每个构式仍带有构件原语义特征，构件的"语义滞留"会影响程度构式的立场表达和特征呈现，也是区别不同程度构式特征的主要参照。例如：

（15）倩彤的办公室门外镶有个小铜牌，写着"董事总经理"，我轻轻敲门，随手推门进去，<u>吓得什么似的</u>……（梁凤仪《风云变》）

（16）王大人不高兴了，冷冷地说："二百两银子，你们就造了这么个玩意儿？"一句话吓得俺汗如雨下。余姥姥比较镇静，但事后也说<u>吓得够呛</u>。（莫言《檀香刑》）

例（15）"吓得什么似的"和例（16）"吓得够呛"都是描摹"吓"的高程度。但二者承担程度表达的构件分别是"什么似的"及

"够呛",构件原义积淀为两个程度构式带来区别特征。"吓得什么似的"通过虚指比附的"什么似的"描摹"吓"的高程度量级,言者无法找到合适的比附对象来描摹当时情状,附带言者不知所措的情感色彩。"吓得够呛"构式高程度语义主要由补语构件"够呛"承担,"够呛"自身负面、消极语义色彩保留在构式内。

构式形成后不仅会保留构件语义还会保留构件的情感色彩、立场表现,进而对整个构式表达形成影响。另外,立场表达还与语法化、语义虚化相关。方梅(2005)认为,虚化后的动词可以用来表达说话人的态度立场、评价立场和认识立场。立场的主观性特征凸显,语义实在的成分虚化后主观性会增强,立场特征也随之更加显明。程度构式构件的语义演化有时会伴随立场表达的变化,如"可以"单独使用相较于成为"X得可以"构式构件,立场表达存在区别。例如:

(17)多少年来,每次想起严英如,他总是很自责。他应该<u>可以做得好一点的</u>。(张小娴《蝴蝶过期居留》)

(18)若说他现在能选择的,就是劳动。他<u>身体还可以</u>,不挑不拣,不怕苦不怕累,有活干、有收入就行。(《人民日报》1998年2月16日)

(19)只怯怯地说句"对不起",便立即羞得满脸通红,真是<u>老实得可以</u>。(陈得胜《一见"中"情匈牙利》)

例(17)"可以"表示具备能力,属于动力情态用法。例(18)"身体还可以"表示好、不错。例(19)"老实得可以"表示"老实"的程度高。"可以"不进入程度构式,句法位置较自由、语义也相对实在①,进入构式充当补语构件,位置固定,语义虚化。同时"可以"的立场表达由隐现到凸显,表示具备能力的"可以"以及对性质、状态肯定的

---

① 丁声树(1961)认为"可以"有表示力量上做得到做不到,环境或情理上许可不许可两种用法。彭利贞(2007)认为"可以"有动力情态[能力]和道义情态[许可]两种情态。关于"可以"的历时发展参见康振栋、王健(2018)《古代汉语"可以"的历时演变略考》一文。

"可以"具有客观事实基础,言者的肯定立场是基于大家公认的客观事实判断。虚化为程度补语构件的"可以",言者的立场和态度更为凸显,言者可依据自我喜好做出"X 得可以"判断。

### 2.1.2 适宜语境

日常口语存在话轮转换,书面语存在上下文,语言使用离不开语境支持,语境也会给语言表达带来很大影响。程度构式的立场表达在语境中也有体现,一般而言,前后文语境语义信息与立场表达具有连续性和相关性。程度构式出现的书面语及口语语境中的立场表达与程度构式自身立场相一致。例如:

(20) 别的组合的返礼我没看,只知道红月返礼,<u>我女儿可难过得不行不行的</u>,我心疼得一抽一抽的。现在来看她的难过我的心疼,都是庸人自扰,笑话一样……(新浪微博 2021 年 1 月 2 日)

(21) 教你 1 分钟就能学会五款美美的发型,<u>好看得不要不要的</u>,妹纸们赶紧来 get 吧!(新浪微博 2021 年 1 月 3 日)

例(20)"难过得不行不行的"与后续语境中"心疼得一抽一抽的"具有内在关联性和一致性,体现的言者立场都是偏向消极的高量程度。例(21)"好看得不要不要的"前续语境有相关描述"美美的发型",正面、积极的情绪、情感存续于整个语境中。言者立场表达及立场的一致性需要适宜语境支持,立场在语境中识解也在语境中得到再次强化。

程度构式的立场表达是整体特征,构式构件的语义积淀对程度构式的立场表达有重要作用。构式化过程也会伴随立场表达变化,同时立场表达还需要一定的适宜语境。

## 2.2 语言外部因素

不仅内部因素影响语言表达,有些时候语言外部因素也制约甚至决定着语言形式选取。程度构式选取及立场表达受到语言外部因素影响，主要包括社会固有模式、人际交流互动等。

2.2.1 社会固有模式

宗守云（2020）解释社会固有模式：是特定群体的固化认知模式，是特定群体对人、物和世界等的简单性看法。社会固有模式在日常语言及思维活动中比较常见，如提起农民，我们就会想到"农民具有勤劳、质朴的品质"；说到四川人、湖南人，我们就会想到"能吃辣"。社会固有模式只是普遍倾向，存在例外情况，如四川人不都能吃辣，农民也有懒散的。社会固有模式影响语言编码解码过程，交际双方共知的一般事理、社会上的一些约定俗成、既有认知经验都在一定程度上体现在社会固有模式中。社会固有模式几乎是人们既往认知经验的总结，会影响程度构式的立场表达。例如：

（22）比如史学界，比如哲学界、宗教界，研究论文一篇篇，都是<u>雅得可以</u>，<u>严肃得可以</u>，<u>正襟危坐得可以</u>的文字。（《人民日报》1993年8月）

（23）皮皮现在长到半人高了，出门在外，小耿心里<u>惦记得不行</u>，说它是家里的第三口子。（1994年报刊精选）

社会上普遍认为哲学、宗教相关论文都比较正式、严肃，例（22）的相关评价也与社会固有模式相一致，"雅得可以""严肃得可以""正襟危坐得可以"是对哲学界、宗教界论文的评价，符合社会固有认知模式，传达出的立场信息也与固有模式一致。例（23）"惦记得不行"表示"惦记"的程度高。孩子出门在外，家人惦记符合社会固有认知模式。以上两例程度构式的语言形式、言者立场与社会固有模式三者之间相互关联、相互印证。

社会固有模式会制约和影响立场表达。一般而言，社会固有模式与立场表达具有内在一致性，也存在个别背离相反现象，但一致性是普遍倾向。

2.2.2 人际亲疏地位

互动语言学主张语言结构与社会交际互动运作之间天然互育。人际亲疏地位对语言结构的编码及解码都有影响,人际之间的亲疏关系、地位差距会影响立场表达。比如,长辈与晚辈之间、上级与下级之间、朋友恋人之间存在地位及亲疏差别,言者会依据自我地位及双方亲疏关系选取适切的语言形式。程度构式立场表达也受到人际亲疏关系及地位差距影响。例如:

(24)小岳对钢琴产生了心理障碍,一看到琴心里就来气,只要妈妈在场的时候就对钢琴<u>怕得不行</u>,一坐到钢琴前什么都记不得了。(当代网络语料C000020)

(25)为此京阳啜泣了好几天,并且在相当长一段时间里睡不安生,老做噩梦,弄得朱妈<u>心疼得不得了</u>。(邓一光《我是太阳》)

人际之间的亲疏地位在整个交际互动过程中都存在,不一定明显体现在言谈会话中,上下文语境也会标示出交际参与者之间的地位区别及对语言形式的影响。例(24)"怕得不行"是由于地位较高一方"妈妈"在场的影响。例(25)"心疼得不得了"是由于交际双方的亲近关系才会有此反应。

人际亲疏地位是个综合因素:各方的身份、地位、性别、认知经验等都是影响双方语言形式及立场表现的重要因素。

# 3 本章小结

程度构式具有明显的立场表达特征。各个程度构式都存在一个程度说明对象,程度说明对象基础量便是程度构式的立场客体,立场表达是在立场客体基础上的主观加工。立场表达主要包括言者立场、言者意图、言者态度以及言听双方互动。程度构式立场表达受到语言内外因素的影响,语言内部影响因素包括构式构件的语义滞留与演化以及适宜的语境,语言外部影响程度构式立场表达的因素主要包括社会固有模式及人际交流互动。

# 第二编

# 与存在方式有关的程度构式研究

# 第四章　存在方式与程度构式

本章拟分析汉语程度构式与不同存在方式之间的交互作用。在语言中存在与程度之间有什么样的独特关联？程度构式与存在构式的语义是否具有交互关系？陆俭明（2016）谈及现代汉语中的存在构式，例如：

（1）桌子上放着玫瑰花。（转引自陆俭明，2016①）

上述存在构式划分为几个要素：存在处所（桌子上）、存在方式（放着）、存在物（玫瑰花）。还有更复杂的表达形式也可以分解为存在处所、存在方式和存在物三个要素。例如：

（2）昨天从商场刚买回来的小花瓶里斜插着两朵盛开的玫瑰花。
　　　（存在处所）　　（方式）　（存在物）

存在范畴在汉语中的典型表现为存现句，类似于例（1）和例（2）都属于存现句，我们称为存在构式。存在构式的要素似乎还可以进行补充：存在物、存在处所、存在方式、存在原因、存在关系、存在时间、存在价值等。第二编我们选取与存在方式相关的程度构式个

---

① 例句出自陆俭明《对构式理论的三点思考》，《外国语》2016年第2期。原文为例（7a）。

案，通过个案具体解读存在与程度之间的关系，包括"这是得有多X""X得（像/跟）什么似的""X在那儿呢""X在这儿呢""X在线"等构式。它们都是具有程度表达功能的程度构式，并且体现为不同的存在方式与程度构式关联。下面我们简要分析相关构式。

# 1 相关构式解析

## 1.1 溯因存在凸显的程度构式："这是得有多X"

"这是得有多X"多见于网络用语及口语语体，构式是在一定语义背景下，说话人发出的带有现场性特征的主观感叹程度构式。例如：

（3）就这么睡着了，<u>这是得有多困</u>。（新浪微博2020年11月8日）

例（3）"这是得有多困"语义背景是微博用户的一张配图，一个男子脱了鞋在车站候车大厅椅子上蜷缩着睡着了。说话人对亲眼看到的事实发出"这是得有多困"的主观高程度感叹。仔细分析可知"就这么睡着了"与"这是得有多困"之间存在因果关联。困到了超级高的程度是原因，随随便便就睡着了是结果。例（3）"这是得有多困"位于果前因后的释因句，具有溯因功能。不仅如此，"这（是）得有多X"位于因前果后的纪效句中同样可以触发溯因功能。例如：

（4）<u>这是得有多懒</u>，钱都懒得捋一捋数一数，看得我强迫症犯了。（腾讯视频2018年2月1日）

例（4）句子的语义背景是视频中一个人把大把大把的钱很随便地放到包里，盒子里的钱也是随便乱放着。此事件促发说话人编码"这是得有多懒"表示懒到了超高程度，"懒"达到的高程度是后续结

## 第四章 存在方式与程度构式

果"钱都不捋、不数"发生的原因。"这(是)得有多 X"无论位于前续小句还是后续小句,都具有溯因功能。

"这(是)得有多 X"的溯因功能也是其存在方式表达,我们可以对构式所在语境进行测试:添加表条件的连接词"才";用因果关系连接词"因为、所以"转换。例如:

(5)a 烦死了朋友圈一大波凡尔赛来袭,这是得有多无聊在朋友圈找存在感。(新浪微博 2021 年 1 月 25 日)

　　b 这是得有多无聊,[才]在朋友圈找存在感。

　　c [因为]无聊到极点,[所以]在朋友圈找存在感。

例(5)a 原句语义上可以有 b、c 两种变换形式。表示条件的连接词"才"可以添加进例句,明示前后句子逻辑及语义关系。也可以运用因果关联词"因为""所以"体现前后句语义逻辑关系。

"这(是)得有多 X"构式还具有现场直指以及亲历性特征,这也证明该构式的存在特征。对比表高程度感叹的"那(是)得有多 X"构式,"这(是)得有多 X"构式现场性及亲历性凸显。试比较:

(6)当你感觉全世界都抛弃你时,<u>那得有多绝望</u>。(腾讯视频 2020 年 2 月 21 日)

(7)天啊,<u>这得有多绝望</u>。已经试了 100 多次,序列都记下来了,就差一丁点。(百度贴吧 2020 年 6 月 21 日)

(8)甲:有时候呢北极那边会有猛烈的暴风雪。

　　乙:暴风雪,我不想要有暴风雪。(动画片《恐龙火车》台词)

　　视频标题:在北极的暴风雪?<u>那得有多恐怖啊</u>!

例(6)和例(7)构式都说明"绝望"的高程度量级。例(6)"那得有多绝望"说话人并没有亲历事件只是想象所涉主体"被全世界抛弃"时的高程度绝望。"那(是)得有多 X"没有亲历性和现场性特征，也不具备溯因功能。例（7）语义背景是一张游戏闯关失败的配图。"这得有多绝望"凸显主观情态、说话人就亲身经历的事件或亲眼目睹的事实发出高程度感叹。例（8）"那得有多恐怖"是说话人对北极暴风雪"恐怖"程度的主观感叹，是说话人对想象的事物评价。

"这是得有多X"构式在一定语义背景下主要以溯因方式存在，构式为凸显溯因感叹功能的高程度构式。构式特征、构式变体及构式义获得过程等问题将在第五章详细展开。

### 1.2 像似存在凸显的程度构式："X得（像/跟）NP似的"

"X得（像/跟）NP似的"构式存在两个变量构件："X"及"NP"。"X"是程度说明对象，"NP"是体词性成分。构式由"X""得""NP"及"似的"四个构件组成，构件组合形成语块。语块理论来源缪勒的短时记忆理论①，人类短时记忆的容量一般为7±2个组块。陆丙甫（2008）认为，"人类信息处理能力的实际运用单位"就是语块。陆俭明（2009，2011）指出，构式语块负载独立的形式及意义，主张"构式—语块"分析法。构式研究从语块出发具有可行性及现实意义。

"X得（像/跟）NP似的"由负载独立信息的两个构式语块组成："X得"与"NP似的"。"X得"负载构式主要说明对象，如"气得""胖得""丑得""美得"等，它们需要后续语块赋予详细程度信息。后续语块"NP似的"单独使用是像似构式，语义约等于"像NP似的"，凸显句子所述对象与"NP"存在相似之处，例如："陀螺似的"表示与"陀螺"存在相似特征，"像猪肺似的"表示与"猪肺"的某个突出特征相似。"X得（像/跟）NP似的"组构成表示像似的语法构式，即"X"具有与"NP"某种类似的特征或表现，凸显"NP"的具象形象，"似的"可以省缩。例如：

---

① 心理学认为，人类的记忆分为瞬时记忆、短时记忆及长时记忆，且以短时记忆为主。

## 第四章　存在方式与程度构式

（9）202房间住着两个男博士，一个<u>瘦得像被锻打冲压后的铁条</u>，另一个<u>胖得像发酵后的精粉面包</u>。他们年龄都不小了，都是单身。（房伟《格陵兰博士逃跑计划》，《青年文学》2020年第5期）

（10）你知道他有多爱生气，一点点小事都可以让他暴跳如雷！有时候我会故意惹他生气，看他<u>气得像个孩子似的</u>……（沈亚《冉冉浮生》）

例（9）"瘦得像被锻打冲压后的铁条"和"胖得像发酵后的精粉面包"对举分别将"瘦""胖"性质状态具象化。例（10）"气得像个孩子似的"凸显"孩子"不成熟、幼稚的属性特征表达"生气"所处状态。语法构式"X得（像/跟）NP似的"表示"X"与"NP"之间存在像似关系。

刘大为（2010）认为，语法构式与修辞构式是一个连续统的两端。一般而言语法构式具有可推导性，修辞构式或多或少具有不可推导性。"X得（像/跟）NP似的"表像似关系是可推导的语法构式，语法构式在认知整合、语义延伸等作用下可能发展为不可推导的修辞构式。"X得（像/跟）NP似的"构式形式不变，但构式意义可以用来表程度。不同"NP"形式与"X"之间量级特征存在一致性，"NP"属性不断被抽象逐渐与"X"的量级之间产生语义和谐关系。"X得（像/跟）NP似的"构式通过"NP"某方面的凸显属性说明"X"达到的程度量级。例如：

（11）我连忙大声喊："快来救啊，小癞掉到塘里了。"可是周围没一个大人。米沙看看我又看看小癞，毅然说："不忙，不忙！"连衣服也不脱，纵身一跳，就到了水里。<u>我吓得傻瓜似的</u>，呆呆看着他三划两划划近小癞，又看着他把小癞拖到岸边。（《人民日报》1957年11月11日）

（12）关山林听乌云这么说，<u>激动得什么似的</u>，满腹的话，

## 第二编  与存在方式有关的程度构式研究

却不知该怎么说,一用劲,就把乌云搂了过去。(邓一光《我是太阳》)

例(11)"我吓得傻瓜似的"在"吓"与"傻瓜"之间存在像似关系。构式语义再往前延伸,"傻瓜"具有的呆、傻、反应迟钝等内涵与"吓"达及的程度具有一致性。普通人正常的性质状态在"被吓"达到高程度后消失,变成呆、傻等"傻瓜"特质。"吓得傻瓜似的"是带有修辞性质的程度构式。例(12)"激动得什么似的"构式语义更加抽象,构式用"什么"代替具体的"NP",听话人可以根据自我认知经验实现具象填充。"激动得什么似的"构式义已经不是具象的像似关系,而是完全走向抽象高程度。

"X得(像/跟)什么似的"构式由于"什么"的代指功能,可以具体变换为"NP""VP"形式,也就是说"X得(像/跟)什么似的"构式与"X得NP/VP似的"存在可替换关系。例如:

(13) a "我就是来给你们煞风景的!"话音未落,他出其不意地发动汽车,急驰而去。<u>我气得像发疯似的</u>,飞步冲下人行道,竟想徒步去追赶阿瑟。(《读者》合订本)

　　b "我就是来给你们煞风景的!"话音未落,他出其不意地发动汽车,急驰而去。<u>我气得什么似的</u>……

(14) a 就在这时,我遇到了一个人,一个我曾经非常熟悉的人。当他站在我面前的时候,<u>我惊讶得像做了场梦似的</u>。这个人不是别人,他就是我的同学马晓军。(《中国北漂艺人生存实录》)

　　b 就在这时,我遇到了一个人,一个我曾经非常熟悉的人。当他站在我面前的时候,<u>我惊讶得什么似的</u>……

(15) a 侯、谢、马匪徒吃了王团长的伏击,仅有的一小群喽罗也丧尽了,只剩下司令部三十余人,<u>气得像些癞蛤蟆</u>,<u>吓得像些丧家犬</u>,抱头鼠窜着。(曲波《林海雪原》)

　　b 侯、谢、马匪徒吃了王团长的伏击,仅有的一小群喽罗也丧尽了，只剩下司令部三十余人，<u>气得（像）什么似的</u>，<u>吓得（像）什么似的</u>……

例（13）a 句"气得像发疯似的"与例（14）a 句"惊讶得像做了场梦似的"可以替换为"气/惊讶得什么似的"，也就是"X 得（像/跟）VP 似的"形式的构式可以替换为"X 得（像/跟）什么似的"构式。两个构式类型都可以表示"X"达到的高程度。只是"什么"代指了具体的"VP"变换。例（15）a 句"气得像些癞蛤蟆，吓得像些丧家犬"可以变换为"气得（像）什么似的，吓得（像）什么似的"，也就是"什么"可以与"NP"在聚合轴上实现替换。这造成了"X 得（像/跟）什么似的"更为独特的构式表征，我们将在第六章详细展开。

程度构式"X 得（像/跟）NP 似的"是由像似构式"X 得（像/跟）NP 似的"经由认知整合、语义发展而来。构式义经由重新分析后新的表示程度的构式义逐渐固定，形式依旧继承原构式。像似构式是程度构式发展的基础，"X"与"NP"之间存在像似性是构式发展出程度义的认知基础。"X"的量级被激活得益于"NP"属性特征与量级程度的对应性。

### 1.3 处所存在凸显的程度构式："X 在这儿/那儿呢"

"X 在这儿/那儿呢"有两种用法：（1）表示"X"处于某个位置的处所构式。处所构式"X 在这儿/那儿呢"凸显"X"作为存在物在某处所的存在特征。（2）表示说话人认为"X"达到了某种程度量级，量级高低需要结合上下文语境判断。表处所的"X 在这儿/那儿呢"构式可推导性强，表程度的"X 在这儿/那儿呢"构式可推导性弱。二者主要区别在于"X"的属性特征，处所构式"X"主要为表人或物的具体名词，凸显整个存在主体。程度构式"X"主要为凸显主体侧面的名词，主体的某个侧面具有和程度量级的相协性。例如：

(16) 破风筝，等等！我跟你说两句话。（往外走，到门口）大凤儿的妈！你来陪陪，<u>孟老师在这儿呢</u>。（回头）孟老师，我就回来。（老舍《方珍珠》）

(17) 然而，斐迪亚斯的目光却奇异地闪烁着，一直看着吧台暗角里的某一处："她在那儿……南，<u>她在那儿呢</u>！""谁？"凯南下意识地问，一边把毛巾递给斐迪亚斯。"黛，黛在那儿！"（沧月《星空》）

(18) 药品生产成本的核定物价部门是清楚的，因为药厂的原料价格是清楚的，就像一个烟灰缸值多少钱，<u>社会成本在这儿呢</u>！你镀个金，画个花，成本也多不了多少。（《经济日报》2002年7月14日）

(19) 反正你<u>演技在那儿呢</u>，<u>口碑在那儿呢</u>，行业内都竖拇指，得不得奖的貌似也无所谓吧。（新浪微博2017年5月26日）

例（16）"孟老师在这儿呢"和例（17）"她在那儿呢"都属于处所构式，表示"孟老师/她"存在于某个空间位置。例（18）"社会成本在这儿呢"与例（19）"演技在那儿呢""口碑在那儿呢"很难解释成"社会成本""演技""口碑"客观存在于某处，因为它们表义较抽象，都是某个较大主体的侧面凸显。"社会成本在这儿呢"隐含意义就是成本高或低，根据例（18）语境提供信息，此处"社会成本在这儿呢"表示"社会成本"处于低量级。例（19）"演技在那儿呢""口碑在那儿呢"不是"演技/口碑"客观存在于某处，根据后续语境信息提示此处"演技/口碑在那儿呢"表示"演技/口碑"处于高量级，即"演技/口碑很好"。

"X在这儿呢"与"X在那儿呢"构式由于"这/那"的代指功能不同表现出差异特征。"X在这儿呢"由于"这儿"的近指功能表示处所时现场性更凸显，局限于"X"的现场性特征。"X在那儿呢"中"那儿"具有远指属性，所指事物距离更远，可以用于指涉非现场事物。"X在这儿/那儿呢"作为处所构式或程度构式共性特征是"X"

的存在性，处所构式"X在这儿/那儿呢"凸显主体"X"的存在性，程度构式"X在这儿/那儿呢"凸显主体某一侧面"X"的程度性。存在是表程度的基础，构式程度义由存在义发展演化而来，处所存在是其程度量级的语义基础。存在范畴具有时间、空间属性，程度具有量级大小的层级变化，时间的持续性、空间的存在性在认知领域与程度量级具有关联属性。

程度构式"X在这儿/那儿呢"相关构式特征我们将在第七章详细论述。

**1.4 虚拟空间存在凸显的程度构式："X在线"**

"X在线"是依托于网络语境的新兴构式，学术界对其探讨还较少。"X在线"根据"X"的不同性质存在两种语义识解。当"X"为具体表人名词，"X在线"表示"X"持续存在于一个虚拟空间：线上（互联网上），可以用否定词予以否定——"X不/没在线"，或语义否定——"X掉/离线"，并且其后一般添加"VP"形式。也就是构式内"在线"表示在线上（互联网上），主要表方式。例如：

（20）追剧美少女<u>杨幂在线追星</u>，发文称看沉默的真相哭了好几次，还想和白宇合影。你看沉默的真相哭了吗？（新浪微博2020年9月27日）

（21）我今天运气真的是爆棚了，就刚刚好超话去看了看，然后就看到<u>肖战在线了</u>，手机不停的在响，喜大普奔，奔走相告啊。（新浪微博2020年11月13日）

例（20）"杨幂在线追星"语义可以直接推导得出，杨幂在网上（非现场）追星。例（21）"肖战在线了"表示肖战处于互联网连接状态或者说在线上。这两例"在线"都按照字面意义直接识解，无须进一步推导。

现代汉语"X在线"还有一种比较新兴的网络用法，可以用于对

"X"所达程度表示肯定评价,具有表程度功能。相对于其他程度构式,"X在线"中变量构件范围较小,构式义可以概括为:说话人认为,"X"所处状态、性质具有持续性,对"X"予以肯定评价,并附带高程度语义内涵。可以予以否定(X不/没在线)、可以前加"太""非常"等程度副词,也就是说构式内部"在线"有类似于形容词的语法功能。例如:

(22)任达华:演员要随时<u>状态在线</u>,这是逼出来的。(《新京报》2020年11月13日)

(23)苏杉杉爆料冰清玉洁侧面反映了蔡徐坤好暖心,什么都不说但却什么都知道,<u>情商太在线了</u>!(新浪微博2020年10月31日)

(24)最近的感触,女孩子想要在金融业找工作也太难了吧,我见到很多各方面都很优秀的女孩子,她输的唯一原因是她是女孩子。想到我之前去面某投行,一起面试的女孩子真的<u>非常厉害</u>,<u>专业知识表达能力都非常在线</u>,面试官问她你觉得自己最大的缺陷是什么,她愣了一下说:我是个女生,面试官点头深表赞同。(新浪微博2020年11月13日)

例(22)到例(24)三例中的"状态""情商""专业知识""表达能力"与"在线"搭配,很难解释为在线上空间(互联网上)。"状态在线"表示状态很好,状态好的量级程度高。"情商太在线"解释为情商高。"专业知识表达能力都非常在线"表示专业知识扎实,表达能力强、好,在程度量级连续统上都处于高的一端。上述三例"在线"语法及语义表征都具有形容词性,可以位于"太/非常"等表程度的副词之后。"在线"表程度可以对其否定,这是作为程度构式不太常见的特征,如"状态不在线""情商不在线""衣品不在线""审美不在线"等,表示对"状态""情商""衣品""审美"等的否定评价。

"X在线"由虚拟的空间处所存在到肯定程度量级表达由一系列因素促动而成。首先,"在线"表示存在于一个虚拟空间,其存在性为表示程度奠定语义基础。"在线"不仅具有空间存在属性,还具有时间延续特征,从"在线"到"下/掉线"之间存在时间序列。也就是虚拟空间的存在性及时间的延续性为"在线"表示肯定、程度量级提供语义基础。其次,网络语境为新兴构式产生、表达提供了宽松、自由的大环境。网络时代人人都是语言表达者和接收者,人们不断创造更符合时代及人们心理的表达方式。"X在线"就目前而言,主要用于网络语体、使用者也以年轻群体为主。再次,"在线"的形容词性为构式表程度提供可能,具有形容词功能的"在线"激活侧面凸显类"X"的程度量级特征,"X在线"表示肯定的程度量级评价,"X不在线"表示否定评价。深层认知层面,人们按照社会约定或自我内心标准评价考量事物的程度量级,每个人都有一套自我的认知基准。类似考试规定的及格线,"在线"即是在标准线(社会平均值)之上,并且具有一定的持续特征,因此可以用来表示高出基础量级的肯定评价。

溯因存在、像似存在、处所存在及虚拟空间存在都是不同的存在方式,它们共同的语义基础是存在性,不同存在方式经由不同路径,在不同机制作用下发展出表程度用法。语言世界还有其他与程度关联的存在方式,如"有+数量结构""有点儿小X"等标明时间或空间领域存在性的表达方式,发展出表示程度量级的功能。

## 2　与存在方式有关的程度构式特征

上面我们简要分析了四个与存在相关的程度构式,构式义或多或少具有一定的不可推导性,与不同存在方式相关的程度构式还具有一些共性特征。

### 2.1　存在方式多样性

与存在相关的程度构式表现多样,存在具有不同的表征方式,上

### 第二编 与存在方式有关的程度构式研究

面我们主要探讨了溯因存在、像似存在、处所存在、虚拟空间存在四种不同的存在方式与程度构式的关联。

存在问题既是语言问题也是哲学问题,我们从语言角度出发考察多样的存在方式。存在包含多个要素:存在物、存在方式、存在处所、存在原因、存在关系等,语言表达并非要求存在有关各要素齐全,上述与存在方式有关的程度构式"这是得有多X""X得NP似的""X在这儿/那儿呢""X在线"等分别凸显不同的存在方式,体现了存在方式的多样性。例如:

(25) 没有通知直接开挖,<u>这是得有多牛才干得出来的事儿啊</u>!(新浪微博 2020 年 11 月 13 日)

(26) 骆书有些惧怕地退了一步,"整晚<u>脸臭得像有人欠债不还似的</u>,火气也大得吓人。"平时沉默寡言的人一旦发起火来,似乎特别骇人。(郝述《我和我追逐的梦》)

(27) 防走失包,买的便宜的,软趴趴的做工……算了,正版好像不是这个质量,不过<u>价钱在这儿呢</u>。(新浪微博 2013 年 4 月 1 日)

(28)《冰雨火》预告片走的燃炸风格,<u>特效现场在线</u>,能够看出来制作花了大价钱,演员表演也都十分到位,王一博原声台词情绪到位,有很大进步。(新浪微博 2020 年 11 月 11 日)

例(25)"这是得有多牛"后接"才"标示两者因果条件关系,说话人认为施事一方"牛"到超高程度是"干出没有通知便直接开挖"的原因。"这是得有多牛"溯因功能存在是其发展为程度构式的因素之一,也是其作为程度构式的特有表达功能。例(26)"脸臭得像有人欠债不还似的"通过像似存在关系凸显"脸臭"的程度量级高。例(27)"价钱在这儿呢"根据前文语境解析,表示"价钱低","价钱在这儿呢"表程度功能由处所存在义发展演化而来。例(28)"特效现场在线"表示"特效现场做得很好","在线"由表示虚拟空间存在发展出表好、表强、表高的语义特征。

上述程度构式共性特征不仅仅表现在与存在方式相关联的构式上，构式义浮现特征及构式主观性特征可以说是程度构式家族成员的共性。程度构式家族内部形成不同的类属，每个类属构式又具有一定的共性特征，如上述分析的程度构式都与存在范畴有关联。而语言丰富的表达得益于每个语言表达式独一无二的属性，因此即使同类属的程度构式也具有独特的个性特征，构式的个性特征将在每章的个案分析中详细论述。

**2.2 存在范畴为程度构式提供语义基础**

程度构式都是反映性状程度量的构式，这是构式义的表达核心，而程度量表达前提基础是存在性，只有事物存在某个性状特征才具有表低、表高程度的可能，对于不存在的性状，人们无法赋量其程度等级。例如：

（29）他从阿玛的尸体旁转过身来，从他的脸色看不出喜怒哀乐，这是他的职业所要求的，虽然他的心中也有悲伤、愤怒和惊恐。（潘海天《白星的黑暗面》）

（30）她是按着她的节奏来安排我的。我真不知道她体内有多大的精力与激情，她从来都不知道累，可是我累。在学校从早到晚，不是忙……（李春艳、马霞《现在进行时——花季女儿和中年妈妈的心灵对白》）

（31）最近重温《琅琊榜》发现一个"漏洞"，那就是为何林殊面目全非后，智商不在线的蒙挚是一个认出梅长苏的人呢？（新浪微博 2020 年 10 月 18 日）

例（29）"脸色看不出喜怒哀乐"否定性状"喜怒哀乐"的存在性，因此，我们无法对其中的任何一种情绪加以主观赋量。对比例（26）"脸臭得像有人欠债不还似的"首先承认"臭脸（不高兴）"的存在性，之后通过像似关联表达程度量级。例（30）"她不知道累"否定了"累"的存在性，因此，无法识解出"累"的程度。后续"我累"首先肯定"累"的存在性，继而通过一系列内容解释凸显"累"的程度。例（31）"智商不在线"否定"智商"的存在性，因此无法衡量"智商"达到的量级。也就是说"X"的存在性是程度赋量的语义基础，量级程度有高有低，存在也并非全部需要肯定形式表现，比如："一点儿也不美"表示"不美"的量级程度高，甚至走向反义词"丑"一端。存在性是程度表达的语义基础，"X"以不同的存在方式在量级连续统上动态呈现。

### 2.3 存在范畴确定程度构式的特殊性

与存在方式相关的程度构式一些特殊表征是依据存在范畴确立的，构式由可推导的语法构式到不可推导的修辞构式，需要一个发展演变过程。语言处在动态发展过程中，程度构式也在不断发展、演变。程度构式内部构件的语法化、语义演变等为每个构式带来独特的构式特征。比如，"在这儿/那儿"由处所存在激活出程度表达内涵。"X在这儿/那儿呢"典型语义都是表示"X"存在于某处所，因为前面"X"语义重点性质变化，"在这儿/那儿呢"也演变出与之配合的程度量级内涵。类似的还有"在线"典型语义为表示方式或空间处所的"在线上"，如"在线教育""在线购物"等。"X在线"中当"X"属性为凸显主体侧面的主名词时，"在线"由线上虚拟空间存在扩大到属性、性状等比较抽象的存在，由处所存在义到表正向义，"在线"逐渐获得程度表达功能。例如：

（32）诸所长小平，你给西郊打电话。平海燕是！所长，天祥说，敢情于壮在那儿呢。（老舍《合家欢乐》）

（33）a 戈玲摇头："我记得她当时答应得挺痛快的。""就是。"于德利也说，"刚才写讲演稿的劲头摆在那儿呢。"（王朔《懵然无知》）

b 刚才写演讲稿的劲头大得很……

（34）13日，第七届中国教育创新年会区域论坛在榕开启，并向全国在线直播，分享"集群化办学鼓楼模式"。（新浪微博2020年11月16日）

（35）a 只要技术在线，再丑的颜值也能被拯救，化完妆那一刻我根本挪不开眼。（新浪微博2020年11月16日）

b 技术非常好/高超……

例（32）"于壮在那儿呢"中"在那儿呢"用于指示地点，结合前文语境，此处代指"西郊"。例（33）a句"写讲演稿的劲头摆在那儿呢"抽象的"劲头"无法真实摆在某处，"在那儿呢"与"劲头"组合不再表示位于空间某个位置，而是凸显"劲头"的属性特征，"事物—性状"会形成固定的认知框架，"劲头"与"大小/高低"等存在固定联想关系，"在那儿呢"与其结合存在属性减弱，程度量级属性被激活，构式逐渐类推吸纳更多的"X"，"在那儿呢"量级意义也逐渐走向固定。例（33）b句常规程度表达式"劲头大得很"比较容易识解，不需要复杂的认知转换。例（34）"在线直播"表示"在互联网上直播"是"在线"的典型语义。例（35）a句无法将"在线"理解为"在互联网上"。"在线"语义发生变化，"技术在线"表示对技术达到的程度量级肯定评价，相当于例（35）b句"技术非常好/高超"。"技术在线"是新兴表达，与旧有的"技术非常高超/好"之类表达方式不同，新兴表达需要人们认知领域的二次加工，新兴表达存续时间够久、使用频率够高就可能逐渐演化为常规表达。

"技术在线""写演讲稿的劲头摆在那儿呢"等构式表程度更为新奇，符合语言表达"陌生化"倾向。词语高频使用语义会发生磨损现象，常规表程度方式"很/非常/太"等程度副词在高频使用下所表程度难以达到说话人预期，因此人们会不断创造出新的程度构式满足表达需要。

## 3 存在方式何以实现程度表达

语义是非自主的，它与经验的其他方面紧密结合，也就是说，语义是以经验为基础的。罗琼鹏（2018：30）认为，程度总是关涉某一维度，程度抽象表达某事物或个体某一属性量。程度范畴是个语义范畴，在认知领域与存在范畴存有关联。

### 3.1 关联配合

日常生活经验是认知规律的重要来源，太阳东升西落，一年四季变换，世界是普遍联系的等，这些认知规律来源人们对日常现象的观察与总结。存在与程度两个语义范畴存在内在联结，刘丹青（2011）认为，表好、表多的"有"字领有句宾语排斥负面及主观小量定语。也就是说，褒义、表示大量的"有"字领有句与其后的宾语类型具有极大的关联属性，句子内部前后成分具有关联特征。袁毓林等（2009）分析"有"的领有关系时提出其内部包括存在关系。存在之所以能与程度实现关联，其中之一在于二者的关联关系及构式内部的配合关系。存在构式具有表多（程度大量）的语义基础，如程度构式"X在这儿/那儿呢"与存在构式"X在这儿/那儿呢"具有认知联系，"X"的存在性是量级程度的基础，客观、具体的存在构式在一系列因素共同作用下发展出主观、抽象的程度构式。同一个构式表存在与表程度构式内部的关联关系不同，以"X在这儿呢"为例，存在构式"X"为表义具体、主体凸显的名词性成分，"这儿"是处所指代词，构式焦点为"这儿"所指的处所，符合汉语自然焦点为句末焦点原则。程度构式"X"为表义较抽象、侧面凸显的名词性成分，"这儿"指向抽象的量级程度，构式焦点为"X"所达量级。

存在可能发展出高程度，但并非所有存在都会走向高程度，二者虽然存在关联关系，但还需要其他因素协同作用。

### 3.2 回溯推理

语言演变及重新分析都离不开推理,逻辑上属于回溯推理,基于常识或事理的推理(沈家煊,2004)。存在与程度之间可以实现转换离不开回溯推理,我们先以一个实例解释回溯推理过程。比如,"他举起拳头冲小孩晃了晃"的回溯推理过程大概如下:

前提:如果他要表示"威胁/警告",那么就会做"晃晃拳头"的行为。

事实:他晃了晃拳头。

推论:他很可能要表示"威胁/警告"。

语言中其他范畴发展到程度范畴得益于回溯推理,宗守云(2014)以"到家"为例阐释从终点义到极致义过程中回溯推理的重要作用,终点与极致之间存在回溯推理。回溯推理的结论是很可能为真,也就是不能保证结论一定为真。存在与程度之间也符合"回溯推理":

前提:如果高程度,那么肯定存在。

事实:说话人说出表示存在的构式。

推论:说话人很可能表达高程度。

如果达到高程度,那么肯定存在,但存在不一定达到高程度。存在方式呈现为多样性特征,具体多样的存在方式都具有走向抽象程度表达的可能。与客观存在相比,程度义表达包含更多说话人的态度、观点和情感。说话人招请听话人对话语信息进行自我加工,将客观存在义理解出主观程度义,当程度义逐渐固定,不需要听话人单独推理、加工,整个新义获得过程完成。

推理和隐含像是一个硬币的两面。话语内容包含说话人的言外之意,听话人听话时也会推理出弦外之音(Bybee 等著,陈前瑞等译,2017:465)。回溯推理涉及说、听双方参与,同时也夹杂主观加工过程。

### 3.3 主观加工

Langacker(1991)认为,主观化表现在多个相互联系的方面,主要包括：命题功能到言谈功能，客观意义到主观意义，自由形式到粘着形式等。存在到程度的转换也涉及这些方面的转换。存在构式主要表示一个命题、传递一个较为客观的信息，程度构式说听双方的互动功能更强，也就是言谈功能更突出。Traugott（1995）认为，主观化是语义、语用的演变。"X在这儿呢""X得什么似的"等，虽然存在方式不一，但基础语义是表客观存在，经过主观化加工后发展出主观程度义。主观化过程是说、听双方共同参与的过程，说话人从一定的视角识解客观存在场景，尽量选取最少的语言表达更丰富的意义。说话人选取相对简省的方式表达丰富内涵就需要听话者识解时加入推理过程，也就是上节提到的"招请推理"。"招请推理"过程离不开说听双方的参与，参与过程包含双方的立场、态度和情感表达。

主观化在共时及历时层面皆有体现，客观存在构式发展出主观程度构式无论是单纯发生在共时平面上，还是经历了历时层面相对长久的发展演化，都离不开主观化。主观化程度越高，语言形式越简省，说、听双方更能从自我视角解读语言形式的丰富内涵。存在构式到程度构式转换经由主观加工，程度构式表达的程度量级识解也带有主观加工痕迹。

### 3.4 隐喻投射

隐喻是人类一种重要的认知方式，修辞学、哲学、语言学都涉及隐喻相关问题。Lakoff & Johnson（1980）的 Metaphors We Live By 可以说是隐喻研究代表性及标志性著作，书中提出隐喻无处不在，不仅是语言现象，更是认知现象。隐喻的本质是源域与目标域依据相似性的投射关系，一般而言，源域是已知的、具体的，而目标域则是未知的、抽象的，二者通过相似性连接。思维概念领域的跨域投射是人们认知新事物的重要方法，程度是个抽象语义范畴，识解过程最好有具体范畴作为参照。存在范畴与程度范畴都具有量级属性，大量存在对应高量程度，存在认知域与程度认知域依据量级连续的相似特征发生投射关系。

## 4　本章小结

汉语程度构式库藏丰富，旧有的程度构式发展出新的特征与用法，新生的程度构式表现出独特特征。程度构式形式各异，语义上与不同范畴相关联。存在范畴可以说是程度表达的前提基础，高程度量级或是低程度量级都首先需要具备存在性。存在范畴包括很多方面，在程度构式内主要凸显不同的存在方式与程度之间的投射、转化关系。本章以具体例子初步描摹溯因存在、像似存在、处所存在与虚拟存在几种不同存在方式在程度构式内表征及作用。构式构件的存在属性为程度构式整体带来不同于常规程度构式的"陌生化"及"新奇性"。与存在方式相关的程度构式是程度构式大家族中的其中一类，它们具有类范畴的共性特征，也具有每个独立构式的独特表征。在接下来的四章中，我们将分别从"这是得有多X""X得什么似的""X在那儿呢"以及"X在线"几个个案入手，详细分析每个程度构式的相关特征。

# 第五章　高程度溯因感叹构式"这是得有多 X"

构式具有独特的整体构式义已经得到学界普遍认可。不同的构式具有不同的构式形式及构式意义。构式意义有的简单，有的复杂，无论简单与复杂，一旦成为特定构式，说话人都可以毫不费力地表达，听话人也不需要复杂的认知推导便可以识解，这是因为构式形成后形式和意义作为一个整体投射人们认知领域，人们不需要按照构件分别处理。构式语法不仅为现代汉语一些难以理解的结构提供一种可能的解释，也有助于对外汉语教学的开展。下面讨论一个意义较为复杂的构式。先看几个例子：

（1）昨天参加高中同学的婚礼，有几个同学已经胖到我完全认不出来了，<u>这是得有多胖啊</u>。（BCC 微博语料库）

（2）这应该是你这辈子收到的最爱不释手的生日礼物了。连打游戏都要抱着。<u>这是得有多爱啊</u>。（BCC 微博语料库）

（3）<u>这是得有多有钱</u>？小伙工作穿 4 万块的西装，真是吓人啊。（百度网 2019 年 5 月 11 日）

上述三例画线处都包含"这是得有多 X"，我们称为"这是得有多 X"构式。表面上看，"这是得有多 X"是一个高程度构式，类似于"这 NV 的"构式（唐雪凝、张金圈，2011）、"要多 A 有多 A"构式

（汪国胜等，2015；甄珍，2015；吉益民，2017）、"R 不是一般的 X"构式（宗守云，2018）等，但和上述高程度构式不同的是，"这是得有多 X"不是一个简单表达构式，其构成具有多元性："这"具有现场指和回指功能（方梅，2016），"得"是一个义务情态助动词，"多 X"表感叹和高程度，因此是一个复合表达构式（portmanteu construction），值得进一步研究。前人没有专门对"这是得有多 X"构式的研究成果，我们拟专门讨论这一构式，指出"这是得有多 X"构式的浮现意义及其获得过程，并说明一个复合表达构式的形成往往是若干构式整合的结果。

## 1 "这是得有多 X"构式框填限制及构式变体

"这是得有多 X"是高程度溯因感叹构式，它由三个语块组成："这是""得有"和"多 X"，分别对应构式不同的意义要素。陆俭明（2009）认为，构式内部语义配置的每一部分语义，都以一个语块的形式来负载。"语块"（chunk）指的是一个构式中以一定的句法形式相对独立地承载该构式的一个语义单元的句法语义聚合体。"这是得有多 X"的构式义负载在不同语块上，其中语块"多 X"存在变量"X"，对整体构式义十分重要。

### 1.1 构件"X"的框填限制

前文例（1）到例（3）变量"X"性质上分别是：单音节性质形容词、心理动词和述宾结构。实际情况更为复杂，下面我们考察哪些词或结构可以充当变量"X"。

从词性上看，"X"以性质形容词为主，心理动词和生理动词次之，这与它们可量化的特征有关。例如：

（4）我去，<u>你这是得有多忙</u>呀，空调遥控器能当手机用么？（搜狐网 2019 年 9 月 2 日）

(5) 做梦在梦里都能恨一个人，<u>这是得有多恨</u>。（妈妈帮社区 2019 年 1 月 14 日）

(6) 美女挑战连喝四大瓶矿泉水，<u>这是得有多渴</u>。（好看视频 2019 年 6 月 5 日）

例（4）到例（6）变量"X"词性上分别是：性质形容词、心理动词和生理动词。性质形容词自身的量幅特征使其可以接受不同方式的程度赋量，能充当构式变量"X"。如"脏、冷、热、高、穷、美、贵、酸、甜、乱、帅、坏、难、懊丧"等。心理动词、生理动词与性质形容词有许多类似特征，进入该构式也较为自由，如"爱、恨、喜欢、感动、愁、后悔、渴、饿"等。

部分名词也可充当变量"X"，进入构式的名词指称性减弱，描述性增强，在构式中似乎识解为形容词更合适。例如：

(7) 这种拿不出手术知情书的，就应该狠罚，这不是走过场的事。这是牵涉到法律的事。没签字就做手术<u>这是得有多虎</u>?！（新浪微博 2023 年 7 月 14 日）

(8) <u>这是得有多渣</u>啊，做梦毁了闺蜜的婚礼也得谴责渣男。（新浪微博 2020 年 10 月 19 日）

例（7）中"虎"不指称哺乳动物"虎"，而是表示"粗心，糊涂"义，描述义凸显。例（8）"渣"也属于形容词用法。类似的还有"娘""浪"等，这些成分性质上为名词，此构式中已经形容词化，带有性质形容词的可量化特征，可以受程度副词"很""有点儿"等修饰，可用于否定句式，如"一点儿也不菜"。

部分述宾结构也可以充当变量"X"，构式要求述宾结构具有描摹性质。例如：

(9) 小猴子，你<u>这是得有多烦人</u>呐，连人家小狗子都转身走

了。(好看视频 2018 年 10 月 6 日)

(10) <u>这是得有多不要脸</u>才做的出来？一个举动干了两个缺德事。(百度贴吧 2018 年 10 月 19 日)

例(9)述宾结构"烦人"和例(10)"不要脸"可以接受程度词赋量，因此能进入该构式。典型的述宾结构，如"吃饭""写作业"等不可以，如"*这是得有多吃饭/写作业"。

综上，能进入"X"槽位的成分复杂，包括：性质形容词、心理动词、生理动词、部分描述性强的名词及可赋量的述宾结构。性质形容词及心理动词具有量幅性，可以接受不同形式的程度赋量，是变量"X"的典型成员，或者说是原型范畴。生理动词、描述性强的名词及可赋量的述宾结构是变量"X"的非典型成员。典型成员与非典型成员都需要具有［量幅性］［无界性］［描摹性］的语义特征才满足构式的框填限制。满足上述语义特征是充当变量"X"的必要条件，就是说能充当"X"的成分都具有［量幅性］［无界性］［描摹性］的语义特征。

## 2.2 "这是得有多 X"构式变体

"这是得有多 X"构式在实际使用过程中存在一些变体形式。主要包括几种情况：(1)省略"是""有"；(2)添加 NP 成分或话语标记；(3)"得"与"是"的移位；(4)复合构式。下面具体展开。

"这是得有多 X"减缩形式：省略"是"或/和"有"。例如：

(11) 上单对线插好眼准备强杀对面了，信心满满，突然奶妈一个大招下来反而被反杀，<u>这得有多无奈</u>。(《中关村在线》2017 年 7 月 4 日)

(12) 一男的十几年了为一女的默默做那么多事情，她愣是一件都没有发觉，<u>这是得多后知后觉</u>啊，周围的同学老师也都不八卦吗？(BCC 微博语料库)

(13) 原本就是拿着血汗钱来救命的，如果一不小心被偷走，这得多绝望啊。(《人民日报》2013年9月9日)

虽然"这是得有多X"形式上可以省略部分构件成分，但构式的高程度溯因感叹义还保留，如果没有高程度溯因感叹义，就不是"这是得有多X"构式变体，而是其他构式，如表需要的疑问构式——"这得多高？"

"这是得有多X"扩展形式：添加NP或话语标记。例如：

(14) 可一旦胃壁破裂，胃酸流出进入腹腔，就等于把五脏六腑泡在强酸中，你想想这得有多疼吧。(中国新闻网2014年1月28日)

(15) 这水是得有多脏啊，绿藻这么发达！！(百度贴吧2019年3月12日)

(16) 我这得是有多招人烦，今天就多看了一个女生两眼，她就生气了，冷着脸。(百度网2019年4月10日)

例(14)"这是得有多X"前加话语标记"你想想"。例(15)"这"与"是"之间插入"NP（水）"。例(16)"NP（我）"在整个构式前。前加话语标记除"你想想"外，还有"你说/瞧/看"等，这些话语标记不影响构式基本义，但具有拉近说听双方距离等功能。构式中间或前面插入"NP"的变体形式独立性更强，听话人可以直接明确"NP"与"X"的关系。

"这是得有多X"移位形式："是"与"得"换位。例如：

(17) 做噩梦被吓醒，这得是有多痛苦啊(新浪微博2020年4月9日)

(18) 这得是有多不要脸，盗版打假正版也是头一回见。(新浪微博2020年4月9日)

例（17）和例（18）构式内部构件"得"与"是"换位。"这得是有多 X"作为变体形式，与构式的高程度义保持一致。

"这是得有多 X"复合构式："这是得有多 X"与"多 X 的 N"整合为复合构式"这是得有多 X 的 N"。例如：

（19）倒计时 86 天，梦到 SUJU 来我们学校，<u>这是得有多深的执念啊</u>。（新浪微博 2013 年 6 月 6 日）

例（19）"这是得有多深的执念啊"是构式"这是得有多深"扩张吞并"多深的执念"而形成的复合构式，两个构式掐头去尾复合为新的构式。"这是得有多 X 的 N"很难按照既有的句法结构来范畴化，这也正说明了它是典型的构式而非一般的句法结构，构式可以一定程度上违反形态句法系统规则。"这是得有多 X 的 N"也是构式化的生动体现，类似例子有："这是得有多厉害的修图大师""这是得有多讨厌的人""这是得有多赚钱的买卖""这是得有多大的仇""这是得有多快乐的日子"等，"这是得有多 X 的 N"构式中对"X"的选填限制与"这是得有多 X"一致，并且具有感叹、溯因功能。

综上，"这是得有多 X"构式对变量"X"的选择和限制同样适用于各个构式变体。构式与构式变体的基本意义和功能一致，具体表现及功用存在细微差别。

## 2 "这是得有多 X"构式义特征

高程度溯因感叹构式"这是得有多 X"构式义表达有着复杂的语义背景，其中包括结果事件、事件参与者、推理、编码交际等多方面，我们概括如下：

1. 一个结果（effect，可以简称为 E）事件出现了；
2. 结果事件是意外的、超乎常规的；
3. 这种意外的、超乎常规的事件是在某种极致情况下出现的；

4. 根据社会固有模式及说话人认知，某极致情况是意外的、违反常规事件产生的条件或原因；

5. 说话人编码"这是得有多 X"构式，表达高程度感叹、条件和溯因等复合意义。

"这是得有多 X"的构式义可以概括为：高程度感叹的"多 X"，是意外结果事件的条件和原因，说话人对意外结果事件做出高程度溯因感叹回应。需要说明的是，"这是得有多 X"的高程度感叹义普遍存在，溯因义来源说话人认知上的深层推理。说话人针对意外的、违反常规的结果事件可以单纯地发出感叹评价，如例（11）—（14）等。但更多时候，说话人依据社会固有模式及主观认知很容易推理出意外结果事件是在某种极致情况下发生的。极致情况与意外结果事件间的认知关联（因果/条件关联）在构式前后语境中凸显，说话人在编码构式时明示"X"的极致程度是结果事件（E）的原因或条件，解码者也可以顺利识解出此间的因果或条件关联。比如，例（4）"忙"达到了极致程度是原因，"空调遥控器当手机用"是意外的结果事件。当然，原因或条件与结果间的关联大部分源于说话人的主观认知，并非科学定律那般客观。构式的溯因义既源于构件及构件整合，也得益于结果事件与原因或条件阐释之间的认知关联。下面我们分别从构式义所涉几个方面详细展开。

## 2.1 结果事件

"这是得有多 X"必然源于一个结果事件，该事件具有意外性。意外事件可以通过语言形式表现出来。在语言表达中，许多形态语言都存在对惊讶特定的或类似的表达方式，这一表达范畴被称为"意外范畴"（Mirativity）。意外范畴是用来表示意外事件的，意外事件是编码"这是得有多 X"构式的语义背景信息。说话人亲眼所见的意外事件属于直接视觉冲击，说话人听到有关意外事件的陈述属于间接听觉接受。直接与间接获取信息都促使说话人编码"这是得有多 X"构式做出回应。

### 2.1.1 直接视觉冲击

人们视觉接受的信息十分丰富,说话人亲眼所见的意外结果事件往往具有直接感知性,而且多具有亲见性(visibility)特征,这最容易对说话人产生强烈刺激,进而引发说话人对意外结果事件的感叹。"这是得有多 X"构式一般存在一个意外事件给说话人带来直接的视觉冲击。例如:

(20)现在这海洋款从原来做一个半小时到现在 5 分钟。<u>这是得有多熟练</u>。(搜狐网 2019 年 1 月 18 日)

(21)台州公交卡在临海都不能刷,<u>这是得有多落后</u>。(BCC 微博语料库)

例(20)"这是得有多熟练"的背景是说话人直接看见"海洋款制作时间缩短到 5 分钟"的事实,继而编码"这是得有多熟练"表示对这一意外结果事件的高程度感叹。例(21)"这是得有多落后"基于说话人看到台州公交卡在临海不能刷的意外事件发出的感叹。意外事件对说话人这种直接的视觉冲击是促发高程度溯因感叹构式产生的语境信息。

### 2.1.2 间接听觉接受

人们获取信息另一个重要方式就是听取他人陈述,这属于间接听觉接受。听到某意外事件也会引发说话人对该事件的评价,视觉接受和听觉接受只是获取意外事件的途径不同,但最终促发说话人心理认知编码的意外事件和说话人的心理路径需具有一致性。因此,间接听说某意外事件也会引发说话人的感叹评价。例如:

(22)这是我今天听到的最好消息哇。四节耶,对于还没备课的我,<u>这是得有多高兴吖吖</u>!!(BCC 微博语料库)

(23)A:人在医院 ICU 抢救了 24 小时,现在还没醒。

B:<u>这是得有多严重</u>?(自拟)

例(22)是说话人对听到的意外事件做出的回应,"这是得有多高兴"凸显说话人听到意外事件后"高兴"程度十分高,且带有感叹功能。回溯此结果的原因是"我还没有备课"。例(23)也是说话人在听到结果事件后发出的感叹评价。因此,无论听觉还是视觉只要是说话人接收到的结果事件具有不合理、非常规的意外性质,都会引发说话人编码"这是得有多 X"构式。

### 2.1.3 基于事件编码

"这是得有多 X"不能单独出现,它的出现一定有结果事件伴随,因此是基于事件的编码。如果没有结果事件,只有一个高程度事实,就无法编码为"这是得有多 X"。例如:

(24)a 他看着眼前的漂亮小姑娘,说:"<u>这孩子的妈妈得有多漂亮啊</u>!"(自拟)

　　　b﹡小姑娘非常漂亮,路过的人说:"这孩子得有多漂亮啊!"

例(24)a 句具有"结果事件"和"高程度溯因感叹"的解读,即"看着眼前的漂亮小姑娘"是结果事件,"这孩子的妈妈得有多漂亮"是高程度溯因感叹,因此是可以接受的。例(24)b 句不具有"结果事件"和"高程度溯因感叹"的解读,"小姑娘非常漂亮"是一个高程度事实,没有结果事件,因此不能编码为"这是得有多 X"。没有结果事件,说话人就不能直接编码"这是得有多 X"构式。又如"这是得有多厉害",一定是基于说话人看到或听到某个对他产生刺激的意外事件或事物,这些意外的事件或事物正是该构式得以编码成功的语篇环境。

### 2.2 程度感叹

"这是得有多 X"构式中"X"带有一定的程度特征,如"脏""美""有钱""烦人"等。性状在程度或量上有"有界"和"无界"

的对立（沈家煊，1995）。词语本身程度存在量幅变化，"X"进入"这是得有多 X"构式实现程度的"有界化"表达。例如：

(25) 我这是得有多饿啊，大家都放下筷子结束了，我还在努力进行扫尾中的节奏。（BCC 微博语料库）

例（25）"饿"在构式中明确高程度量级，因为"饿"到了极高的程度，才会出现后续小句所描述的状况。"这是得有多 X"构式的高程度义来源于内部构件。刘丹青（2011）指出，有字领有句具有表好（褒义）和表多（主观大量）的语义倾向。"X"自身的程度量级被紧邻表主观大量的"多"激活，"多 X"在此是带有主观高程度的感叹表达式，因此，"X"自身的程度在构式中被定格在静态高量，这个高程度甚至已经超乎说话人的想象。

概括地讲，"主观性"是话语中带有说话人的"自我"（立场、态度和情感）成分。"这是得有多 X"较之一般的高程度表达式更能凸显说话人超乎意外的感叹态度和强烈情感。例如：

(26) a 要知道，现在低于 500 公里续航的都入不了消费者的眼了，这下可好，朗逸来了个 278，这是得有多自信啊！（搜狐网 2019 年 9 月 6 日）
　　　b 要知道，现在低于 500 公里续航的都入不了消费者的眼了，这下可好，朗逸来了个 278，非常自信。

上述两例都用于表示高程度。例（26）a 句"这是得有多自信"较之例（26）b 句"非常自信"带有说话人更强烈的情感态度，附带说话人难以置信的态度。"这是得有多 X"构式表示"X"的程度量级达到了说话人觉得不可思议的高量。

说话人使用"这是得有多 X"构式有一个心理预设："X"的性质程度难以描述，且整个事件具有不合理、非常规的性质。由此，引发说话人对事件的感叹评价。构式之所以带有感叹意味是因为意外结果事件与事物正常或通常的情况相反，而且相反的程度超乎说话人的常规认知。由此说话人放弃常规的程度表达，选择感叹意义强烈的"这是得有多X"。另外，形式上"这是得有多X"可以与表感叹的语气词共现，如例（15）、例（17）和例（25）构式与"啊"共现，例（22）与"吖"共现。整个构式感叹语气不言自明。事实上，将语气词删除，构式依然带有感叹义。"这是得有多X"评价的感叹性与构件"这"的直指与感叹有关。赵雅青（2010）分析"那/这叫一个X"的强感叹义，唐雪凝、张金圈（2011）认为，"这NV的"构式表感叹性评价，它们的感叹义都与"这"的语用功能相关。"这是得有多X"构式保留了构件的语义特征。

### 2.3 条件关系

"这是得有多X"构式中语块"得有"具有标明条件关系的作用。条件关系体现在一个复句或单句中，其中一句或句中一个成分表条件，另外一句或成分表结果，这种复句或单句存在条件关系。条件关系一般分为充分条件和必要条件，两者可以组合为多种形式。

#### 2.3.1 必要条件

必要条件是条件关系的一种，可以表示为：如果没有A，则必然没有B。也就是说，如果有B则一定有A，那么A就是B的必要条件。在语言形式上一般表现为"只有……才""不……不"。语块"得有"在该构式中标示说话人推测的必要条件，说话人主观地认为"得有多X"才会导致意外事件的发生。语块"得有"不仅明示构式与前后句之间的条件关系，也是引发说话人推理的关键信息。例如：

（27）<u>这得有多嫌弃</u>，才会要呵斥别人一句："晓得走路不？"（《长沙晚报》2014年5月7日）

（28）路过教室饮水机的时候，看到一个男生，眼中饱含泪水的在唱《寂寞难耐》……<u>这是得有多寂寞啊</u>。（BCC微博语料库）

例（27）"得有多嫌弃（非常嫌弃）"是说话人认为"呵斥别人"的必要条件。也就是说，在说话人的认知中，"不嫌弃到极点就不会呵斥别人"，"呵斥别人了一定是嫌弃到了极点"。语块"得有"在整个构式中依然保留必要条件的语义积淀，将必要条件关系加诸整个构式上。例（28）"这是得有多寂寞"是说话人认为"男生饱含泪水唱《寂寞难耐》"的必要条件。也就是说，在说话人的认知中，"不寂寞到极点，不会含泪唱《寂寞难耐》"，"含泪唱《寂寞难耐》一定是寂寞到了极点"。当然必要条件的显明需要一个推理过程。

### 2.3.2 超乎常规

"这是得有多 X"表示的意义带有明显的超乎常规义，也就是意外性。意外的、违反常规的事件一般是达到某种极致的情况才会出现。就程度范畴而言，超乎常规的低量程度和超乎常规的极高量程度都会引发听说双方的注意。"这是得有多 X"构式表示的高量级具有超乎常规的特征，因此引发说话人对意外事件原因及条件的推理。"这是得有多 X"处于前后句相互说明的语篇语境下，因此构式表达的超乎常规义可以得到解释说明。例如：

（29）现在才明白恒等于的意思，<u>这是得有多蠢</u>。（BCC 微博语料库）

例（29）"这是得有多蠢"强调超乎常规的"蠢"，依据构式表达信息推理整个事件过程。"现在才明白恒等于的意思"这一超乎常规的事件引发说话人的评价，解释和评价都带有意外性。说话人编码"这是得有多蠢"这种极量构式解释意外事件产生的原因。也就是说，因为"蠢"到极致才会导致"现在才明白恒等于的意思"。超乎常规的事件与正常或通常的情况相反，且超出常规方向很远。说话人看来意外事件不应该发生，因此运用"这是得有多 X"构式呼应超乎常规事件。

### 2.4 原因追溯

"这是得有多 X"的原因追溯功能源于说话人的认知。说话人根据自我认知,追溯发生某极致、意外事件的原因。这需要几个条件:意外事件对说话人产生强烈刺激;说话人为满足自身的心理需求追溯原因;条件、因果关系显明。

### 2.4.1 事件强势刺激

意外的、违反常规的事件更容易引起人们注意,在认知上得到凸显。说话人或直接或间接地接收到意外事件的刺激,引起对事件的回应和评价。意外事件不仅作为刺激物引起人们心理强烈的认知反应,同时也是一个"指示者"(indicator),说话人可以感知自己的感觉,但对他人的感觉无法感知,因此需要通过符号指明。例如:

(30) a 头疼被疼醒了,<u>这是得有多疼</u>。(BCC 微博语料库)
　　　b＊上午头疼了一会儿,<u>这是得有多疼</u>。
(31) 喵星人啃着玉米,<u>这是得有多饿呀</u>!(百度网 2019 年 7 月 17 日)

例(30)a 句事件"头疼被疼醒"给说话人造成了强烈的刺激,因此后续用"这是得有多疼"构式回应事件的强烈刺激,说话人可以感知自我。例(30)b 句"头疼一会儿"是正常现象,不能形成强势刺激,因此不能编码出"这是得有多疼"构式。例(31)事件"喵星人啃着玉米"作为刺激物引发说话人的特别关注,通常情况下猫不会啃玉米,因此这一意外事件刺激说话人的认知心理,说话人编码"这是得有多饿呀"来追溯意外事件的原因。同时"喵星人啃着玉米"也是"饿"的指示,说话人无法感知猫饿,但因为"喵星人啃着玉米"是显明的结果事件,可以指示"饿",因此也促动说话人编码"这是得有多 X"构式。

### 2.4.2 认知心理需求

"这是得有多 X"表达了说话人对意外事件的心理认知,也引发听说双方对意外事件发生原因的追溯。构式的溯因义是语言使用者认知心理需求的表现,识解过程需要联系前后语境。该构式适切语境都存在一个意外事件,意外事件有时编码为状况描述小句,状况描述小句就是对意外事件的描述，"这是得有多 X"与前后句之间存在"条件—结果"，"原因—事件"的推理关系。例如：

（32）我今天早上又发生把好多人都看成我想的某个人的情况。<u>这是得有多喜欢啊</u>。（BCC 微博语料库）

例（32）"把好多人看成我想的某个人"是意外事件，也是结果的呈现，说话人在意识到这一意外事件时会不自觉地追溯事件原因。语言形式上表现为事件"看错人"在前，原因"喜欢到极致"在后。在认知层面则是语言使用者发现某一意外事件，继而产生对意外事件原因追溯的心理需求，寻找原因或推理可能的原因。也就是说，认知层面上"这是得有多 X"是在人们对意外事件追根究底的状况下发生的溯因过程，溯因过程的结束意味着人们认知心理需求的满足。"这是得有多 X"构式的溯因义是构件整合的结果，"这是 X"的原因义与"得有 X"的条件义整合形成，构件义素特征被整个构式吸收，在前后小句出现某一意外结果或事件时，"这是得有多 X"构式是对结果或事件进行溯因推理。

2.4.3 条件关系显明

说话人需要明显的条件关系实现溯因，只有条件关系显明，说话人才能顺利地把因果关系揭示出来，也就是说，说话人主观认为的致因属性"X"需要具有可推理性（inferential）。这些显明的条件关系都符合一般的社会规约或固有模式。例如：

（33）注册会计师自编段子，冯小刚听后脸都黑了！<u>这是得有多尴尬</u>！（优酷视频 2018 年 12 月 3 日）

（34）全息婚礼，<u>这新娘是得有多幸福啊</u>。（百度贴吧 2019 年 5 月 31 日）

例（33）"这是得有多尴尬"是说话人的高程度感叹，同时说话人认为"尴尬极了"与前文"脸黑"之间存在因果逻辑联系。整个语篇条件关系的清晰呈现是顺利溯因的基础。例（34）"全息婚礼"与"新娘超幸福"之间存在逻辑关系，整个语篇语境将因果推理过程直接呈现出来。

综上，"这是得有多 X"构式义存在一系列的语义背景，这些语义背景是构式义产生的基石。构式义主要凸显在高程度、感叹和溯因三个方面。高程度、感叹是构式的基础语义，溯因义涉及事件与原因之间的推理过程，与人们认知相关。构式义的三个方面相互关联、不可分割。

## 3 "这是得有多 X"构式的构式化过程

施春宏（2013）认为，凡是具有特异性的语言单位都可以看作构式，从语素到词、习语，再到句法结构乃至语篇，都可以看作构式。我们采用这种广义构式观分析"这是得有多 X"的构式化过程。构式形成是个动态发展的过程，构式形成后也可能进一步发展变化。"这是得有多 X"是现代汉语构式，其构式化过程主要发生在现代汉语共时平面。我们认为"这是得有多 X"经由复杂的构式整合最终浮现出完整构式义。

### 3.1 从语法构式到修辞构式

"这是得有多 X"构式整体具有高程度、感叹和溯因义。构式义不是直接获得的，而是不同语块组织整合逐渐浮现出构式义。

刘大为（2010）认为，修辞构式和语法构式是一个连续统的两端，修辞构式（不可推导的构式）是从语法构式（可推导的构式）发展而来。"这是得有多 X"构式形成不是一蹴而就的，构式内部经历了从语法构式到修辞构式的转化过程，并进一步整合逐步浮现出整体构式义。具体包括三个转化过程。

3.1.1 "这是"：从判断义语法构式到原因义修辞构式

语法构式"这是 X"中"是"为基本的判断系词，构式整体表判断。吕叔湘（1999）认为，"是"的基本意义是表判断，但"是"后可加因为、由于、为了，因而也可以表示原因、目的。因此，语法构式"这是 X（表判断）"可以专化为修辞构式"这是 X（表原因）"。当"是"表原因时，"这是 X"为原因构式，"是"赋予构式原因解释义，"这"起强调和现场直指功能。例如：

(35)《阿Q正传》的作者<u>是</u>鲁迅。(《现代汉语八百词》例句)

(36) 字写成这样，<u>是</u>钢笔不好。(《现代汉语八百词》例句)

(37) 好好的一次郊游搞成这样，都<u>是</u>你。(《现代汉语八百词》例句)

例（35）是表判断的语法构式，"是"表判断，是最常规的意义。例（36）实际上有两解，一可以理解为"是钢笔不好造成的结果"，"是"仍然是判断义，整个句子是语法构式；二可以理解为"是因为钢笔不好"，"是"为原因义，整个句子是修辞构式。例（36）之所以可以浮现出原因义，是因为前面有表结果意义的小句，这是原因义浮现的句法语义条件。例（37）"是"只有原因义，整个句子是修辞构式。

例（35）是可以推导的判断义语法构式，例（36）是过渡状态，既可以理解为可以推导的判断义语法构式，又可以理解为不可推导的原因义修辞构式，例（37）是不可推导的原因义修辞构式。

3.1.2 "得有"：从需求义语法构式到条件义修辞构式

吕叔湘（2006）对"得"的解释是：表示情理上、事实上或意志上的需要、应该、必须，后面可加数量或小句。"得有 X"是表需求义的语法构式，当有结果义小句存在时，"得有 X"发展出表条件义的修辞构式。具体过程以例句形式展开：

(38) 骑自行车是一项很好的有氧运动，也不会增加膝关节的负担。但是凡事<u>得有个度</u>，顶着风骑或者上坡骑的时候，对膝关节的耗损相对就会大一些。(《北京青年报》2019 年 12 月 14 日)

(39)"要想让我们花钱消费,也得有钱才能花呀!"(《人民日报》2012年8月2日)

例(38)"凡事得有个度"中"得有"表示需要,即需要有个度。需要义不要求前后之间具有逻辑推导关系,是单纯的缺少因而需要某物。例(39)"得有钱才能花"具有逻辑推导关系——"有钱才可以花,没钱不能花。""有钱"是"花"的必要条件,包含这种推理过程的"得有X"是表条件的修辞构式。

3.1.3 "多X":从程度义语法构式到感叹义修辞构式

"多X"有两种功能:程度询问和程度感叹。两者具有源流关系,程度感叹是从程度询问发展而来。因此,"多X"本质上就是程度构式,这是可推导的语法构式。当"多X"用于程度感叹时,其程度只有高程度,没有低程度和一般程度,这是不可推导的,因而是修辞构式。因此可以认为,"多X"是从表程度的语法构式转化而浮现出表高程度感叹的修辞构式。例如:

(40)一路上,朋友们都在问:武夷山是个什么样儿,有多美?到底有多美呢?(《人民日报》1982年2月22日)

(41)你看,这是个香囊,上面都是花的纹路,多美啊。(《光明日报》2018年9月11日)

(42)是啊,如果没有电,广场上的大喇叭成了哑巴,路灯成了摆设,那样的夜晚多无聊!(《民生周刊》2019年8月29日)

例(40)"多美"是询问程度,"多X"是语法构式。例(41)"多美"后附"啊",凸显感叹义,表高程度感叹,是修辞构式。例(42)"多无聊"表示"特别/相当无聊",其高程度感叹的修辞构式更加明显,如果说"多美"兼有程度询问和程度感叹的性质,那么"多无聊"只有程度感叹,没有程度询问。

我们将以上情形以表格形式呈现,详见表5-1。

表 5-1　　　　　　从语法构式到修辞构式的构式义转化

| | 语法构式 | 修辞构式 |
|---|---|---|
| 这是 X | 判断义 | 原因义 |
| 得有 X | 需求义 | 条件义 |
| 多 X | 程度义 | 高程度感叹义 |

### 3.2　构式叠加与构式整合

构式的形成和构件的整合有关。Goldberg（1995）认为，一个表达式的意义是将词汇项整合入构式意义的结果。Langacker（2007）指出，整个表达式的整体意义不是总能通过部分词语的意义预测出来的。他们都强调构式意义的形成不是构件意义的直接组合，而是整合各构件义得出构式整体义。刘大为（2010）认为，整合可以理解为构式自上而下对论元角色的要求。上述都是关于构式内部的整合规则，即构式内部构件整合对构式形成的影响。更进一步说，两个或多个构式整合为一个新的构式也遵循构式与论元之间相互联系的规律。"这是 X（原因构式）""得有 X（条件构式）""多 X（高程度感叹构式）"都是从语法构式发展到修辞构式，它们还可以进一步整合为新的构式，即"这是得有多 X"构式，构式整体是由三个转化后的修辞构式叠加、整合而成的。

"这是得有多 X"构式义具有不可推导性，构式三个语块负载不同语义信息，最后整合成新的构式。"这是 X（原因构式）""得有 X（条件构式）""多 X（程度、感叹构式）"形式及意义经由叠加并整合得出"这是得有多 X"构式整体。"这是得有多 X"整合构件的语义要素浮现出完整构式义：高程度感叹的"多 X"，是某意外事件的条件或原因，说话人对某意外事件做出高程度溯因感叹回应。

图 5-1 显示了"这是得有多 X"构式的形式叠加与构式整合过程以及最终结果，构式一般以构式义特征命名，因此，原因构式、条件构式及程度感叹构式也是各构式的突出构式义。常规的语法结构具有可推导性，聚合关系上替换自由，而修辞构式及多构式整合后新的构

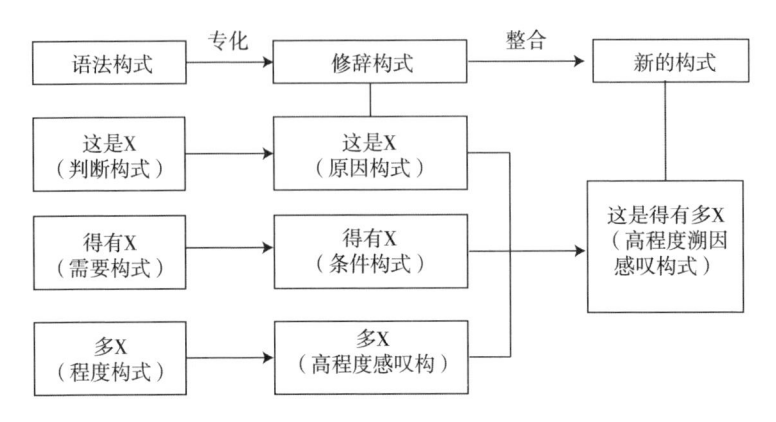

```
语法构式 ──专化──→ 修辞构式 ──整合──→ 新的构式

这是X              这是X
(判断构式)  ──→   (原因构式)
                                        这是得有多X
得有X              得有X                (高程度溯因
(需要构式)  ──→   (条件构式)            感叹构式)

多X               多X
(程度构式)  ──→   (高程度感叹构)
```

图 5-1 "这是得有多 X"构式叠加与构式整合图示

式意义具有不可推导性。形式和语义在构式形成后都再次整合，并不是一加一等于二的简单相加。形式上，"这是得有多 X"存在相近功能的各个构式变体，但语义上最终整合为高程度溯因感叹义。例如：

（43）居然傍晚的时候在人民公园附近的十字路口遇见高中同学，这是得有多巧啊，这是什么神奇的力量。（BCC 微博语料库）

例（43）是三个子构式形式叠加为最终的"这是得有多 X"构式。整个构式回指前面小句出现的意外事件，并对前面小句所陈述的情况溯因，溯因同时表示说话人的主观感叹高程度义。

"这是得有多 X"构式形式上是几个构式的叠加、整合，整体构式义在整合过程中逐渐浮现，语义上重重叠加，最终整合形成完整构式义。一旦构式化完成后，只要构式被激活，必然以整体激活的方式被人们领悟，理解也不存在障碍。

## 4 本章小结

目前，"这是得有多 X"多见于网络或口语语体。构式义表现为：高程度感叹的"多 X"，是某意外事件的条件或原因，说话人对某意外事件做出高程度溯因感叹回应。"这是得有多X"构式化过程形式上是三个构式的整合,语义上是各构件语义的整合。现代汉语的程度表达式相当丰富,这些表达存在同一类属范畴的共性特征,但每个表达式又具有独特的功能。

初刊于《语言研究集刊》2021年第2期,总第28辑,略有删改。

# 第六章  程度构式"X得什么似的"特征及构式义获得

构式语法理论将构式看作语言组成及人们识解语言的基本单位。构式的形式与意义整体投射人们认知领域,语言编码和解码过程对应每个构式整体构式义形成和识解过程。汉语作为意合型语言存在很多独特的表达方式,这些表达方式结构或语义某方面会存在一定的识解难度或不透明度,构式理论为这些独特表达提供新的视角。本章继续讨论一个独特的程度构式。先看两个例子:

(1) 上海客人只好不再噜嗦,可是他坐在那里不肯走。林先生<u>急得什么似的</u>,心是卜卜地乱跳。(茅盾《林家铺子》)

(2) 祁老人和天佑太太听说瑞丰得了科长,<u>喜欢得什么似的</u>!说真的,祁老人几乎永远没盼望过子孙们去作官;他晓得树大招风。(老舍《四世同堂》)

上述例(1)"急得什么似的"与例(2)"喜欢得什么似的"可以抽象概括为"X得什么似的"。"X得什么似的"表义比较复杂,整体意义不能从组构成分完全推出,符合典型的构式定义(形式或意义不能从组构成分完全推出)。"X得什么似的"是个相对较复杂的构式,整体构式义与高程度表达有关,构式程度义特征及获得与一般的程度构式存在差别,具有独特性。

# 第六章 程度构式"X得什么似的"特征及构式义获得

前人类似研究主要包括：卢惠惠（2016）认为，"什么似的"可以表示"程度之甚"。胡承佼、潘晓军（2016）考察"V+得+像义词+X+比况助词"结构具有虚泛比拟、补充极性程度以及抽象描摹三种表达功能。但都没有单独探讨"X得什么似的"构式，我们拟分析"X得什么似的"构式的相关问题，包括构件组成、构式义特征及该构式的整合过程。

## 1 "X得什么似的"框填限制及增扩形式

每个构式都具有独特的形式表现和构式义特征。"X得什么似的"属于半填充图式构式，整个构式由常量"得""什么似的"和变量"X"组成。构式内部"得"为补语标记，"什么似的"为凸显高程度的补语构件，变量"X"需要满足构式对它提出的填充限制才能获得构式准入资格。

### 1.1 构件"X"的填充限制

"X得什么似的"基本构式义是表示高程度。一般而言，性质形容词是接受不同方式程度赋量的典型词类，心理动词与性质形容词在语法功能上具有一定的相似性，接受各种程度赋量较自由。所以，"X得什么似的"中变量构件"X"一般情况下由性质形容词或心理动词充当，例如：

（3）想到他们两个为接回桑桑，必定做了许多安排，怪不得这些日子，<u>忙得什么似的</u>。（琼瑶《梦的衣裳》）
（4）这几条鱼，让他补补身体吧。我们姐弟几个围着鱼桶，<u>一个个喜欢得什么似的</u>，一会捞起这个、一会放回那个，高兴地嚷着要吃鱼。（1994年报刊精选）

例（3）性质形容词"忙"充当变量构件。例（4）心理动词

"喜欢"充当变量构件。其他性质形容词和心理动词一般也可以进入该构式充当变量"X",这是因为,它们的量性特征表现为量幅性、弥散量和无界性。性质形容词与心理动词是受不同程度方式修饰最为自由和低限制的两个词类。

另外,生理动词,如"渴""饿""困"等也可以进入该构式。部分动作动词进入构式获得高程度量级,动作动词进入构式目前不具有普遍性。例如:

(5)这小傲娇鬼<u>饿得什么似的</u>也不吃杂食,这么傲娇怎么办?只能宠着,屁颠儿屁颠儿给它买了妙鲜包(新浪微博2017年10月30日)

(6)张光雀的哭声,更是震动了编辑部!张光雀<u>哭得什么似的</u>,他内疚啊,他自责啊,他为与朱丽的反目而追悔莫及!(乔雪竹《城与夜》)

(7)以往曾经有母女在船上度假,那人拼命献殷勤,少女以为对象是她,<u>乐得什么似的</u>,结果,目标却是母亲。(亦舒《不羁的风》)

例(5)"饿得什么似的"表示"饿"的程度量级高,类似的"渴""困""累"等生理动词也可以进入该构式获得程度赋量。例(6)"哭得什么似的"表示"哭"的状态难以描摹,进而引申为表示"哭"的严重,凸显"哭"所处的高量级。例(7)动词"乐"进入构式被明确为程度高量。又如"张三被打得什么似的""张三把李四摔得什么似的""一听见孩子被录取了,张三的妈妈笑得什么似的"等,类似表达凸显进入构式的动作或动作的结果达到高量程度。但"*坐得什么似的""*站得什么似的"等动作动词不可进入该构式。可以说,能进入该构式的动词存在一个隐含的量级系统,如"笑"隐含的量级系统:"微笑—出声地笑—大笑—狂笑"等。再如,动作动词"打",无论是"打"还是"被打"与之关涉的动作或结果存在程度量级,"(被)打到什么程度?"这些带有隐含量级系统的动作动词在"X得什么似的"构式中被明确为高量级。

综上,"X得什么似的"中变量构件"X"表现为:心理动词、性质形容词、生理动词及部分带有隐含量级特征的动作动词。据CCL语料库显示,该构式自清代产生直至现代汉语书面语语料,变量"X"最为高频的都是心理动词,其他词类"准入"填充是构式压制的结果,构式对进入的成分压制使其适应构式对构件的要求,不同成分进入构式体现出该构式的能产性。

## 1.2 "X得什么似的"增扩形式

构式形成过程中及形成之后都会面临一定的变化,构式化过程在某个共时平面以不同形式呈现,形成构式义相近但表征形式不同的构式家族。在不改变构式核心语义情况下形式上有所增减:增加某些形式为增扩构式,减少某些形式为减缩构式。董正存(2018)认为,构式增扩存在形式上扩张、容量上扩展。形式上的增加一般显而易见,容量的扩展有的表现为表义更深,有的则表现为表义更广。"X得什么似的"构式存在增扩形式,表现为:"得"与"什么"之间插入"像/跟/和/同"。例如:

(8)"小姐!小姐!我们可找到你了!"玉子、小青、银杏全是一头汗,<u>急得跟什么似的</u>。(雨菱《江南第一名妓》)

(9)不知道哪个神仙在茶水间冰箱里面放的猕猴桃,绝对超过一个月了还<u>硬得和什么似的</u>,不清楚的还以为是松花蛋呢!(BCC微博语料库)

(10)经过了住进白虎寨时的轰轰烈烈、热闹滚滚,这些日子简直就像白开水一样的平淡无奇,自从马汗青和李鸿义对她竖起白旗之后,每次看到她都<u>客气得像什么似的</u>,害她想整人也觉得过意不去。(丁千柔《麻辣俏娘子》)

"X得什么似的"增扩形式表现为:"X得+像义词+什么似的"。构式形式扩张表现为填充像义词,容量扩展表现为添加更多的描摹义。例(8)—(10)分别填充像义词"跟、和、像",构式高程度义并无大的改变,像义词给构式带来更强的描摹义。也就是说,"X得什么似的"与增扩形式在高程度义表达方面具有相似性,有无像义词对构式表达程度影响不大。

综上,"X得什么似的"增扩构式形式上表现为"得"与"什么似的"之间填充像义词,构式的极致程度义具有同构性。从构式化角度来看,"X得什么似的"构式应该是由填充像义词的增扩构式省缩而来。

## 2 "X得什么似的"构式义特征

"X得什么似的"是高程度构式,其构式义可以概括为:某主体存在"X"的性质状态,通过"什么似的"虚指比附凸显"X"达到的高程度。本节将深入解析构式义特征需要考察各个构件对构式义的促动因素。"X得什么似的"构式义特征与以下因素相关:"X"的语义特征、"X"所涉主体、引发构式编码的事实条件、"什么似的"虚指比附与具体比附和高程度的关联。

### 2.1 "X"语义特征

构件"X"的相关认知识解因素及所涉主体的知情状态是构式义特征形成的影响因素。

#### 2.1.1 "X"量级特征及无界特征

上一小节我们分析了构式"X"的框填限制,词性上"X"主要表现为心理动词、生理动词、性质形容词及带有隐含量级特征的动作动词。充当"X"成分具有的共性语义特征:[+量级][+无界],即带有量级特征的成分以及存在量幅变化和延展性,其中的量级变化正是高程度表达实现的基础。此外,量级变化与无界两个语义特征存在一定交叉。沈家煊（1995）提出性状在程度或量上有"有界"和"无界"的对立，"X得什么似的"构式中"X"的典型成分性质形容词在程度和量上具有"无界"特征。"X"的语义内涵为凸显某种状态，如"气、心痛、羡慕、吓、激动、高兴、乐、累、忙、渴、喜欢"等都凸显某种心理或生理状态。具有量级特征的动作动词进入该构式时凸显动作完成后的某种状态，如"他被摔得什么似的"中不凸显"摔"的动作，而是凸显"被摔"后的状态，"被摔得什么似的"表示"被摔"得很严重，程度很高。

### 2.1.2 "X"所涉主体及知情状态

Hall（1973）提出"交际的编码/解码模型"，这与"X得什么似的"构式所涉及的不同对象有较大关联。唐正大、强星娜（2019）分析言者、主体、观者三方的知情状态对反叙实动词"假装"表义的影响。"X得什么似的"构式同样涉及言者（即说话人）、"X"所涉主体、观者三方。三方对构式义形成的作用不同，"X"所涉主体与言者的知情状态对构式编码及识解作用更为突出。并且，不是每个语言片段三方都显性存在，很多情况下观者可以缺席，言者、主体也可以统一，观者在场与否都可以相对客观地接受言者表达的语义内涵。例如，"（照着镜子对自己说）这些天脸都被晒黑了，黑得什么似的"。言者、主体、观者三方统一情况下，认知及感知程度不存在分歧。

"X得什么似的"中的"X"无论表现为何种形式都具有描述义特征，因此一定涉及一个所描述主体。比如，"怕""喜欢""美""卑鄙"等都存在一个主体，构式描述"X"达到的极致程度。"X"所涉主体、言者、观者三方的不同知情状态及认知基础对构式义识解具有重大作用。例如：

(11) 过了一会儿，她听见张季元笑了笑，把脸凑到她耳边说："看你吓得什么似的，别怕，我与薛兄是多年的老朋友了，我们谈点儿事。"（格非《江南三部曲》）

(12) 郭祥划了根火柴一看，见老妈妈头上扎着绷带，白衣上还有几缕血迹,吃惊地问:"阿妈妮!出了什么事了?"老妈妈摇了摇头,笑着说:"没有什么,你们快点吃吧!"郭祥和大夯,都<u>着急得什么似的</u>,向阿妈妮表示,如果不讲,这饭就不吃了。(魏巍《东方》)

例(11)"你吓得什么似的"表示"吓"得很严重,程度很高。所涉主体"你"之所以"吓"达到高程度量级源于不知情。该句中言者处于知情状态,因此,编码构式表达"吓"的程度。例(12)主体"郭祥和大夯""着急"超出一般程度也源于处于不知情状态。言者、主体、观者三方如果某方处于不知情状态则更容易编码"X得什么似的"构式,不知情意味着接收到的都是新信息,新信息第一次接收更容易引起人们的强烈反应。当三方都处于知情状态时,编码"X得什么似的"构式凸显极致程度,具有一定的夸张效果。

综上,"X"描述某种状态的语义内涵及其所涉主体的知情状态对构式义特征具有影响。

### 2.2 事实描摹

朱俊阳(2010)指出,"NP+似的"整个结构呈现出明显的形容词性。形容词具有典型的描摹特征。事实是客观存在的,语言是表达事实最有效的工具。事实的先验存在为说话人编码语言提供基础。因此,构式"X得什么似的"语义内涵中包括对客观事实的主观描摹。

#### 2.2.1 事实凸显

一般而言,位于程度两极的事实更容易引起人们注意,如考试的第一名或最后一名更容易被人们识记,位于中等水平则不太引人注意。程度极高和程度极低的事实都会在人们的认知领域得到凸显,与人们预期相反的事实也更容易凸显,引起一系列语言编码反应。例如:

(13)她生得如此玉雪可爱,便是我这杀人不眨眼的魔头,<u>也喜欢得什么似的</u>,可知她生就福命,一生逢凶化吉。你尽管望

安，咱俩一起去找寻罢。(金庸《神雕侠侣》)

(14) 他喜欢和同他一样的人共事，他看见有些好好的企业放在没见识，没手段，没胆量的庸才手里，弄成半死不活，他是<u>恨得什么似的</u>。(茅盾《子夜》)

例(13)"喜欢得什么似的"和例(14)"恨得什么似的"都源于前面分句所陈述事实在交际领域或人们认知域的凸显。"喜欢得什么似的"表示"喜欢"达到了说话人难以描摹的极致程度，"喜欢"的高程度源于前面分句孩子长得"玉雪可爱"这一凸显事实。这一事实在人们的认知领域中程度极高(用"如此"修饰表程度高)，所以容易被凸显。例(14)"企业半死不活"是编码"恨得什么似的"的事实基础。"好好的企业"与"弄得半死不活"和人们的预期相反，所以该事实也容易被凸显。

凸显的事实是编码"X 得什么似的"构式的促动因素。事实属于客观凸显，但构式"X 得什么似的"表示的极致程度却带有很强的主观性。

2.2.2 主观描摹

说话人关注到某一超乎常规程度的事实，不仅可以运用"X 得什么似的"陈述事实，还可以编码"X 得什么似的"构式对事实进行主观评价。该构式带有修辞色彩与常规陈述相比主观性更强。例如：

(15) a "不捎别的，捎台洗衣机就行！"丈母娘也<u>高兴得什么似的</u>，嘴都快咧到了耳朵根底下。(《读者》合订本)

b "不捎别的，捎台洗衣机就行！"丈母娘也<u>十分高兴</u>，嘴都快咧到了耳朵根底下。

(16) a 随即他又走了开去，喃喃地说："咳，我累了，<u>累得什么似的</u>，五脏六腑都胶住在一起，什么也不能想。"(茅盾《霜叶红似二月花》)

b "咳，我累了，<u>累得很</u>，五脏六腑都胶住在一起，什么也不能想。"

例（15）a 句"高兴得什么似的"是对"丈母娘高兴"这一事实的描摹、陈述。"什么似的"带有修辞色彩，同时包含言者很强的主观情感。（15）b 句"十分高兴"则更倾向于对高兴达到程度的客观陈述，主观情感较少。例（16）a 句"累得什么似的"通过"什么似的"的虚指比附来凸显"累"的高程度，带有说话人强烈的负面情绪。而 b 句"累得很"或"非常累"凸显"累"的高程度量级相对较为客观。"X 得什么似的"带有强烈的主观情感和态度，不同主体对其所表的程度解读存在一定差异。

### 2.3　抽象程度

程度属于比较抽象的认知，抽象认知需要更多的认知加工，识解时相对较为复杂，需要一定的认知关联与转换。"X 得什么似的"与所涉主体形成"图形—背景"关系对，构式作为凸显的图形，所涉主体为背景。另外，构式内部比况短语"什么似的"将原本具象化的比拟抽象化，人们利用自我认知在"X"性质状态所达程度建立一对多的关联。比如，"他瘦得什么似的"可以具象化为"他瘦得（像）猴子似的""他瘦得（像）电线杆似的""他瘦得（像）绣花针似的"等。"猴子""电线杆""绣花针"在不同主体认知中都能够与"瘦"实现关联，将"瘦"的程度具象化。运用"什么"可以将这些具象的物体抽象化，听话人需要自我完成具象化过程。不同主体对于"瘦"的主观感知并不一致，因此抽象化的"什么似的"更能凸显"瘦"达到的高程度，方便听话人直接接收程度信息。

#### 2.3.1　图形与背景

Langacker（1991）将图形与背景作为基本概念表述符号单位之间的联系。图形与背景相互联系，但受到的关注度不同。图形相较背景更为凸显，如一张白纸上有一个黑色的点，我们一般将白纸看作背景，黑点则为凸显的图形。图形与背景广泛存在于各种符号关系中，"X 得什么似的"构式及构式所涉主体包含图形与背景对。例如：

(17) 弟弟可怜兮兮地张开手要过妈妈手里的那碗芦根汤，一口气喝下了大半碗。宋妈心疼得什么似的，立刻搂抱起弟弟。（林海音《城南旧事》）

(18) 老通宝偏偏听得了，心里急得什么似的。四块钱一担，三十担可要一百二十块呢，他哪来这许多钱！（茅盾《春蚕》）

例（17）"心疼得什么似的"为凸显的图形，所涉主体"宋妈"是背景。"心疼得什么似的"通过"什么似的"的虚指比附描摹"心疼"的极致程度，整个图形凸显抽象程度。例（18）构式"急得什么似的"与所涉主体"老通宝"形成图形背景对。背景"老通宝"可以存在很多不同的图形，不同情景凸显不同的图形。"急得什么似的"中心词"急"是图形中心，"什么似的"赋予构式极性程度，整个构式为凸显"急"的高程度图形。

概括起来就是"X得什么似的"与构式所涉主体为一组图形背景对。其中，"X"涉及的主体为背景，整个"X得什么似的"构式为凸显的图形，提供难以描摹的高程度信息。图形的认知识解过程更为复杂，"X得什么似的"并非直接具象描摹高程度，而是通过虚指比附获得抽象的极致程度义。

2.3.2 比附的虚实与程度

语言系统中没有必要存在完全同构同义的表达，几乎每个程度构式都具有其独特性，独特性表现在诸如构式形式、构式义、构式识解方式等不同方面。"X得什么似的"构式区别于其他程度构式的特征主要来源于构式通过虚指比附的方式表达极致高程度。

比况助词"似的"凸显相似性，"NP似的"表示所述主体与"NP"存在相似性。比如，"她漂亮得仙女似的"表示"她"与"仙女"之间存在相似特征，凸显"漂亮"属性。"饿得蝗虫似的"通过"蝗虫"进食快等特征构建与"饿"的主体之间的相似关系，凸显

"饿"的程度量级高。程度属于抽象认知，表达抽象程度可以运用与之相匹配的具象化事物，如"仙女"突出"漂亮"的程度，"蝗虫"突出"饿"的程度。表示程度还可以运用更抽象、虚化的形式，比如，"她漂亮得什么似的""饿得什么似的"，"什么似的"是在众多可以与"漂亮""饿"实现具象转化事物的抽象表达，具体化减弱，抽象性增强。那么"X得什么似的"通过虚指比附表示抽象高程度与实指比附有何区别？下面请看几个例子：

（19）a 刘师傅气得什么似的，可是没追上前去；丁约翰既不敢打架，何必紧紧的逼迫呢？（老舍《四世同堂》）
　　　　b 一看到他进来，脸气得像猪肺似的，瞪着眼说："韩庄南边站上打来电话，说丢了两节车，挨站查下来，说是我们站上丢了。你是值班站长，应该负责！"（刘知侠《铁道游击队》）

（20）刚才在眉楼听人说起，公子头场这几篇文章，好得什么似的，还未曾放榜，书坊已经着人来打探，要拿去翻刻印行。（刘斯奋《白门柳》）

例（19）的两个例子都是描述"气"达到的高程度，不同在于例（19）a 句"刘师傅气得什么似的"通过"什么似的"虚指比附凸显"气"达到难以描摹的极致程度，抽象化程度更明显、更高。例（19）b 句将"气"比附为具体的"猪肺"，通过将"气"与具体的名词或行为进行实指比附，进而将抽象程度与具体物象之间建立认知关联。"什么似的"可以代指不同的 NP 或 VP 形式。例（20）"好得什么似的"所涉主体是"文章"，可以具体化为"好得跟文曲星下凡似的""好得像夜明珠似的"等。

也就是说，"X 得……似的"表示程度有实指比附和虚指比附两种形式。当"得"与"似的"之间加入"NP/VP"形式为实指比附，如例（19）b 句。当"得"与"似的"之间填入"什么"形成"X 得什么似的"构式时为虚指比附，如例（19）a 句和例（20）。分析语料发现,当为实指比附时,具体化的"NP/VP"只凸显某一方面与"X"实现关联。例(19)b句"脸气得像猪肺似的"通过"脸"与"猪肺"外形、颜色上的相似特征表达"气"的高程度。还有"气得像发疯似的"凸显外在行为的变化("发疯"比如摔东西、大喊大叫、丧失理智等)与程度的关联。着重凸显"X"某一方面的属性是实指比附的特征,实指比附凸显的程度与比附对象属性息息相关。"什么"强大的代指功能赋予整个构式更广泛的认知关联,虚指比附涵盖范围更广、抽象程度更高。比如,例(19)a句"气得什么似的"表义涵盖"气得像猪肺/发疯/癞蛤蟆似的",但不限于此,它从具体实指走向抽象虚指,主要凸显抽象的高程度。

语言使用者编码"X得什么似的"构式开始可能是因为找不到适切的比附对象来凸显程度量级,临时借用"什么"代指,随着简省、经济的"X得什么似的"高频使用,人们逐渐由临时借用转向一种不必说的约定俗成。"X得什么似的"构式提取了人们关于"X"的部分认知共性,直接投射出"X"的高程度量级。

综上,可以确定"X得什么似的"为高程度义构式,构式义具有独特的识解过程。那么"X得什么似的"构式义是如何获得的?

## 3 "X得什么似的"构式义获得

语言处于动态的发展过程,构式也如此。构式形成过程是动态的,构式化完成后在共时层面存在一定的稳定性,但很可能进一步发展演化。一般而言,构式形式意义固定是个渐变过程,涉及多因素共同作用。"X得什么似的"构式主要是在构式压制与认知整合作用下获得程度义。

### 3.1 构式压制

"压制"是构式语法较为重要的理论之一。Goldberg(1995:238)定义"构式压制"为构式使词项产生与系统相关联意义。构式语法对于"构式压制"定义并不完全一致。普遍认为,当某个构件与整个构式的语义、用法不完全兼容时要考虑是"构式压制"的作用。王寅(2009)将"压制"含义扩大,认为只要对结构、意义和用法有重要作用,并使他者发生改变的都可以称为"压制"。施春宏(2014)理解构式压制为,构式"招聘"与组构成分"求职"的互动过程。"压制"的类型有很多,包括构式压制、词汇压制、惯性压制、选显压制、体压制等。构式"X得什么似的"程度义获得主要是在构式压制作用。

"X得什么似的"是构式整体对组构成分的压制,即由上而下的压制。构式压制几乎无处不在,施春宏(2015:14)解释构式压制现象无所不在的根本原因在于语言系统的构造机制以及语言交际的根本方式。"X得什么似的"构式是如何体现构式压制的?该构式内部语法结构为"什么似的"位于"得"后充当补语,与丁加勇、谢樱(2010)分析的表程度"A得C"构式存在同构性。构式内部补语构件带有程度表达功能,构式自身也具有加深程度的作用。

3.1.1 构式对构件"X"的压制

"X得什么似的"构式对构件"X"具有压制作用。例如:

(21)打手们最让人恶心的不是"两张皮",而是强行管他们那些东拼西凑、乱七八糟的玩意儿叫"文章",<u>宝贝得什么似的</u>。(新浪微博 2020 年 3 月 12 日)

(22)奶奶是第二次看《龙须沟》了,第一次就<u>哭得什么似的</u>,可是她又哭又爱看!(冰心《冰心全集》第四卷)

"X得什么似的"构式可以对构件进行压制,主要体现在对构件"X"及"什么似的"程度义的压制。常规而言名词"宝贝"并不能受程度副词修饰,例(21)名词"宝贝"进入"X得什么似的"构式,被构式压制出带有量级特征的描述义,表示"珍视某物、把……当宝贝"。能够充当变量构件"X"的名词,其原有的指称义被构式压制,获得带有量级特征的描述义。类似的还有进入构式的动词,动作义被构式压制，凸显动作结果达到的程度量级，如例（22）"哭得什么似的"强调"哭"的程度量级高。谓语动词"哭"在一般情况下无法受程度副词修饰，如＊很/太哭，构式对构件"X"的压制，使得原本不接受程度副词赋量的词类进入该构式，获得临时的程度量级。同时也是该构式能产性的体现。

3.1.2 构式对构件"什么似的"的压制

构式还对构件"什么似的"进行压制，使其获得程度义。例如：

（23）a 白茹<u>像小孩似的</u>一歪脑袋，"不对不对！就是不对！"（曲波《林海雪原》）

b ＊白茹<u>像什么似的</u>一歪脑袋，"不对不对！就是不对！"

（24）"姨父今天就是来帮你这个忙的，不管多困难，那怕是翻遍了每一寸土地，我也要找到她们。"崔蝶兮<u>感激得像小孩似的</u>，雀跃地捉着陈致先。（玄小佛《天鹅与风筝》）

（25）伪村警们听群众说释放，<u>感激得什么似的</u>，都高兴地从地上起来，跑到人堆里找保人写保状。（马峰《吕梁英雄传》）

比况结构"像……似的"要求填充成分具体，突出两个对象之间的相似属性。但"什么"比较抽象，因此，例（23）a 句"白茹像小孩似的"可以说，但（23）b 句"白茹像什么似的"一般不可说，即"＊什么似的"不能处于谓语中心。"X 得什么似的"构式中"什么似的"处于补语位置，构式压制出"什么似的"的合理性，并赋予其程度义。具体的比况结构也可以位于补语位置，识解意义单一，程度表达局限于具体的比附对象，如例（24）。"什么似的"位于补语位，表义更为抽象，如例（25）"感激得什么似的"凸显"感激"达到的极致高程度。构式不仅压制出"什么似的"的程度义，还进一步加深整个构式的程度义。

根据 CCL 语料库显示"什么似的"最早出现于清代，自产生起基本位于"得"后组成"X 得什么似的"（古代汉语语料，其他形式的

"什么似的"用例很少），这种表达在现代汉语中也比较固定。也就是说，构式对"什么似的"的压制已经固化完成。

### 3.2 认知整合

"X得什么似的"构式程度义也得益于构件的认知整合。

#### 3.2.1 "X得"的认知整合

一般而言，"X得"相关的程度构式表示程度时都存在一个补语，如"很、不得了、要命、什么似的"等。"什么似的"位于"得"后表示程度时凸显主体事物本身的程度。在高频使用下"X得什么似的""X得很"之类凸显"X"自身程度的构式表达在人们认知领域建立完整、直接的认知联系。认知联系一旦构建成功，部分构件的缺省不会将所有语义磨损殆尽，也就是说，形式上缺省了"什么似的""很"之类的补语构件，构式还保留部分程度表达功能，这是固定认知关联滞留的语义信息。例如：

（26）a 洗个澡<u>快乐得什么似的</u>，自己指着数字"阶阶阶"地叫，宝宝，你说的是什么呀，婴语？（新浪微博 2020 年 7 月 28 日）

b 洗个澡<u>快乐得</u>，……

例（26）a 句"洗个澡快乐得什么似的"表示"快乐"的程度高没有争议。例（26）b 句"快乐得"省缩"什么似的"是否具有程度义？我们认为，类似的"快乐得"结构依然可以在人们认知领域投射出程度义。程度义的认知整合体现在两方面：①说话人自我认知填充。根据自我的主观认知将"快乐得"后程度表达填充完整。如"快乐得很/手舞足蹈"等。②激活事物本身的程度识解。"快乐得""累得""高兴得"等结构促使人们更关注"X"自身的程度，人们接收带有量性特征的词语时会激发认知中的程度量级，这种关联源于人们固定的认知经验。

### 3.2.2 "什么似的"的认知整合

刘月华（2001）、马庆株（2005）都把"什么似的"列为程度补语。刘翠香（2014）也认为，"什么似的"是表程度的补语。卢惠惠（2016）分析"什么似的"在主观化作用下语义由实到虚，仅表程度义。补语位置"什么似的"的程度义已经基本达成共识，那么代词"什么"加比况助词"似的"何以在补语位置具有程度表达功能？

鉴于"什么"的代词属性，程度义的识解似乎要考察它都代指哪些成分？在该构式中"什么"基本代指两种形式：NP 与 VP。例如：

（27）这个囚犯医生看得我累啊，分分钟结盟又分分钟翻脸，各种两面三刀，<u>每个人狡猾得狐狸似的</u>。（新浪微博 2019 年 4 月 4 日）

（28）<u>鱼和人一样，有精有笨，有狡猾有凶恶，当然也有战战兢兢、胆小得如同我等之辈，一有动静吓得筛糠似的</u>，善钓者就是想方设法制伏这些对手。（李国文《没意思的故事》）

例（27）"狡猾得狐狸似的"表示狡猾的程度非常高。"X 得什么似的"中"什么"由 NP（狐狸）具象化。例（28）"吓得筛糠似的"，VP（筛糠）占"什么"位。"什么"所代事物、动作与"X"的性状程度存在认知关联。

沈家煊（1999）提出，事物和事物的恒久性状构成"事物—性状"认知框架。下面我们分析"什么似的"程度义认知框架组构及整合过程。具象化的事物及动作与"X"存在固定的认知关联，可以实现转指。如"仙女—美""癞蛤蟆—丑""热锅上的蚂蚁—急"。事物与属性、动作与属性之间在高频使用下形成固定认知关联。固定认知关联一旦形成，人们识解一方时便会自动联想到另一方。这种自动联想发生在认知领域并表现在语言形式上。请看例句：

（29）瘦小老头道："难道她不是急病乱投医，放着小老儿不问，东奔西跑，<u>急得像热锅上的蚂蚁似的</u>。"（东方白《三拆剑》）

（30）还不见电话到。玉芬急得什么似的，实在急不过了，知道鹏振若是住旅馆，必在太平饭店内的，就打电话去试试。（张恨水《金粉世家》）

"热锅上的蚂蚁"属于熟语，是人们长期以来达成的认知共性，高频使用下人们运用更为简省的"什么"代指。最终形成"热锅上的蚂蚁—急—什么"三者相对固定的认知关联。"什么似的"表程度另一方面得益于人们的认知特性。人们对抽象程度的认知存在较大的主观差异，抽象程度的识解需要具有一定的具象指标，但并非所有的抽象性质、心理感觉等程度都可以有恰当的描摹对象。抽象程度存在很多难以描摹的情况，"什么似的"正好填充人们对于难以描摹程度的认知空位。

## 4　本章小结

"X 得什么似的"构式表示说话人认为"X"达到了难以描摹的极量高程度。该构式还可以增扩为"X 得 + 像/跟/同/和 + 什么似的"形式。该构式具有其独特的构式义特征，主要表现在图形背景关系、知情状态差异、虚指比附与实指比附不同等方面。构式义的获得则得益于构式压制及认知整合过程。"X 得什么似的"构式自产生以来一直使用频率较高，它也是高程度构式群中重要的一个。

初刊于《大连大学学报》2022 年第 1 期，略有删改。

# 第七章 "X在那儿呢"：从处所到程度

现代汉语几乎每个程度构式都有其独特的表达功能和组构形式。构式语法理论存在一个普遍共识：构式具有独立于构式要素的整体构式义。因此，探索构式的独有意义极为重要。

现代汉语存在形式相同但意义相区别的"X在那儿呢"构式。例如：

（1）"王子宾馆是不能回去的了。""为什么？我还有个<u>伙计在那儿呢</u>。""别问我为什么，你同来的人，我已安排他离开了，他说他到一个老乡那儿去等你。"（文丽《表姐表妹》）

（2）七姨来了，也没什么，就是想说，孩子<u>人品在那儿呢</u>，做不出这种事情。（新浪微博2019年12月4日）

上述两个例子都可以抽象为"X在那儿呢"，二者结构序列相同，但仔细分析发现它们的表达功能并不相同。首先，例（1）"伙计在那儿呢"可以独立存在，对前后语境的要求并不严格，例（2）"孩子人品在那儿呢"识解需要依靠前后语境。其次，"伙计在那儿呢"是对情况的客观陈述，不带有说话人主观判断，"孩子人品在那儿呢"包含说话人的主观判断。最后，二者意义也存在差别。例（1）"伙计在那儿呢"表示处所义，"在那儿"指涉具体的空间地点。例（2）"人品在那儿呢"情况较为特殊。"人品"不存在于具体处所，"在那儿呢"不指涉具体处所，结合语境我们认为"人品在那儿呢"整体表示程度义。"X在那儿呢"表示处所意义可以直接从构式成分推知，表示程度意义不能从构式成分直接推知。

本章旨在描写和分析与例（2）中"人品在那儿呢"同类的"X在那儿呢"构式。构式变量"X"一般为抽象名词，构式整体表示说话人对某结果事件进行原因解释和程度评价，我们称这种新兴的"X在那儿呢"为带有溯因功能和主观评价的程度构式。

"这/那"在特定构式中具有表程度功能，前人也有相关研究："这/那"表程度用法来源于"这/那+叫（+一个）"构式，构式最终发展为"这/那+VP"构式（张伯江、方梅，1996）；"这个/那个+VP"是特殊结构，可看作特殊的话题焦点，来源于清末北京口语（陈晓，2009）；凸显程度的"这/那个+V/A"具有强烈的主观化色彩，包含说话人的主观情感和态度（丁萍，2013）；"那叫一个A"构式通过对某一主体性状的强主观性评价与命名来表达高程度义（甄珍，2016）；"那/这叫一个X"构式属于典型构式，其语用功能是充当话题标记、语篇衔接和焦点信息（楚成，2018）等。但"X在那儿呢"还未有单独研究，尤其是将其作为程度构式来考察。

# 1 "X在那儿呢"构式构件分析及相近构式

"X在那儿呢"构式由"X"和"在那儿呢"两个构式语块组成，分别承担构式不同的意义和功能。"语块"在构式内部具有一定独立性，是语义句法聚合体。陆俭明（2009）认为，构式内部的语义配置都是以语块的形式来负载。"X在那儿呢"构式中语块分割相对简单，语块"X"也是构式的变量构件，对整体构式义形成有重要作用。

### 1.1 构件"X"的特征表现

能进入变量构件"X"槽位的成分主要为名词，但并非所有名词都可以充当程度构式"X在那儿呢"的准入成分。构式内"X"一般为抽象名词，且是具有量级特征的抽象名词，语义内涵上存在可赋量性。例如：

（3）母亲：不错！咋那么便宜？这商场可要好几百呢！

我：嗯嗯。人家基地里面直接拿的！你看嘛！这是聊天记录，人家<u>报价在那儿呢</u>！不骗你！（新浪微博 2019 年 12 月 26 日）

（4）女生多大都是小女孩，特别的戳中内心，毕竟天秤座的<u>情商在那儿呢</u>。（新浪微博 2019 年 12 月 10 日）

（5）李宇春的<u>实力在那儿呢</u>，唱功一直很优秀，只是她从来不炫耀。（新浪微博 2019 年 11 月 30 日）

上述三例变量语块"X"具体化为"报价""情商""实力"，它们存在一些共性特征。首先，三者都是抽象名词。抽象名词不指涉具体实物，进入该构式会影响构式内其他成分语义表现。后续语块"在那儿呢"与抽象名词组合，不指示具体处所。其次，抽象名词要具有量级特征。"报价""情商""实力"都带有隐性量级，三者都存在高低层级变化连续统。"报价"的多少起伏、"情商"的高低差别、"实力"的强弱之分，这些量级差别成为它们进入构式的准入条件。

检索语料后将能进入该构式的名词（非穷尽性）列举如下：人品、报价、情商、实力、能力、水平、年纪、关系、条件、身份、级别、演技、颜值、技巧、基础、圈子、温度、情谊、底子、特性、数量、人气、脾气、地位、价钱、价格、成本等。这些进入构式的名词都有一个由低到高的量级层级变化。

充当"X"的准入名词还存在一个共性特征：都是某个凸显的侧面。Langacker（1987）认为，述义包括基体和侧面两个部分，侧面是表达中被凸显的部分，基体为侧面提供必需的语境，是语义结构覆盖的相关认知范围。Croft（2004）认为，基体和侧面对于一个语言单位的意义而言缺一不可。语言中的名词和动词都具有多个侧面，构式"X 在那儿呢"中的"X"表现为凸显某个侧面的抽象名词，名词背后存在着基体，如"人品、情商、能力、水平、演技、人气"等名词的基体是某人,这些名词分别是基体不同侧面的凸显。"报价、价钱、价格、数量、特性"等名词的基体是某物,不同名词凸显基体不同侧面。基体可以存在很多个侧面,充当构式成分的名词都是某一侧面的凸显,背后都存在着基体。王寅(2006)用直角三角形图示基体与侧面的关系,整个直角三角形是基体,凸显的"斜边"是侧面。基体为侧面的存在提供基础和背景,侧面则是融于基体中被最大凸显的那部分。构式变量语块"X"就像凸显的"斜边"侧面一样,依存于一个"直角三角形"基体中。

"X在那儿呢"构式中"X"为凸显侧面、带有量级层次的抽象名词,"在那儿呢"语义呈虚化特征,不再指涉具体处所,下文我们会详细分析。

### 1.2 相近构式"X在这儿呢"

指示代词"这"与"那"是指示系统中相互联系、相互依存的要素,程度构式"X在那儿呢"与"X在这儿呢"应该属于相近构式,主要表现为形式同构和构式义表达功能存在相近之处。作为相近构式,二者存在竞争关系,就目前而言,"X在那儿呢"用作程度构式更具优势,相对更为典型。我们通过具体例子分析"X在这儿呢"构式与"X在那儿呢"构式的异同。例如:

(6)没错,我们的公司注册资金是5千万,<u>公司在这儿呢~超市在这呢~实力在这儿呢~</u>(新浪微博2015年10月5日)

(7)我花了快600块,我听不听的出来不谈,<u>价钱在这儿呢</u>,他的东西至少得对得起这价格吧?(新浪微博2019年5月7日)

(8)Team给我偷偷买了个巧克力蛋糕。天啊真的是超surprise的,感动哭了。不过还是没有男票给我买了个包感动来的多。毕竟<u>价钱在那儿呢</u>。(新浪微博2016年4月3日)

形式同构。通过上述例子我们发现"X在这儿/那儿呢"除指示代词"这儿"与"那儿"不同,在形式上并无其他区别,因此具有同构性。语块"X"进入构式的准入条件一致,"在那儿呢"与"在这儿呢"在语法结构上同形。

功能相近。"X在这儿/那儿呢"都可以用作程度构式,表示程度,但是存在差别。例(6)"实力在这儿呢"由于"这儿"的现场直指功能,更加凸显现场性,例(7)和例(8)构式变量同为"价钱","价钱在这儿呢"更侧重现场性、具体化,语境中有具体的价格出现。例(8)"价钱在那儿呢"更加凸显"价钱"自身的高低程度。

构式竞争。相近意义的词语及构式在语言系统内部存在竞争关系,随着竞争深化,相近构式间的区别和分工日益明显。"X在这儿呢"和"X在那儿呢"作为程度构式都是新兴用法,但"X在那儿呢"用作程度构式更普遍、更自由、表现力更强。"X在这儿呢"更多用作处所构式。"这儿"作为处所代词具有现场直指属性,说听双方在同一现场,或者说听双方都能够识解"这儿"所指处所或内容。作为程度构式"X在这儿呢"表达的是说听双方都明白或认可的程度量级。"X在那儿呢"中的"那儿"突破了现场性限制,既可以指现场性的处所或事物,也可以指非现场性的处所或事物等。这为"X在这儿/那儿呢"的演化呈现不同特征提供一个相对合理的解释。"X在这儿/那儿呢"作为程度构式都需要一定的语义背景,即说话人可以感知的事实或结果,原因与结果之间存在认知推理联系。基于推理的原因可能具有非在场性,因此用于远指的"那"在整个构式竞争中获得优势地位。

综上,"X在那儿呢"作为程度构式对"X"有着较为严格的准入条件,该准入条件也适用于相近构式"X在这儿呢"。"X在那儿呢"作为程度构式有着独特的构式义及构式特征。

## 2 "X在那儿呢"构式义表征

程度构式"X在那儿呢"属于新兴用法,表示程度需要一定的语义背景支持，并且构式带有一定的溯因功能和主观性特征。

### 2.1 语义背景

"X在那儿呢"的构式义表达存在一定的语义背景。构式语义背景包括事实结果、原因追溯、推理、编码交际等多方面，我们概括如下：

1. 存在一个凸显的事实；
2. 交际一方追溯事实结果产生的原因；
3. 交际一方指出"X"的程度量级造成了这一事实；
4. 说话人编码"X在那儿呢"构式。

我们以具体例子诠释构式语义背景，例如：

(9) 在商场玩趁电梯不注意悄悄上去失败……妈妈：毕竟<u>体重在那儿摆着</u>。（新浪微博 2019 年 12 月 14 日）

例（9）想悄悄上电梯失败是客观事实，说话人推理"体重"的超常程度是导致事件发生的原因，并且这个原因显而易见。因此，说话人"妈妈"编码"体重在那儿摆着"构式表示体重超出一定程度是"上电梯失败"发生的原因。程度构式"X在那儿呢"的语义背景对构式义是不可或缺的。

"X在那儿呢"构式义可以概括为："X"的程度量级是引发当前结果事件的原因，说话人感叹"X"达到的超常程度。构式具有表达程度、溯因和主观评价等复合功能。

### 2.2 程度感叹

"X在那儿呢"构式中"在那儿呢"由指示具体的处所虚化为表示存在、存有，"X"自身存在量级层级变化，该构式既可以表示低程度也可以表示高程度，识解程度量级需要依靠具体语境。例如：

(10) 别看他这次主动放弃了局长助理，可他以后还会升上

去的。因为他的能力在那儿呢！（高杨《红尘世界》）

（11）讲真第一次见到这么简陋的包装还是买平烛角色歌的时候，不过价钱在那儿呢，cw 曲也不错听。（新浪微博 2015 年 11 月 30 日）

例（10）"能力在那儿呢"结合语境指能力高。例（11）前句有信息提示"包装简陋"，因此，说话人用"价钱在那儿呢"表示"价钱"低。虽然说"X 在那儿呢"表示的程度具有高低不同的识解，但表高程度用法明显多于低程度。"X 在那儿呢"表示高程度是优先识解的，用于表示低程度需要语境给予明确、足量的信息提示。这种不对称现象在汉语中普遍存在，可能受到人们深层次认知模式影响。

说话人使用"X 在那儿呢"构式有一个心理预设："X"的超常程度是事实结果发生的原因，且说话人认为，该原因是显而易见的共识，具有合理性。说话人希望听话人能够将"X 在那儿呢"构式所在小句与背景句之间构建因果关联。

### 2.3 因果关涉

事实或结果是催生"X 在那儿呢"构式的前提条件。事实大体包括主观认定和客观存在两类，结果多数为客观呈现。在说话人的固有认知里，某一原因的超常程度导致发生特定的事实或结果，事实或结果具有一定的刺激性，刺激说话人在认知层面构建因果关联。所以在说话人看来，因果之间的联系显而易见、不存在分歧，结果对应的是构式的语义背景，原因则由"X 在那儿呢"整个构式表示。例如：

（12）郝泽宇这么高的颜值，这么好的演技，肯定是想不红都难呀，以后得郝泽宇会越来越红的，毕竟实力在那儿摆着呢。（新浪微博 2019 年 8 月 14 日）

（13）原著小说写的是真好，电影应该也不会差。反正文章的演技就在那儿呢，我爱他。（BCC 微博语料库）

例（12）"实力在那儿呢"是指实力强、高，同时也是"郝泽宇会越来越红"这一事实的原因。例（13）"演技在那儿呢"指演技好、演技高，说话人认为，演技高是电影不会差的主要原因。我们从例（12）和例（13）都可以抽象出一个事实或结果，也可以抽象出一个致因因素。它们之间的因果关涉决定了"X 在那儿呢"不是一个简单的程度构式，而是涉及事件与属性之间的复杂关系和说话人的认知推理。

"X 在那儿呢"构式表明的原因与事实或结果之间联系密切，也就是构式凸显的因与事实结果之间存在一定的必然联系。因此，容易获得会话方认可，听说双方很容易搭建其中的因果关联。

### 2.4 主观评价

"主观性"概括地讲就是话语中带有说话人的"自我"（立场、态度和情感）成分。程度构式"X 在那儿呢"带有语气词"呢"，有较强的口语特征，并且构式的适切语境多为口语语体。因此相较于一般的程度表达式更能凸显言者的主观态度、立场和情感。

说话人运用"X 在那儿呢"明晰"X"的程度量级是某事实或结果的原因，同时带有强烈的主观情感和主观评价。请看下例：

（14）a 每次都会被硬照惊艳到，虽然说有 P 啦，<u>底子在那儿呢</u>。（新浪微博 2019 年 12 月 24 日）

　　　b 每次都会被硬照惊艳到，虽然说有 P 啦，<u>底子很好</u>。

例（14）a 句是对易烊千玺照片的评论，"底子在那儿呢"凸显底子好。说话人不仅向听者传递"底子"程度好的信息，同时附带了自我肯定评价和赞叹语气。例（14）b 句程度副词加形容词的形式也附带少许的主观性，但并不强烈。

构式组构成分"呢"口语特征明显，更加凸显构式的主观性。"X 在那儿呢"多存在于口语语体，直接的口语对话或话语转述增强了构

式的主观性,例如:

(15) 甲:您看起来很年轻,参加我们的长跑活动肯定没问题。
乙:谢谢你夸我。我知道我老了,真跑不动了,<u>年龄在那儿呢</u>。(日常口语对话)

例(15)"年龄在那儿呢"来源于口语语体,说话人编码构式时加入了自我成分。"年龄在那儿呢"表示说话人认为"跑不动了"是因为"年龄高",这是说话人的主观判断。

综上,"X在那儿呢"构式具有复合性。首先,构式存在一系列的语义背景。其次,构式表示程度感叹存在高低程度的不对称性(高程度为主)。再次,构式具有溯因功能,说话人认为,造成事实结果的原因显而易见。最后,构式表达程度、溯因的同时带有明显的主观情感和态度。

## 3 "X在那儿呢"构式程度义获得

构式语法理论普遍认为,构式在人们心智中按照"分类分层"的方式组织建构(王寅,2011)。构式形成与构式义获得都是在动态的发展过程中逐渐完成的,构式化过程一旦完成,构式便获得独特的构式义,可能又开始新的构式化过程。程度构式"X在那儿呢"构式化过程发生在现代汉语共时平面。我们认为,程度构式"X在那儿呢"的程度义是由处所义在多因素配合下谐和发展而来。

### 3.1 处所义"X在那儿呢"

"X在那儿呢"中"那儿"是指示处所的名词,"在那儿"表示在某处,处所是真实存在的某个空间。处所义"X在那儿呢"可以单独使用,也可以用于复杂语境,用于复杂语境的"X在那儿呢"为语义进一步发展提供更多可能。

### 3.1.1 单独使用

"在那儿呢"点明"X"所处的空间范围,可以单独使用独立传递信息,只需要一定的语境,如应答语境。处所义"X 在那儿呢"中"在那儿呢"与"X"是说明与被说明关系,"在那儿呢"可以独立使用。例如:

(16) 吟倩纳闷地瞧着自己空空的两手。"耶!奇怪,我的课本呢?""<u>在那儿呢</u>!"任沐需的脑袋朝马路对面点了点。(古灵《一家都是宝》)

例(16)"在那儿呢"与所阐明对象"课本"分离,独立成句回答问题。"在那儿呢"表示处所独立成句不具备发展出程度义的条件。只有"X 在那儿呢"处于复杂语境、前后文之间存在特定关联才具备语义发展的条件。

### 3.1.2 配合使用

"X 在那儿呢"表示处所,也可以在上下文中使用。处所义"X 在那儿呢"上下文语境有的简单、有的复杂。语境简单语义识解便相对容易,语境复杂为多重识解创造更多可能。"X 在那儿呢"常规义项表处所,前后语境语义逻辑简单。例如:

(17) 这次校运动会每个班都有固定位置,<u>咱们班在那儿呢</u>。班长指了指操场东南角。(自拟)

(18) <u>桌子在那儿呢</u>,过来两个人把它搬走。(自拟)

(19) (因为)<u>桌子在那儿呢</u>,(所以)你可以直接用。(自拟)

例(17)"咱们班在那儿呢"指"班级"所处的空间位置,所处上下文是单一、简单一脉相承的语境。例(18)例(19)同是说明具体名词"桌子"的处所,但上下文的逻辑关联不一致,例(18)是简单的顺承关系,例(19)前后分句存在因果关联,且原因和结果相匹配,也就是说,"桌子在那儿呢"是结果事件"你可以直接用"的原因,但"桌子在那儿呢"依然表示处所义。"桌子"凸显具体实物,与"在那儿呢"处所义相配合。例(17)是解说关系,例(18)是顺承关系,都不能发展出高程度意义,例(19)是因果关系,高程度义正是在因果关系的语义条件下发展出来的。

处所义"X在那儿呢"发展为程度构式需要适宜的语境条件,下面我们分析需要满足什么条件才会促发构式的程度义。

### 3.2 程度义"X在那儿呢"

"X在那儿呢"程度义的获得需要"X"和"在那儿呢"同时满足条件,且程度义"X在那儿呢"对条件要求严苛。

首先,"X"凸显抽象的侧面。"桌子、椅子、房子、某人"等具体名词凸显的都是实体,不具有程度赋量可能。比如,"张三在那儿呢"无论在什么语境下都不能表现出程度义,因为"张三"是凸显基体的名词,且是具体名词,不可进行程度赋量。上文我们已经分析可充当变量"X"的框填成分都为凸显抽象侧面的名词。只有凸显抽象侧面的名词才可以接受不同程度方式的赋量,如"人品"是一个基体抽象的侧面,所以"人品在那儿呢"具备发展程度义的条件之一,发展为程度构式还需要满足其他条件。

其次,"在那儿呢"空间处所抽象为存在、存有。"在那儿"空间属性可以转换为表存在、存有。正是空间处所到存在、存有的认知转换,为进一步发展到表示程度提供可能,需要进一步认知转换。例如:

(20) <u>大蝎在那儿呢</u>,带着个猫人,双手大概捧着一大堆迷叶,堆得顶住下巴。(老舍《猫城记》)

(21) 爵士、小牛和火箭三支球队都拼了命地争夺季后赛门票,爵士输了就进不去季后赛,你觉得爵士会放水?科比拿60分真没什么好奇怪的,<u>能力在那儿呢</u>。(新浪微博2016年4月14日)

例（20）"大蝎在那儿呢"表示处所义，处所即隐含了存在义。例（21）"能力在那儿呢"不是实实在在看得见的具象事物，"能力"凸显抽象侧面，"在那儿呢"表示存在、存有，认知上进一步向前发展，具有程度凸显功能。"在那儿呢"所含信息包括：指示空间处所、表示存在。存在、存有义认知上进一步发展出程度义。

再次，"X 在那儿呢"语境中存在匹配关系，"X 在那儿呢"表原因。原因及匹配关系是对整个构式存在语境的要求，原因与语境中的某事实结果存在匹配关系。例如：

（22）香蕉 2.5 元一斤，草莓 9.9 元（一斤），那<u>价格在那儿摆着呢</u>。（自拟）

（23）这次行程，质量不好，都正常，因为<u>价格在那摆着呢</u>。一分价钱，一分货，这是亘古不变的道理。（新浪微博 2019 年 8 月 17 日）

例（22）和例（23）都是"价格在那儿摆着呢"，二者语境不同。同为凸显抽象侧面的名词，语境不同导致二者语义表现不同。例（22）的"价格在那儿摆着呢"是具体的价格表现，整体依然识解为处所义。例（23）的"价格在那摆着呢"具有释因功能，此原因与语境中"行程质量"具有匹配关系，一般而言，价格越低行程质量越差。抛开语境中的匹配关系，便是一般表示处所义的结构。

最后，"X 在那儿呢"中"X"为抽象的侧面，整个语境具有原因和匹配性质，整个构式就识解为程度义，且程度的高低需要进一步结合语境内容判断。"X 在那儿呢"构式整体具有程度感叹和溯因义，构式义并非直接获得，而是在不同条件协同作用下逐渐发展而来。

## 4　本章小结

构式是内部语言知识的心智表征单位，以构式形式储存在人们头脑中,"X 在那儿呢"作为程度构式多见于网络语体和口语语体。"X 在那儿呢"构式存在一系列的语义背景,表示程度的高低需要依靠语境具体识解,构式还具有溯因义,程度义和溯因义都带有主观性特征。原本表示处所义的"X 在那儿呢"在多条件制约下获得表示程度义功能,发展出程度构式。

# 第八章 新兴程度构式"X 在线"

先看两个例子:

(1) 我终于蹲到<u>老烊在线</u>了,还蹲出了 900 万福利,一大早的惊喜啊。(新浪微博 2020 年 4 月 22 日)

(2) 谈到首次合作的对手演员张彬彬、林依晨点赞说:"他不仅<u>颜值在线</u>,而且很敬业,本身又聪明,好的条件都占了。"(《广州日报》2019 年 1 月 17 日)

上述例(1)和例(2)都包含"X 在线"构式,但二者表义并不相同。首先,两例"X"属性不同,例(1)中"老烊"指演员易烊千玺,是指人的专有名词,表义具体,例(2)中"颜值"是抽象名词。其次,例(1)"老烊在线"客观陈述事实,例(2)"颜值在线"是主观评价。最后,例(1)"在线"是常规义,即"在网络上","老烊在线"表示"老烊处于网络连接状态",例(2)"颜值在线"情况比较特别,"颜值"没法"在网络上","在线"表义功能已经发生改变。例(1)"老烊在线"是常规用法,表示存在意义。例(2)"颜值在线"是新兴用法,表示"颜值高",具有程度意义。

本章旨在描写和分析与例(2)中"颜值在线"同类的"X 在线"构式。构式变量"X"一般为描述人或物某个特征的抽象名词,构式表示说话人对"X"的主观评价，凸显"X"的高程度特征。①

前人对"X 在线"作为程度构式的用法较少探讨。姜其文（2019）提及"在线"表示抽象高程度义用法，但未详细展开。周颖（2019）探讨了"X 在线"构式常规式和新兴构式的不同用法，侧重构式表示肯定、认可的主观评价用法。我们拟分析"X 在线"用作程度构式的条件限制、构式义表现及构式义获得机制。

## 1　程度构式"X 在线"的构件性质及句法特征

程度构式"X 在线"由变量"X"和构式常量"在线"组成，充当构式变量需要满足构式槽位的准入条件。"X 在线"用作程度构式属于新兴用法，因此"X"的局限性较大，对整个构式的程度义有重要影响。

### 1.1　构件"X"的表现形式

程度构式"X 在线"中变量"X"一般为抽象名词。施春宏（2002）认为，抽象名词主要表现为描述性特征。描述性特征强是可以受不同程度方式修饰的基础，因此，抽象名词发生兼类或转类现象比较普遍。抽象名词描述人或物的特征，进入构式与"在线"组构形成程度构式，整个构式赋予"X"高程度量级。例如：

（3）天哪，这些素人团选的真好，<u>颜值在线</u>，<u>智商在线</u>，而且个个都很有戏。（中国青年网 2019 年 7 月 28 日）

（4）由白宇领衔的主演阵容，从一开始就使《蓬莱间》备受瞩目，另外，该剧其他<u>实力在线</u>、<u>颜值绝佳</u>的演员阵容也为这个趣味十足的爱情故事增色不少。（网易娱乐 2019 年 6 月 14 日）

---

① "X 在线"构式不仅仅表示高程度，也可表达"X"达到标准，如："不敢想象披哥结束后的日子，虽说边缘化，但至少是在线的，镜头不多但是能看。"（微博 2023 年 10 月 20 日）但"达到标准"义并非本书讨论重点，暂且不议。

例（3）和例（4）中"在线"修饰的抽象名词为"颜值""智商""实力"，这三个抽象名词共性特征是描述性凸显，描述人或物某方面的品质或特征。"颜值"描述人或物皆可，"智商""实力"都是描述人的抽象名词。"颜值在线"表示"颜值高"，"智商在线"表示"智商高"，"实力在线"表示"实力强"，"在线"与抽象名词组合激活抽象名词的隐含量级，赋予其高量程度。

"X"主要为描述人或物特征的抽象名词，如"颜值、表演、实力、智商、演技、才华、衣品、身材、气质、技能、唱功、时尚感、智商、情商、性感、霸气、热情、品质、动力、性能、状态、审美、特效"等。其中"颜值在线"最为高频，也是该构式的原型形式，原型形式产生后具有一定的能产性，其他成分依据语言的类推性质进入构式，逐渐形成一个抽象程度表达的构式框架。

观察上述词语并综合目前语料发现进入构式的抽象名词还需满足两个条件。①语义特征表现为［＋性质］［＋量度］。施春宏（2001）认为名词的描述性语义特征都是对名词所指对象性质的描述，性质义在程度上包含量度。因此，其语义特征可概括为［＋性质］［＋量度］。我们发现，"X在线"中抽象名词的语义特征也需要满足［＋性质］［＋量度］的语义特征。用于描述性质的抽象名词一定程度上包含量度，这是可接受程度构式对其程度量级进一步明确的基础。②"X"为侧面凸显抽象名词。"基体—侧面"是认知语法较为重要的一组概念。Langacker（1987）认为，述义包括基体和侧面两个部分。王寅（2006）将基体与侧面的关系具体化为直角三角形与斜边的关系。基体具有整体性，侧面是凸显的部分。"X在线"中的"X"凸显某个侧面，它们都存在于一个更大的基体作为语义背景。比如，"演技""颜值""智商"等都是不同的侧面凸显，它们共同的基体为人。那些表示基体的抽象名词不能进入程度构式"X在线"（可以与"在线"搭配，但不表程度），如，"绅士""淑女""艺术""英雄""桌子""教育"等。

程度构式"X在线"中变量"X"还可以是性质形容词。正常而言,性质形容词是最容易充当各类程度构式变量的成分,但由于"X在线"是比较新兴的程度构式,性质形容词进入该构式的语料还比较少,例如:

(5)演技在线、颜值在线、剧情在线、逻辑在线、可爱在线,这部剧为啥不火?(《生活娱乐周刊》2019年7月20日)

(6)昨天,新区春意盎然,晴朗在线,气温更是节节攀升,恍惚间有了初夏的味道。(新浪微博2020年4月15日)

例(5)"演技""颜值""剧情""逻辑"都是抽象名词,存在高低、好坏等变化连续统,在深层认知层面带有程度量化性质。例(5)中"可爱"和例(6)"晴朗"是性质形容词。"可爱在线"表示"非常可爱","晴朗在线"表示"晴朗的程度高",二者都表示高程度义。

张国宪(2000)描述性质形容词能与程度词组配,表现为弥散的、无界的量幅特征,并且典型性质形容词的量是隐性的。程度构式"X在线"可以将进入该构式的性质形容词明确为程度高量,并且使隐性的量显化。性质形容词天然可以接受不同程度方式对其量化,因此几乎所有的半实体程度构式中的变量都可以填入性质形容词。就当前语料而言,性质形容词进入"X在线"构式用频还较少,但该构式并不排斥对性质形容词进行程度量化。因此随着构式用频增加,形式及意义更趋固定,会有越来越多的性质形容词进入该构式。

综上,"X在线"中"X"多为抽象名词,且构式对抽象名词还具有其他限制。性质形容词与不同程度方式组合较自由,但"在线"的特殊性导致性质形容词进入该构式还不普遍。另外,语料显示部分动词,例如,"学习""沟通"等受前后语境的影响也可以进入构式,但并不具有普遍性。

## 1.2 程度构式"X在线"句法特征

程度构式"X在线"作为构式整体表义相对完整,句法表现也较为自由，既可以独立位于句中，又可以在句内主要充当谓语、定语，还可以与其他副词共现。

独立位于句中。"X在线"独立位于句中表示完整的语义信息，前后语境多个构式呈现排比特征。例如：

（7）最近<u>颜值在线</u>、<u>快乐在线</u>、<u>体重在线</u>、<u>学习在线</u>，要是<u>余额在线</u>那简直就是完美了。（新浪微博2020年4月18日）

（8）<u>演技在线</u>，<u>颜值在线</u>，<u>特效在线</u>。每天期待斗罗大陆更新，追剧的日子太快乐啦，我喜欢肖战的唐三。（新浪微博2021年2月8日）

例（7）中"颜值在线""快乐在线""体重在线""学习在线"都独立位于句中，形成几个意义独立的句法形式。例（8）"演技在线""颜值在线""特效在线"独立位于句中，多个构式并列。

句内充当谓语、定语。整个构式具有陈述性特征，因此"X在线"在句内可以充当谓语或定语。例如：

（9）绝了，男主女主<u>智商在线</u>，里面每个人开始看起来都善良，没想到都是狼。（新浪微博2020年4月22日）

（10）我们吃东西讲究色香味俱全，"色"即是视觉上的要求，<u>颜值在线</u>的食物往往让人更有食欲。（《北京青年报》2019年7月31日）

例（9）"智商在线"前有主语"男主女主"，"智商在线"在句内充当谓语，描述主语某方面的情状特征。例（10）"颜值在线"充当"食物"的定语。

与副词共现。"X在线"可以与"一直、始终、非常、都、不"等副词共现，例如：

(11) 虽然自己<u>颜值不在线</u>，但<u>易烊千玺一直在线</u>就可以了。（新浪微博 2020 年 3 月 25 日）

(12) 肖战善良、正能量、刚毅如竹，演的戏都大爆，演技也挺不错，<u>五官和颜值都非常在线</u>！（新浪微博 2020 年 4 月 3 日）

可以与不同类副词尤其是程度副词共现说明程度构式"X 在线"中"在线"具有形容词典型特征，形容词自身带有程度义，促使"X 在线"整个程度构式获得程度义。例（11）"颜值不在线"表示"颜值不高"，"X 在线"构式内部插入否定副词"不"，整个构式表示否定意义。后一分句"易烊千玺一直在线"省略了前一分句的"颜值"，即"易烊千玺的颜值一直很高"，构式与频率副词"一直"共现。例（12）"五官和颜值"与"在线"之间插入范围副词"都"和程度副词"非常"，"都"统括"五官"和"颜值"两个描述对象，"非常"与"在线"组配，强化整个构式的程度表达功能。

程度构式"X 在线"句法特征较为灵活，既有相对的独立性，又可以整体位于句内充当不同句法成分。"X 在线"还可以与否定副词、统括副词、程度副词等不同类副词共现。句法表现灵活，但构式义统一。

## 2　程度构式"X 在线"构式义表现

"X 在线"构式是说话人对"X"的主观肯定评价，构式在肯定基础上表达程度义。"X"体现性质及量度义，"在线"凸显程度义。也就是说，"X 在线"构式表示说话人肯定"X"达到了主观高量程度。

### 2.1　主观肯定评价

表义功能上，"X 在线"构式大都表示说话人对当前语境中"X"的主观肯定评价。参考实际语料，说话人运用"在线"对"X"肯定评价，继而整个"X 在线"构式又对语境中更高层级的描摹对象

（"X"所属主体）进行肯定评价。这与构式构件"X"的性质相关，"X"凸显侧面，而侧面对应的基体可能存在于上下文语境。例如：

（13）迪丽热巴连续三周品牌榜第一！Top10 里占据三位，<u>实力与流量双在线</u>。（新浪微博 2020 年 4 月 22 日）

（14）经过三期节目的热播，喜欢你小屋的七位素人嘉宾也是魅力尽显，<u>智商与情商双商在线</u>，颜值与才华并存。（环球网 2019 年 4 月 26 日）

例（13）"实力与流量双在线"是说话人对"实力与流量"的主观肯定高量评价，"实力与流量双在线"构式整体又是对语境中所关涉对象"迪丽热巴"的主观肯定评价。例（14）"双商在线"是说话人对句中"七位素人嘉宾"的"智商与情商"予以肯定评价。肯定评价还可以在语境中得到印证，"双商在线"前句"魅力尽显"，后续语境有"颜值与才华并存"，前后语境都是说话人的肯定评价。

"X 在线"构式中"在线"是对"X"的肯定评价，"X 在线"是对"X"所属主体的主观肯定评价。沈家煊（2001）认为，"主观性"是说话人的立场、态度和情感在话语中的表达。"X 在线"也是说话人对"X"的肯定评价，说话人肯定、积极的主观印记凸显。

### 2.2 隐含程度显现

姜其文（2019）认为，"抽象名词+在线"语义上凸显在某些方面具有较高的程度或特性。考察语料发现"X 在线"在主观肯定评价基础上，的确带有高程度义。充当构式变量的主要成分——抽象名词语义特征表现为［+量度］［+性质］，因此，它与隐含程度表达可能的"在线"组合，量性特征被激活，整个构式获得程度义。例如：

（15）<u>颜值在线</u>，哪吒 U 堪比"时尚秀场"。作为一辆真正意义上的"高颜值"智能汽车，哪吒 U 以独特的科技美学，大胆诠

释了哪吒汽车对未来汽车工业设计美学的洞察与探索。（环球网 2020 年 3 月 23 日）

（16）《大江大河》瑕不掩瑜，纵观全剧，剧本扎实有厚度、导演手法成熟有技巧、全员表演在线。(《新京报》2019 年 1 月 4 日)

例（15）"颜值在线"表示颜值高，后续语境有同义表达"高颜值"。"颜值在线"的程度义并不是语境赋予的，而是整个构式表达出来的。"在线"带有程度义功能，它进一步激发前面"X"的量性特征，"颜值"存在高低变化，"在线"将其固定在高位，也就是高程度。例（16）"表演在线"前面语境存在两个"有＋NP"这类表程度构式，"在线"将"表演"固定在表好的高程度，"表演在线"表示高程度。

综上，"X 在线"构式义主要表现在两个方面：主观肯定评价和隐含程度显现。构式义两方面交互影响，相互融合。

## 3 程度构式"X 在线"构式义获得过程及机制

"X 在线"构式程度义如何而来？常规构式"X 在线"表示"X"处于网络连接的状态，新兴构式"X 在线"表示肯定高量程度。新兴构式与常规构式如何存在认知关联？

### 3.1 程度构式"X 在线"构式义获得过程

#### 3.1.1 常规构式"X 在线"

常规构式"X 在线"表示虚拟存在，"X"为具体名词，"在线"表示处于网络连接状态。"在线"即是"在线上"，它不仅表示存在，同时也能标示出空间处所。"在线"标示的网络虚拟空间与日常我们所处的三维空间存在一定的交互关系。常规构式"X 在线"中"X"典型成分为表人的具体名词，"小明在线"表示"小明处于网络连接状态"，也就是"小明"处于网络这个虚拟空间。虚拟空间的存在性为"X在线"构式发展提供基础。随着"X"成分变化，整个构式的功能与意义也发生改变。

### 3.1.2 新兴构式"X在线"

新兴构式"X在线"表示主观高程度肯定评价。它与常规构式"X在线"结构同形，但"X"的准入成分发生改变，当抽象名词以及部分性质形容词进入该构式，"在线"不能识解为"处于网络连接状态"，最为高频的"颜值在线"，按照常规构式应该识解为"颜值处于网络连接状态"或者说"颜值存在于网络空间"，这种解读显然不当，当抽象名词与"在线"组合时，常规构式义难以解释。由此"X在线"在认知规律作用下促发新的识解方式，如图8-1所示。

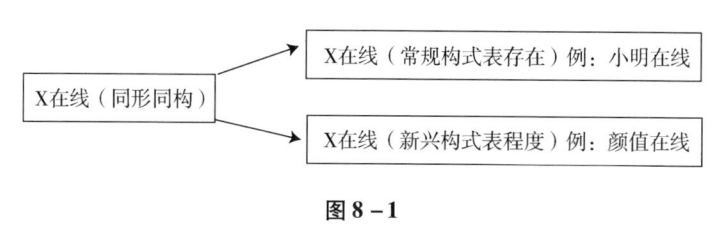

```
                    ┌─ X在线（常规构式表存在）例：小明在线
X在线（同形同构）──┤
                    └─ X在线（新兴构式表程度）例：颜值在线
```

**图 8-1**

新兴程度构式"X在线"是由同形不同义的常规构式发展而来。常规构式表示存在于"网络"虚拟空间，这是构式产生之初的用法，一直沿用到现在。新兴程度构式是在网络语境下新生的意义表达构式，构式化过程不能说已经彻底完成，但现有用法已经呈现出程度表达功能。

## 3.2 程度构式"X在线"构式义获得机制

新兴构式"X在线"程度义获得主要是"在线"认知识解的变化，其认知机制来源于转喻和隐喻。转喻使得"在线"的语义不断引申、扩大，隐喻使得"在线"浮现出程度义。认知过程转换完成后与特定的"X"组合形成新兴程度构式"X在线"。

### 3.2.1 转喻关联

语言学家从认知的不同角度，对转喻进行了细致的、多角度的研究。Lakoff & Johnson（1980）指出，转喻和隐喻一样，是人类认知思维的重要方式。Taylor（1995）、Barcelona（2000）等学者认为，转喻比隐喻的认知地位更基础。Violi（2003）认为，转喻在一些认知过程中具有思维"桥梁"作用，如意义的扩展或缩小、语用推理以及语法关系确立等方面。转喻是人类的一种重要认知方式，转喻侧重相关性已经得到学者们的普遍认可。"大盖帽"代指警察，"红领巾"代指小学生等都是基于相关性实现的转喻。转喻促发"在线"的语义扩展，"在线"最初指"网络处于连接状态"，在转喻作用下语义逐步扩展，发展出与网络相关的所有行为或事件。语义的扩展在语法搭配上也可以得到验证，"在线"后面可以接 VP 或 NP 成分，如"在线聊天""在线寻找真爱""在线游戏"等。"在线 X"的多样表达正是"在线"语义扩展的表现和证据。

常规构式"X 在线"表示"X"存在于"网络"这个虚拟空间，"在线"表义带有持续义特征，"X 在线"表示虚拟空间的存在性也是逐步发展出程度义的基石。例如：

（17）周日晚间 23 点 24 分，竟然还有六个微博好友在线，太让人感动了。（BCC 微博语料库）

（18）大家有木有听说过胶囊日记？为促使我国和谐稳定的发展，我宣布网络警业人员保持二十四小时在线，严厉阻击不良信息。（BCC 微博语料库）

例（17）和例（18）"X 在线"中"X"都为有生命的群体名词，拥有自主意识的生命名词可以自由与"在线"组合，表示"X 在网络上"。例（17）中还有标示时间的"二十四小时"，"在线"可以与表时间的成分组合，说明它的语义内涵具有持续特征。

无生命的机构或单位也可充当"X"，有生命到无生命的扩展是转喻作用的结果。单位或机构没有生命，但在其中具体工作的依然是有生命的人，通过转喻用机构或单位来指代具体工作的人。"X"基于转喻扩展，为抽象名词进入该构式奠定基础。例如：

(19) 搜狐对自己的"企业在线"同样给予了重金投入,并将随着主机托管、企业邮箱等业务的发展,继续注入新的资金。(《文汇报》2002 年 2 月 26 日)

(20) 下午 2 时正让欢悦气氛在线"飘动"起来吧,点击此话题加上自己的图文报道,让整个游行路线的精彩都不容错过!(BCC 微博语料库)

例(19)"企业在线"是线上网站的名称,类似的机构或单位名与"在线"组合的例子很多,这是"X"转喻扩展的结果。例(20)"欢悦气氛"与"在线飘动"组合,"在线"作"飘动"的状语。"在线"由单纯"处于网络连接状态"义基于相关性扩展为与网络相关的一切行为或事件。

"X 在线"中"X"的扩展得益于相同认知域内的相关性。"在线"扩展为与网络相关的所有行为或事件也是基于相关性发生的转喻关联。程度构式"X 在线"中"X"多为述人或物的抽象名词,这与部分代指整体的转喻认知有一定关系,但构式整体的程度义还需要借助隐喻投射。

### 3.2.2 隐喻投射

隐喻简单而言就是源域与目标域之间基于相似性而发生的投射关系。Lakoff & Johnson(1980)指出:隐喻无处不在,隐喻一般通过较具体的事物理解较抽象的事物。"在线"经由转喻作用由"在网络上"转指与网络相关的所有行为和事件,脱离网络语域的限制投射到程度域则是隐喻作用的结果。

"在线"在网络域表示网络处于连接状态,线上是个较抽象虚拟的空间,凸显存在、存有,因此"在线"具备向属性或特征扩展的基础,由网络空间域投射到认知域的存在、存有。"在线"的源域网络域不仅具有空间存在属性,时间上也具有持续特征,因此投射到程度域具有表示程度量级的可能。这些语义之间具有相似性特征,线上空间的存在、存有与性质、属性的存在、存有都凸显存在性。线上时间的持续与性质、状态的持续都凸显持续性。"X在线"发展出抽象程度义是构式内部构件协同作用的结果,程度构式"X在线"中"X"都为凸显侧面的成分,"在线"经历隐喻过程发展出程度义。例如:

(21)接下来的两天,我都会继续挑战开黑任务,<u>在线</u>展示更多好玩厉害的皮肤。(新浪微博2020年5月4日)

(22)论反转和烧脑程度当然是张新成和周雨彤主演的《大宋少年志》了!除了剧情流畅有看点,演员们的<u>演技也超级在线</u>。(新浪微博2020年4月19日)

(23)拼的就是手速!超酷的小希希超爱吃在发红包哦,<u>人品在线</u>,<u>运气爆表</u>,好运从赢红包开始,快来一起嗨抢吧!(新浪微博2021年2月8日)

例(21)"在线"表义与网络相关,"在线展示……"标明空间为网络线上,时间具有持续性质。例(22)和例(23)中"演技在线""人品在线"脱离网络域,投射性质、程度域,凸显性质好和程度高。其中例(23)"人品在线"与"运气爆表"都是新兴的程度表达构式。

Lakoff(1987)认为,认知模型既贮存信息又重组输入信息,在人与世界的交往中作用巨大。我们的生活经历和行为方式经过高度概括会形成理想认知模型,理想认知模型为认知世界提供简约、理想化的认知框架。构式意义与理想化认知模型具有密切关系,构式义的获得都需要人们认知层面的识解过程,一旦构式义确立便形成一个固定的认知模型,人们在识解过程中也获得理想参照框架。程度构式"X在线"是人们运用转喻、隐喻思维对输入信息重组、加工得出的结果。下面我们运用简单的线性序列展示整个过程:

      转喻        隐喻
"X在线(网络连接)"→"在线X(网络相关)"→"X在线(脱离网络)"

$$\text{"在线(线上空间)"} \xrightarrow{\text{隐喻}} \text{"在线(存在/有)"} \xrightarrow{\text{隐喻}} \text{"X在线(高程度)"}$$

## 4 本章小结

本章考察了"X在线"用作程度构式的框填限制、句法特征及构式义表现,并试图解析构式程度义获得的认知机制。"X在线"中"X"为凸显侧面的成分,"在线"经由转喻、隐喻作用,与凸显侧面的"X"配合凸显"X"的程度高。程度构式"X在线"还具有主观积极评价的功能,目前主要适用于微博、微信等网络语境。"X在线"的构式化已经基本完成,人们识解该构式时不需要复杂的推导便可直接得出构式的程度义。

# 第三编
## 与能性状态有关的程度构式研究

# 第九章 能性状态与程度构式

本章拟分析现代汉语程度构式与能性状态之间的交互关系。能性状态是情态研究的一部分，逻辑学、语言学都比较关注情态问题。Lyons（1977）较早研究英语的情态问题，还提出主观情态和客观情态概念。Perkins（1983）扩展了情态研究范围，考察英语中的情态表达式，主要包括情态助动词、形容词、情态名词、条件句及问句等。丰富多样的情态表达说明语言情态表达的普遍性与复杂性。Coates（1983）把情态分为认识情态与非认识情态，两种情态之间存在不确定性，句子中主要动词的自主性、命题的事实性、否定的类型等可以消除语义不确定性。Coates 的研究将情态与语言中其他范畴联系起来。Palmer（1986）从类型学角度研究情态语义系统共性和情态语义表达手段的个性方式。彭利贞（2007）梳理了逻辑学及语言学关于"情态"问题的研究，并结合现代汉语具体语料研究情态相关问题。"情态是说话人对句子表示的命题真值或事件的现实性状态表达的主观态度"（彭利贞，2007：4）。情态范畴与程度范畴在人类不同语言中具有普遍性。汉语学界普遍认可情态主要分为动力情态、认识情态和道义情态。不同情态与程度之间有何关联？能性状态在何种情况下走向程度？

## 1 相关构式情态类型

不同情态类型都具有发展到程度的可能，情态与程度语义都比较虚化、抽象。学界普遍承认将情态划分为：动力情态、认识情态和道义情态三大类。每个情态类型内部又有不同的表现形式，本书选取与动力情态及道义情态相关的程度构式分析能性状态与程度之间的关联。

## 1.1 动力情态否定到程度："X 得不得了/了不得"与"X 得不行"

"不得了""了不得"与"不行"都可以进入程度构式充当补语构件，三者程度义表达及构式义获得都与否定存在一定关联。

### 1.1.1 "X 得不得了/了不得"

"不得了"与"了不得"在程度构式中充当补语构件既存在共性特征也存在差异功能。"不得了"形式上是"不"＋"得了"的否定形式，语义为"不能了结"，表义重点是对结果的能性否定。成词以后"不得了"具有多义功能：①表示情况严重，与"得了"（一般用于反问）同义。②表示超乎寻常、很突出，与"了不得"同义。③表示程度很深。例如：

（1）就在这节骨眼上，六组民调员气喘吁吁地边跑边喊："<u>不得了</u>啦，要出人命啦！"（1994 年报刊精选）

（2）走着，吕穗峰就绘声绘色地给他描述河医立交桥的规模、形状和建成后的前景。盲人听着，不时地点头赞叹，"<u>真不得了，真不得了</u>哇！"（1994 年报刊精选）

（3）秘方是我都是加白葡萄酒，那个味道啊，<u>爽得不得了不得了</u>的。还搿里两块冰糖，这个也是秘方，看你口味。（菜谱集锦）

例（1）"不得了"表示情况严重，例（2）"不得了"表示很突出，例（3）"不得了"表示程度深，说明"爽"的程度，形式上重复进一步加深程度。

"了不得"形式为"了得"插入中缀"不"，与肯定形式"了得"语义相近，表示超乎寻常、很突出。"了不得"既可以在句中充当谓语，也可以位于补语位置表示程度深，其语义倾向积极、褒义色彩。

例如：

(4) "边城，我是芝缦，对不起——""芝缦，你实在了不得！"（夏彤《旧爱新欢》）

(5) 母亲欢悦的了不得，她真抱上外孙当起姥姥来了。人都说祖父亲孙子，姥姥疼外孙，这对母亲没说错。（冯德英《苦菜花》）

例（4）"了不得"表示突出，相当于"了不起"。例（5）"欢悦的了不得"表示"欢悦"的程度高。

Tiee（1985）将汉语情态动词分为动力情态、道义情态和认识情态三类，每类内部还分可能性和必然性两种。我们从初始义项出发，"不得了"与"了不得"都可以表示"不能了结"义。也就是说"不得了"与"了不得"基础语义内涵都包括："不具备了结的条件或能力"，也就是对能性状态的否定。其他表示情况严重、程度深等是能性否定基础上认知领域的深加工。之所以出现否定是因为情况很严重、难以继续，否定、情况严重又蕴含着程度深。"不得了"与"了不得"虽然不是典型的情态词，但具有情态表达功能，是对能力、条件的否定，属于动力情态否定，动力情态否定具有发展出程度义的语义基础。

### 1.1.2 "X得不行"

"X得不行"为现代汉语程度构式，表示"X"达到了"不行"的高程度。"行"由最初的行走义发展到现代主要表示允准或具备实现某事的条件，"不行"表示否定，有道义情态及动力情态两种用法。道义情态主要表现为对［许可］的否定，动力情态主要是对［能力］［条件］的否定。例如：

(6) 雪儿道："爸爸说行。"欧阳霄道："我说不行。"雪儿低声对公冶红道："姐姐适才我帮过你，现在也请你来帮我好么？"（令狐庸《剑魔独孤求败》）

(7) 她说："我为什么不打他呢？一个鸡仔就是三块豆腐，

鸡仔是鸡蛋变的呀！要想变一个鸡仔，就非一个鸡蛋不行，半个鸡蛋能行吗？不但半个鸡蛋不行，就是差一点儿也不行，坏鸡蛋不行，陈鸡蛋不行……"（萧红《呼兰河传》）

（8）尽管我已自认为见多识广勇气十足了，但在外地一个人的日子还是让我孤独得不行。（中国北漂艺人生存实录）

例（6）"不行"属于道义情态否定，表示情理上或个人权威不允许。道义情态否定"不行"不具备发展到程度的语义条件。例（7）中有很多"不行"，与例（6）道义情态否定不同，此处"不行"是动力情态层面的否定，表示不具备实现某事的能力或条件。"非一个鸡蛋不行"指只有一个鸡蛋才能满足变成鸡仔的条件和能力，后续语境几个"不行"都是动力情态否定。例（8）"不行"进入程度构式充当补语构件，说明前面"孤独"的高程度。

动力情态否定表示不具备实现事情的能力或条件，否定产生的根源是欠缺实现事件的必要条件或事件已经发展到无法实现的极致情况。必要条件缺失、极致情况以致形成否定，最终发展出表示程度高的用法。程度构式"X 得不行"构式义获得包括固定句法位置的高频使用以及能性否定到程度的认知关联，具体构式分析我们将在第十三章展开。

## 1.2 动力情态肯定到程度："X 得能 VP"及"X 得可以"

肯定也具有发展出程度的可能性及现实性，动力情态肯定是对具备实现某事件［能力］［条件］的肯定，肯定自身带有程度特征，肯定得越强烈所表程度越高。

### 1.2.1 "X 得能 VP"

"X 得能 VP"构式是具有非现实性特征的程度构式。构式构件"能"及"VP"与一般程度补语类构式不同，"VP"分为两类：一类在现实世界可实现，如"气得能砸碎你家玻璃"；另一类为现实世界不可能实现，如"蚊子多得能把人抬走"。"X 得能 VP"通过"能

VP"说明"X"的程度量级,是否实现并不是表义重点,即使是能实现的"VP"多数也为说话人假设的情况。构件"能"是典型的情态动词,相关研究比较丰富。王伟(2000)将"能"概括为六个义项,并概括义项("祈使"义除外)的"抽象意念"为"具备克服某种障碍或阻力的使能条件"。郑天刚(2002)则在王伟研究基础上概括为"具备某种成事条件"。鲁晓琨(2004)认为,非情态表现的"能"多为动力情态。"能"表示"具备克服障碍或阻力的条件或能力",其特殊性给整个构式带来不同于其他程度构式的特殊表征。例如:

(9)莲姑娘,举人公若是愿意,我就跑一趟!一百二十里地,我<u>一天半就能赶到</u>。就手儿我也看看路上的情形,要是好走的话,莲姑娘你逃走可就有点,有点"把握了!"(老舍《火葬》)

(10)老孟让我问路,说路到那座灰房子里去过。"他<u>怎么能进去的</u>?"老孟说鬼知道为什么<u>只有他能进去</u>。"路,你看见什么了?""里头比外头大。"(史铁生《我之舞》)

(11)我感到我<u>坚强得能以跳越过世上一切防碍我的忧伤和考验</u>。(《冰心全集》第六卷)

例(9)"一天半能赶到"表示具备在限定时间内实现"赶到目的地"的能力和条件。例(10)"他怎么能进去?""只有他能进去"都是对"他"获得"进去"的条件及资格相关论述,其中的"能"表示具备实现的条件。例(11)"能跳过一切忧伤和考验"在"坚强"后说明其达到的高量级程度。

动力情态"能"表示[能力][条件],对应现实域中是否具备现实物质条件,通过实现不同事件表达相应的程度量级。比如,"饿得能吃下一头牛"和"饿得能吃下一头大象"都是通过"吃东西"事件说明"饿"的程度,"一头大象"比"一头牛"体积、重量更大,因此"能吃下一头大象"在说话人主观认知领域所表程度高于"能吃下一头牛"。

"X得能VP"通过"能VP"动力情态肯定表达,凸显"X"的程度量级,具体构式特征及来源我们将在后续章节展开。

### 1.2.2 "X得可以"

"X得可以"程度构式也与动力情态肯定相关。补语构件"可以"作为情态动词有道义情态及动力情态两种用法。彭利贞(2007)将道义情态"可以"概括为[允许][允诺],同时概括动力情态"可以"为[能力],侧重无障碍。"可以"与"能"相似之处在于二者的程度义都是与动力情态义项有关。鲁晓琨(2004)认为非情态表现"可以"与"无障碍"有关。吴芸莉(2018)概括"可以"核心语义为"实现某事无障碍",核心语义结合语境可以产生"能力、条件允许、许可或禁止"等义。王伟民(2020)赞同"可以"的核心义为"无障碍",其他义由此产生,并提出其他义的产生可以用"转喻"解释。各家研究较为一致的结论为"可以"表示实现某事的无障碍,进而表示[能力]等义项。"可以"进入构式表程度与动力情态肯定用法相关。例如:

(12)<u>可以讨论一下</u>,先说点什么。你真是模特儿吗?我这也是随便问问。(高行健《灵山》)

(13)她倚着草棚子里的支柱,叉开两腿坐在铺着秫秸秆的地上,不时对着太阳举起手指,审视内中的景观。手指里像注满了水,肿胀,苍白,<u>透明得可以看见一条条毛发样的血管</u>、一片片丝絮状的肌肉。(张洁《无字》)

(14)英子不高兴我泼冷水。不过我的冷水是泼定了:"电影里哪个男主角不帅的?现实中可能吗?你<u>真幼稚得可以</u>啊。"(蔡骏《肉香》)

例(12)"可以讨论一下"与"可以"的核心语义"无障碍"相关,表示"讨论"这件事没有障碍,可以实现。例(13)"可以看见……"表示"看见……"无障碍,位于"透明"之后,有诠释、说明作用。例

(14)"真幼稚得可以"是说话人的主观评价,"可以"说明"幼稚"的程度,"真"用以强调,"啊"用于强调感叹。

动力情态层面"可以"核心语义为"实现某事无障碍",呈现肯定特征。肯定与程度在量级表现上呈正相关关系,肯定越强烈程度量级越高。"X得可以"构式将在后续章节具体展开。

## 2 与能性状态有关的程度构式特征

能性状态的肯定及否定都可以实现程度表达功能,与能性状态相关的程度构式具有部分共性特征。

### 2.1 肯定否定不对称性

整体上能性状态的肯定及否定表达都可以与程度建立关联,但肯定、否定表达内部存在差异性。语言的肯定与否定不对称现象普遍存在,如"差点儿VP"与"差点儿没VP"肯定及否定形式都表示"VP"没有实现。能性状态之间的肯定及否定表达与程度之间也呈现不对称现象,如"不得了"是否定表达,进入构式经由认知转换可以表达高程度,对应的肯定形式"得了"不能进入程度构式,也不能用以说明事物性质、状态等的程度。"可以"是肯定表达,进入构式可以表示程度,类似"怕得可以"中"可以"说明"怕"达到的高程度,"可以"对应的否定形式"不可以"却没有获得进入构式准入资格。否定形式"不行"可以进入构式,对应肯定形式"行"却不能。汉语中能性状态肯定和否定与程度之间的不对称现象普遍存在,例如:

(15) 美到不敢认　　＊美到敢认
怕得不敢呼吸　　＊怕得敢呼吸
红得不得了　　＊红得得了
羞涩得可以　　＊羞涩得不可以
豪放得不行　　＊豪放得行

现代汉语能性状态表达主要是情态动词，与程度关联密切主要是情态动词的动力情态用法。上述例（15）呈现了部分表能性状态词语的肯定及否定不对称现象，肯定及否定不对称现象是与能性状态相关的程度构式共性特征之一。

### 2.2 主观抽象量级特征

程度范畴是个主观特征比较凸显的语义范畴。程度义获得路径并不相同，但程度表达都带有主观特征，与能性状态相关的程度构式也呈现主观性特征。"X 得不得了""X 得不行不行的"等程度构式一般是说话人的主观评价及主观感叹，说话人通过与能性状态相关的肯定或否定表达抽象的程度量级，所表程度依据编码者及解码者不同具有一定幅度的游移特征。例如：

（16）七娃子人生头次见这么大骨头！<u>乖得不行不行的</u>。（新浪微博 2018 年 3 月 15 日）

（17）金晨与第二个约会对象——剑桥学霸陈一鸣初见面！<u>羞涩到不敢抬头</u>，眼神躲闪，直捋头发……（新浪微博 2020 年 11 月 25 日）

（18）昨天实在太忙了……今天补上吧。我是真的喜欢这场见面会。那个吃醋，那个哄，那个<u>羞涩到结巴</u>这个<u>耳朵红到不能看</u>……（新浪微博 2020 年 7 月 13 日）

例（16）"乖得不行不行的"是说话人对"七娃子"的主观评价，带有说话人的主观情感，"不行不行的"描述"乖"的抽象程度说听双方认知识解的量级程度在高量范围内允许存在一定幅度的差异。例（17）和例（18）存在一个共同说明对象"羞涩"，例（17）"羞涩到不敢抬头"通过"不敢抬头"具体动作说明"羞涩"的抽象程度。例（18）"羞涩到结巴""耳朵红到不能看"都是说明程度语义的信息。不同结构成分说明"X"程度量级是说话人基于一定的客观现实做出的主观选择，带有主观立场和情感表达。

能性状态的肯定否定形式多是对能力、条件的结果判断，呈现客观特征，但发展到程度范畴都是带有主观特征的抽象表达。

## 3 能性状态发展到程度的路径机制

### 3.1 语义虚化

能性状态相关的程度构式中补语构件一般需要经历语义虚化过程，由表义实在的跨层结构词汇化继而进一步语法化，语义也逐渐虚化。"不得了""不行""可以"等都存在语义虚化过程，最终发展出表程度用法。能性状态否定形式"不得了""不行"都是逐渐发展成词，继而语义开始虚化。我们以"不行"为例：

（19）道虽迩，<u>不行</u>不至；事虽小，不为不成。（《荀子·修身》）

（20）若夫霪雨霏霏，连日不开，阴风怒号，浊浪排空，日星隐耀，山岳潜形，<u>商旅不行</u>，樯倾楫摧，薄暮冥冥，虎啸猿啼。（范仲淹《岳阳楼记》）

（21）三太看的明白，叫道："香五，学到方休处，才知艺不高。咱们<u>武艺不行</u>，人家是车轮战，咱们若是替蒋五叔，上去就落败。"（张杰鑫《三侠剑》）

（22）曾和学友们闲谈鬼神的事，大家纷纷历数那些胆大的人怎么不怕鬼，<u>钦佩得不行</u>。（曹绣君《古今情海》）

"不行"的语义虚化主要表现在"行"的虚化。《说文解字》释："行，人之步趋也。"行走的位移义是"行"的基础义。例（19）和例（20）是"不"+"行"结构，意义有所不同，例（19）表示"不行走"，属于对位移动词的否定。例（20）表示"不能实行/推行"，是对某一行为动作的否定。例（21）"不行"表示不可以，对能力或条件等的否定，属于情态动词用法。例（22）"钦佩得不行"中"不行"表示程度高。"不行"的语义有个逐渐虚化过程，位移义的否定——行为、结果义的否定——情态义的否定——程度义。

与能性状态相关的程度构式补语构件表征不一、肯定及否定呈现不对称现象，但多数构式程度义获得都存在构件语义虚化过程。总体而言，"可以""不敢""不行""不得了"等与能性状态相关表达成分经由现实域——情态域——程度域三个语域的语义虚化路径。现实域表义实在、具体，情态域表义开始虚化，程度义则最为抽象、虚化，同时语义演化过程也是主观性逐渐增加过程。

### 3.2 构式压制

施春宏（2013）提出浮现是构式语法的内在逻辑和理论基础。蔡淑美（2020：91）认为："承认构式形式和/或意义方面的特异性和浮现性是构式语法研究起点。"构式义浮现的机制包括构式压制，构式压制是构式整体对构件一种比较强势的表现。施春宏（2012）认为，构式压制是构式对组构成分"招聘"，组构成分向构式"求职"的合力机制。构式与组构成分之间和谐互动是构式最终形成的关键因素。李延波（2017）细化构式压制为原型压制、生成——理解策略、语义激活结果和依赖路径四方面协同运作。可见，构式压制需要协同作用、相互配合。与能性状态相关的程度构式多表现为"X 得 Y"形式，该构式招请满足条件的构件成分入内，构件成分进入构式也逐渐适应构式对其提出的语义及形式要求。构式压制出构件的程度义，原本不具有程度义表达功能的成分经由构式压制、高频使用逐渐形成固定的程度表达构式。比如，"可以"一般用作情态动词，动力情态"可以"表示［能力］，道义情态"可以"表示［允诺］［允许］。"可以"获得允准进入"X 得 Y"构式，构式选取其动力情态［能力］用法加以压制，构式激活"可以"程度义并逐渐固定。

## 4 本章小结

通过上述论述，我们得到如下认识：与能性状态相关的程度构式主要与补语构件动力情态用法相关，存在肯定及否定两种表现形式。能性状态的肯定或否定形式发展而成的程度构式存在部分共性特征：肯定、否定形式不对称特征；主观抽象量级程度。程度是个抽象范畴，量级特征具有一定的游移性、模糊性，不同能性状态形式及意义具备发展出程度的可能。构式整体与构件之间的和谐互动为程度构式最终形成提供形式基础和形式验证，构式构件的语义虚化则为构式义表达奠定语义基础。

# 第十章 "不得了"与"了不得"在程度构式中对比研究

现代汉语"不得了"与"了不得"都可以在程度构式内部充当补语构件,即二者都可用作程度补语,用作程度补语的共性及差异特征与二者在构式内部充当补语构件共性及差异具有一致性。首先,我们通过下面两个例子来对比分析二者在程度构式内部充当补语构件的差异特征。

(1) 再说永吉达城里,阿海巴颜看到天降大雨,<u>高兴得了不得</u>。(李文澄《努尔哈赤》)
(2) 张大夫,你还不知道呢,他们开完会回去,<u>高兴得不得了</u>,一起喝红葡萄酒庆贺,我真不明白,他们到底在搞什么名堂?(张佐良《周恩来的最后日子》)

上述两个例句"了不得"与"不得了"都做"高兴"的补语,说明"高兴"达到的程度高。二者作程度补语都可表示高程度,但在句法表现、语用特征及语义演变方面存在区别。

学界关于"不得了"与"了不得"的研究较丰富。研究成果大致可分为以下几类:一是"不得了"与"了不得"语义特征、语法结构及语用选择相关方面探讨(高宜增,1999;盛丽春,2005;王春辉,2010);二是"不得了"与"了不得"句法分布及褒贬词语共现问题

(张虹，2016)；三是"不得了"与"了不得"词汇化过程及差异研究（徐时仪，2009；赵丽华，2017）等。虽然人们对"不得了""了不得"的差异及共性进行了探讨，但对二者作为程度补语的对比研究还有待深入。

黎锦熙在《新著国语文法》（1992）中列举了八个程度补语，其中包括"了不得"。李临定（1963）认为，"不得了""了不得"在补语"得"后直接表示程度高。刘月华等（1983）将"不得了"列入11个程度补语之中。马庆株（1992）将"不得了""了不得"定义为组合式述程式补语。只做程度补语的"不得了"与"不行"有的称为唯补准副词（张谊生，2000），有的将其称为"语法化的程度副词"（叶南，2007）。蔡丽（2010）将"了不得"划为褒义程度补语，"不得了"则是中性程度补语。本书主要探讨二者用作程度补语时句法分布、语用功能、语义演化的差异，并分析其表现的理据。

# 1 "不得了"与"了不得"的句法分布

"不得了"与"了不得"作为形容词句法表现较为灵活。《现代汉语八百词》论及：大多数形容词带"得"后，可带"不得了"或"了不得"，意思没什么差别。考察语料发现无论是句法分布、语用功能还是语义演化，二者都存在一定差别。

### 1.1 句法特征共性

"不得了"与"了不得"同为加在"得"后的组合式程度补语，句法形式存在一致性。基础形式为：V/A + 得 + 不得了/了不得。例如：

（3）作者一瞧这种官僚气派，惶恐得不得了，怕冒犯了一位要人。（钱钟书《灵感》）

（4）伯爵立刻放开嗓子读了几页，因为写得太好，佩服得了

不得，便令门房送 20 英镑给作者。（陈红《外国文坛拾趣》）

例（3）"不得了"说明性质形容词"惶恐"达到的高程度，例（4）"了不得"补充说明动词"佩服"达到的高程度。"V/A＋得＋不得了/了不得"中形容词为性质形容词，如"无聊、奇怪、多、臭"等而动词范围相比前面提到过的几种构式呈扩大趋势，由心理动词扩展到带有［＋感受］义特征的动词，如"害怕、呵护、气、担心"等。

"不得了"与"了不得"都只能在"得"后充当光杆补语，且没有否定形式。例如：

（5）街南一块平原，只有稀稀的几个人家，显得空旷得不得了。早晨从旅馆的窗子看，一片清新的朝气冉冉地由远而近。（朱自清《瑞士》）

（6）我看见她托着头倚在桌子上的样子，憔悴得了不得，一下子好像老了许多似的。（白先勇《玉卿嫂》）

例（5）中"不得了"与"得"之间不能加其他成分，且没有否定形式，"显得空旷得很不得了"和"显得不空旷得不得了"都不符合规范。例（5）的补语标记"得"也不可省略，不能说"显得空旷不得了"。例（6）中"了不得"也如此。

从语料统计来看"不得了"与"了不得"所说明谓词双音节多于单音节，随着"不得了/了不得"做程度补语用频的增加，其用法也更加灵活，二者在句法上的差异也呈现出来。

## 1.2 句法特征差异

分析"不得了"与"了不得"作补语句法差异之前，我们先看"不得了"与"了不得"在 CCL 语料库中从古代汉语到现代汉语补语用法的数量变化。

表 10-1 CCL 语料库中"得+程度补语('不得了/了不得')"的数量统计

| 程度补语形式 | "V/A 得+程度补语"（独立）数量 | "X（前加成分）+V/A 得程度补语"（有前加或后加成分）数量 | 合计 |
| --- | --- | --- | --- |
| 不得了（古代汉语） | 8 | 23 | 31 |
| 不得了（现代汉语） | 197 | 673 | 870 |
| 了不得（古代汉语） | 38 | 110 | 148 |
| 了不得（现代汉语） | 29 | 75 | 104 |

由表 10-1 可以看出，"不得了"用作程度补语由古代汉语发展到现代汉语数量呈上升趋势，"了不得"则呈下降趋势。相同点是动词或形容词直接加程度补语的数量都少于动词或形容词前有其他成分的数量。随着用频的增加，"不得了"用作程度补语呈现出一些独特的句法特征。

"不得了"可以附在新兴补语标记"到"后说明程度，"了不得"用作程度补语与"到"搭配很受限制。例如：

（7）婚后的这些日子来，麦耀华为了一盘冷气维修生意，<u>辛苦到不得了</u>。（梁凤仪《激情三百日》）

（8）肥得圆圆的，毛又长了，追尾巴玩的时候，十足像个白毛球，<u>可爱到不得了</u>。（岑凯伦《蜜糖儿》）

"不得了"附在新兴补语标记"到"后做程度补语，说明"不得了"做程度补语的用法更灵活、结合更自由，组合功能也强于"了不得"。

"不得了"可以用于重动结构，"了不得"较受限制。例如：

（9）老关现在<u>佩服我佩服得不得了</u>，因为这个城市的街道并无特点而我却能仅仅凭着前几天在车子上隔窗浏览的印象，就简直一点误差也没有的带他弯来弯去地弯回了我们所住的 hotel。（刘心武《多棱的帆船》）

(10) 他<u>爱这伛儿爱得不得了</u>,就拿嘴巴上那几根稀疏胡子去戳他的小脸蛋。(欧阳山《苦斗》)

项开喜(1997:262)认为,重动句式中,VP$_2$("动—补"结构)多数是动作行为超常方面或事物超常状态的动词性结构,不同于VP$_1$("动—宾"结构)的"无界",VP$_2$具有"有界"性。上述例子重动式的"有界"是后面的程度补语赋予的,"不得了"用于重动结构中,说明动作行为达到的超常程度,当然这种超常程度具有主观性特征,不一定与客观程度相符。例(9)"不得了"说明"佩服"这一行为达到了说话人认为的超常程度,例(10)凸显"爱"的超常程度。

"不得了"做程度补语后可接"了""啊""呢""啦"等句尾成分,"了不得"较受限制。例如:

(11)"谢谢,我还不至于像个叫花子。"我琢磨着她话里的意思,<u>高兴得不得了呢</u>。(残雪《残雪自选集》)

(12)"呀,这马真是<u>亮得不得了啦</u>!"明生顽皮地笑着说。(冯德英《迎春花》)

例(11)和例(12)分别加句尾成分"呢""啦",这些句末成分能够凸显说话人的主观态度,使表达带有夸饰性。"了不得"一般不加此类成分,它表程度时夸饰性特征较"不得了"低,因此其程度量级也较低。

"不得了"可补充说明四音节成语的程度,而"了不得"用作补语一般局限于单音节或双音节词语。例如:

(13)不过我可以这么说,在古代那时候什么河流呀、巨人呀,都<u>耀武扬威得不得了</u>。(塞尔玛·拉格洛夫著,石琴娥译《尼尔斯骑鹅旅行记》)

(14)您应该知道,老萨默海斯上校那才叫<u>趾高气昂得不得</u>

了，经常暴跳如雷。（阿加莎·克里斯蒂著，李桂荣、朱音、刁克利译《清洁女工之死》）

（15）太太奇怪了："平时都是骄傲自满得不得了，这回怎么谦虚起来了？"（《人民日报》1998年）

（16）我是坐火车的时候，从车窗里面看到黄鹤楼，一看黄鹤楼高大雄伟得不得了。（电视节目《百家讲坛》，彭一刚《建筑设计中的文化理念》）

"不得了"可以用来补充说明形容词性成语的程度，如例（13）—（16）中的"耀武扬威""趾高气昂""骄傲自满""高大雄伟"，这些成语用于描述人或物的性质或状态，自身带有程度义和褒贬倾向，"不得了"使其程度进一步深化。

综上，现代汉语"不得了"与"了不得"用作程度补语在句法上存在组合式程度补语的共性特征，但显然"不得了"用作程度补语更为自由和典型。这与现代汉语"不得了"用作程度补语数量更占优势相一致。

## 2 "不得了"与"了不得"的语用功能

"不得了"与"了不得"做补语有着共同的语用功能，都是说话人为突出、强化谓词性成分所达到的程度之高。程度补语"不得了/了不得"使得谓词性成分具有了有界性。

### 2.1 语用功能共性

说话者使用程度补语的目的是突出、强化性质或动作达到的程度之高，使"无界"的动词或性质形容词带有"有界"特征。如何实现有界化呢？比较下面的例子：

（17）a 他告诉张永红这，又告诉那，这些日子的经历真是丰

富得了不得。他的美妙前程也呈现在眼前,他甚至提到了结婚这一桩喜事。(王安忆《长恨歌》)

  b 他告诉张永红这,又告诉那,这些日子的经历真是丰富。他的美妙前程也呈现在眼前,他甚至提到了结婚这一桩喜事。

(18) a 另外一位母亲说道,"刚从蛋壳出来便玩耍起来。他精力充沛得不得了,把自己头上的须子都跑丢了。做妈妈的简直太高兴了!是不是?(安徒生著,叶君健译《安徒生童话故事集》)

  b 另外一位母亲说道,"刚从蛋壳出来便玩耍起来。他精力充沛,把自己头上的须子都跑丢了。做妈妈的简直太高兴了!是不是?"

例(17)a 句"丰富"是无界的,"了不得"使"丰富"有界化了,"了不得"补充说明"丰富"的量幅范围。例(18)b 句删除程度补语"不得了","精力充沛"独用"无界"特征突出,高程度义补语"不得了"使其量级更凸显并带有"有界"特征。

"性状在程度或'量'上有'有界'和'无界'的对立。"(沈家煊,1995:367)程度补语"不得了/了不得"语用功能共性就是使谓词性成分有界化。

### 2.2 语用功能差异

谓词性成分对后面的程度补语是有选择的,且这种选择多带有说话人的主观态度和倾向。《现代汉语规范词典》指出同表程度深时"不得了"与"了不得"的差别:"不得了"侧重情况严重,表示惊骇;"了不得"多表示赞叹,侧重业绩突出。这种说法有一定合理性但不足以概括出二者的本质差异。请比较下面句子:

(19) 村里人像看到了一位天外来客一样,惊奇得了不得。玉德爷爷像怕他重新跑掉一样,紧紧握住他的胳膊,老泪不停地流着。(张炜《秋天的愤怒》)

(20) 吴树兰急忙上前，拉着她的弟弟，左看看，右瞧瞧，心疼得了不得！（李文澄《努尔哈赤》）

(21) 我看见她托着头倚在桌子上的样子，憔悴得了不得，一下子好像老了许多似的。（白先勇《玉卿嫂》）

"了不得"用作补语有时的确带有赞叹语气，如例（19）。但在补充说明一些陈述性谓语的程度时，赞叹意味并不突出，如例（20）"心疼得了不得"和例（21）"憔悴得了不得"并不包含赞叹义。

程度补语"不得了"可表示客观程度也可表示主观程度，"了不得"一般只表主观程度，也就是"了不得"的主观性更强。例如：

(22) 赵汝江的妻子带着孩子从四川农村赶到成都时，军航机票正紧张得不得了。（《人民日报》1993年）

(23) 这是很重要的一天，他比在比赛前还紧张。当他通过了考试，他高兴得不得了，像个小孩。我觉得他比我们打败湖人的那个晚上还高兴。（《我的世界我的梦》）

例（22）"军航机票正紧张得不得了"是对客观事实的程度赋量，不带有说话人的主观态度。例（23）"他高兴得不得了"采用第三方的视角来阐释"高兴"的程度，相较第一人称，主观性减弱。这说明"不得了"并不是都表示"惊骇""情况严重"的，它既可以是客观程度赋量也可以是主观程度赋量，"了不得"一般都是主观程度赋量。

从语用看，"不得了"和"了不得"的差异主要表现在语域方面，二者在不同语域中呈现明显的分布差异，如表10-2所示。

表10-2　　程度补语"不得了"与"了不得"
在CCL现代汉语语料库各语域分布情况

|  | 口语 | 影视相声类 | 网络语料 | 文学作品类 | 报刊 | 合计 |
|---|---|---|---|---|---|---|
| 不得了 | 14 | 111 | 34 | 433 | 278 | 870 |
| 了不得 | 0 | 4 | 0 | 84 | 16 | 104 |

从表 10-2 可以看出,"不得了"用如程度补语在语域上明显多于"了不得","不得了"几乎涵盖了所有语域,而"了不得"除影视相声文本有 4 例外,只局限于文学作品及报刊类书面语语域。

总体来看,作为程度补语,"不得了"在句法上相当自由,"了不得"则比较受限;"不得了"在语域上非常宽广,"了不得"则比较狭窄。相较而言,"不得了"非常活跃、自由,"了不得"则相对有较多限制,这和二者语义演化有关。

## 3 "不得了"与"了不得"的语义演化和词语竞争

"不得了"在古代汉语做程度补语的用法不如"了不得"自由,但发展到现代汉语,"不得了"做程度补语的使用频率远高于"了不得",这与二者的语义发展有很大关系。

### 3.1 语义的演化

"不得了"与"了不得"成词后语义演化程度不同。徐时仪(2009:71)认为:"了不得"由"不能了结"的词组义凝固为"情况严重"的形容词大约在宋代,又由"情况严重"引申为表示程度深。而"不得了"也有"不得了结"义,由"不能了结"发展出程度深的形容词用法也在宋代。也就是说,二者的高程度义都与能性否定存在关联,且都出现在宋代。

一般认为,"不得了"是"得了"加否定词"不",而"了不得"是"了得"加中缀"不"。两个词语的多个义项是由内部要素不同义项导致的。"不得了"中"得了"优先识解为"了结",加上"不"表示否定。另外,"得了"用于反问或否定时表示情况很严重。"了得"的"了结"义项与"得了"相同,但它还可以识解为"厉害",也就是"了不得"可识解为"了不起",但这个义项没有进一步扩展为程度深。"了不得"的成词,与"V不得O"语法结构功能虚化并重新分析为"V不得"的词语化语法化过程一致,类似的演化过程在现代汉语中还有"巴不得""怪不得"等词。徐时仪（2009：73）认为，这些词语都经历了词组到词汇化的过程，作为词组时表示否定某种客观事实，词汇化后表达某种主观意识情态。"不得了"与"了不得"由对客观事件"不能了结"的陈述，进而附带说话人的感叹语气，重新分析后主要用于表示主观情态。

成词后的"不得了"与"了不得"主要体现为形容词特征，但在语言发展变化过程中，二者渐渐发展出唯补准副词的用法，用作程度补语，表高程度意义。"了不得"在明代出现唯补准副词的用法，一直沿用至今。例如：

（24）孙小官喜得了不得，连忙尾来，只见走入坑厕里去了。（凌濛初《二刻拍案惊奇》）

（25）这两个贼人无奈，急得了不得，好容易盼到三更。（郭小亭《济公全传》）

"不得了"直到晚清才出现唯补准副词的用法。例如：

（26）如果诗人不好，这是小事不必计较，就是好得不得了也不值一个钱。（曾国藩《曾国藩家书》）

（27）我家有了一个小冤家，已经把我磨得不得了。（无垢道人《八仙得道》）

贝罗贝、李明（2008）认为，大部分的语义演变特点是：新义蕴含源义。具体到"不得了"与"了不得"则是"能性否定"与"高程度"之间存在认知关联。不同于一般否定，能性否定往往意味着达到某种高程度，达到高程度也容易走向否定。比如，"不行、不要不要的"等用作补语，都表示高程度，都是从能性否定发展而来。"不得了/了不得"共性语义"不能了结"表达一种能性否定，能性否定的产生多意味着超出主体的某种能力或认知，而超出能力或认知范围则表示程度达到了一定的高度，两者相互蕴含。程度的获得有许多发展路径，由否定到程度就是其中一条。类似的程度词还有"不行""不成"等。这些否定词处于补语位置上都走向了高程度，张虹（2016）认为，封闭类带"不"的高程度义补语有：不行、不过、不得了、不堪、了不得。它们的固化程度高、能产性差、语义虚化为表示高程度。

"不得了""了不得"由"不能了结"义发展出"情况严重、没法收拾"的词语义，进而引申出用作补语表示高程度义，符合由否定走向程度的认知规律。能性否定在人类认知领域经重新分析激发与程度之间的关联特征，否定一定意义上包含情况严重的语义信息，而情况严重蕴含事情的高程度，因此，否定与高程度之间存在必然的联系。

语言是十分复杂的，并非否定都能发展出程度，程度义的来源还有其他，如终点到程度、条件到程度、结果到程度等。但是，现代汉语中的确存在一批由否定走向程度的词语或构式。

### 3.2 词语的竞争

在现代汉语中，"不得了"用作程度补语后来居上，大大压过"了不得"。这是二者语义竞争的结果。"不得了"用作程度补语前，"了不得"承担了比较多的功能。"不得了"用作程度补语后，分担了一些功能，于是二者逐渐出现分工。"不得了"在表程度方面逐渐占据了明显的优势地位，这种情况是经过比较长时间的语义竞争的结果，我们先看"不得了"与"了不得"在不同词典中释义，如表10-3所示。

表10-3　　　"不得了"与"了不得"在不同词典中释义

| | 不得了（形容词） | 了不得（形容词） |
| --- | --- | --- |
| 《现代汉语八百词》（增订本） | ①表示情况很严重，没法收拾<br>②表示程度很深，用于"得"字句 | ①大大超过寻常，很突出<br>②表示情况严重，没法收拾<br>③表示程度很深，只作补语 |
| 《现代汉语词典》（第7版） | ①表示情况严重<br>②表示程度很深<br>③了不得$_1$ | ①大大超过寻常，很突出<br>②表示情况严重，没法儿收拾 |

## 第十章 "不得了"与"了不得"在程度构式中对比研究

从词典释义看,"了不得"用作形容词,在"超过寻常""很突出"的意义上是独有的,而其他意义都是和"不得了"共有的。我们可以从二者共现的语境看出"了不得"及"不得了"的分工情况。例如:

(28) 不是一般地不美,很不美!但是王国维的内心的这种美,<u>美得不得了,了不得</u>!(电视节目《百家讲坛》,姚淦铭《王国维的学术三境界》)

(29) 我以前认为最早的先民大概开始就有艺术了,但是我最近看见一个电影,那是<u>奇怪得不得了</u>,那是<u>了不得的艺术家</u>,也是欧洲人干的事。(电视节目《百家讲坛》,钱绍武《漫谈艺术》)

例(28)"不得了"做补语说明"美"的程度,"了不得"独立在句子中表示超出寻常的赞叹义,实义特征更凸显。例(29)同样是二者共现的句子,"不得了"做程度补语补充说明"奇怪"的高程度,"了不得"做定语修饰限定中心名词"艺术家"。

"不得了"和"了不得"的分工,是由组成成分的语义积淀导致的。"不得了"是否定词"不"+"得了",侧重对结果的能性否定。"了"义为"了结","得了"用于反问或否定可表示情况严重,"不"是对"得了"的否定。"不得了"单用时表示不能了结或事态严重,进而引申出高程度义。"了不得"是"了得"插入中缀"不",因此"了不得"与"了得"的表义大致相同。二者都可表示超乎寻常、很突出(即"了不起"义),还可表示情况严重没法收拾(由此引申出高程度义)。

"能表达同一语法功能的多种并存形式经过筛选或淘汰,最后缩减到一二种。"(沈家煊,1994:19)在语言系统中,一般不能出现两个意义完全相同的语言成分,要么淘汰其中一个,要么使二者出现分工。就"不得了"和"了不得"的使用而言,"了不得"有"超过寻常""很突出"的独有意义,这一独有意义可以进一步强化,而其他意义则主要由"不得了"承担,这样二者在语言系统中可以有较好的分工。但语言系统又有复杂的一面,语言处在不断变动发展之中,旧有的用法短期内不会消失,一直保留在语言中,因此"了不得"表示"情况严重""程度很深"的意义还不时在语言中出现,但其使用频率、分布范围、语域广度都大大减少。

综上,"不得了"与"了不得"词内成分不同的语义积淀和组合方式导致二者用作程度补语时有不同表现。现代汉语中"不得了"用作程度补语数量更占优势。而"了不得"发展到现代汉语,用作程度补语的数量在缩减。正是由于它们语义积淀的差异导致了二者作程度补语时的自由度差异。

## 4　本章小结

现代汉语"不得了"与"了不得"用作程度补语表高程度,二者在句法、语用、语义方面既有共性也存在差异。句法上"不得了"用法更灵活、结合更自由、功能也强于"了不得";语用上"不得了"的语域广度远超"了不得"。当然,语法上的变化与语义的演化之间互相关联,具有同一表义功能的词会在语言演化过程中竞争与分工,现代汉语"不得了"相较于"了不得"在表程度方面获得了优势地位。

初刊于《对外汉语研究》2020 年第 2 期,总第 22 期,原标题为《现代汉语程度补语"不得了"与"了不得"研究》,略有删改。

# 第十一章 "X 得能 VP"的构式特征及构式义获得

先看两个例子（部分语料有删改）：

（1）门道非常的脏，车马出入使地上的<u>土松得能陷脚</u>；时常由蹄印作成个小湖，蓄着一汪草黄色的马尿。（老舍《新韩穆烈德》）

（2）1985年4月，当向阳红十号拖着伤残的船体歪斜着驶入上海港时，考察队员在甲板上欢呼雀跃，激动得热泪盈眶，汪保国心中<u>激动得能飞出鸽子</u>，眼前的镜头被泪水模糊了，他多想和同志们一起叫啊，跳啊！（1994年报刊精选）

例（1）—（2）两个例子都可以抽象出"X 得能 VP"构式。例（1）"土松得能陷脚"在客观世界可以真实发生，可以现实化。例（2）"心中激动得能飞出鸽子"在客观世界不可能真实发生，非现实性特征凸显。例（1）和例（2）虽然一个可以现实化一个不可以现实化，但二者都具有非现实特征，并且都可以抽离出"X 得能 VP"。根据 Goldberg（1995）对构式的判定，构式义整体大于各部分之和。"能 VP"表示具有"VP"的能力，"X 得能 VP"整体并不凸显能力义而是通过"能 VP"说明"X"达到的高程度量级。其意义不是各部分的简单加和，而是源于多方面因素协同作用，符合典型的构式特征。因此我们将"X 得能 VP"作为高程度构式加以考察。

第三编　与能性状态有关的程度构式研究

学界关于高程度构式"X得能VP"未见专文研究。构件"能"的研究极为丰富，主要包括：吕叔湘（1980）、王伟（2000）、鲁晓琨（2001）、郑天刚（2002）、彭利贞（2007）、胡波（2015）等。"能VP"位于构式内部说明"X"达到的高程度量级，不同的"VP"形式使得构式特征表现存在差异。我们将分析"X得能VP"构式构件、构式整体特征以及构式义获得认知理据。

## 1 "X得能VP"构件分析

"X得能VP"属于半填充性质的图式构式，构式存在两个常量构件"得"与"能"。常量构件"得"在构式内部充当补语标记，连接构式前后成分，在构式内部不可或缺。"能"的功能强大，语义识解相对复杂。在构式内部主要表示"有能力或有条件做某事"（吕叔湘《现代汉语八百词》）。构式两个变量构件"X"与"VP"对整个构式义影响较大，它们需要满足一些条件才能获得准入资格，因此我们着重分析两个变量构件。

### 1.1　变量构件"X"

现代汉语程度构式都有一个程度说明对象，变量构件"X"便是"X得能VP"构式说明的对象。构式整体对变量"X"提出准入限制，满足一定条件才能与构式语义和谐，形式互动。施春宏（2014）提出构式与组构成分之间是"招聘"与"求职"的合力互动，"X得能VP"构式中变量构件"X"需要具备一定的"求职"条件。

#### 1.1.1　语义特征

"X"具有［＋无界］［＋量幅］特征。具有［＋无界］［＋量幅］特征的典型词类为性质形容词，构式实现变量"X"的有界化表达。量幅不是固定在某个点上，而是存在一定的幅度变化，量幅的延展性可以实现高低量级的变化。在"X得能VP"构式中具有［＋无界］［＋量幅］特征的"X"一般都需要具体说明、限制才能达到凸显高程度的目标。例如：

(3) a 门外的叽叽喳喳响成一片，屋里却<u>静得能听到人们急促的呼吸声</u>。（礼平《小战的黄昏》）

　　b 门外吵，屋里<u>静</u>。

(4) a 他想学外科，但外科主任说，外科大夫的手必须<u>细致得能够绣花</u>，他那粗手大脚的，哪能学外科。（齐锡宝《老舍先生奉命写〈人同此心〉的前前后后》）

　　b 外科大夫的手必须<u>细致</u>……

例（3）"静"和例（4）"细致"都是性质形容词，具有［＋无界］［＋量幅］特征，可以自由进入该构式。例（3）a 句"能听到人们急促的呼吸声"说明"静"达到的高量级，实现"静"的有界化表达。例（3）b 句"静"位于句中光杆使用，程度量级不凸显，听话人需要自我搭配"很、太、有点儿"等副词明确量级程度。例（4）a 句"细致得能够绣花"表示"细致"达到了"能够绣花"的高程度量级。例（4）b 句"细致"单独使用，只表示自身带有的性质，量级程度需要听话人自我附加。

性质形容词在基准量基础上具有量幅伸缩性，其［＋无界］［＋量幅］特征是其进入构式的本质属性，所以性质形容词是"X 得能 VP"构式中变量"X"的典型成员。另外，语料显示"撅、饿"等带有一定量幅延展及无界特征的个别动词也可进入该构式，目前仅是有限扩展且使用频率相对不高。个别动词进入构式应该得益于语言的类推原则，如"饿""渴"这类生理动词在量幅无界性方面具有和性质形容词的共性特征，因此依据类推原则进入构式。"嘴撅得能拴头驴"具有一定的俗语性质。

### 1.1.2 感情色彩

根据 CCL 语料库、BCC 语料库、人民网等语料显示"X 得能 VP"构式中变量构件"X"几乎都是性质形容词，且单音节及双音节性质形容词出现频次差别不大。就感情色彩而言，变量构件"X"多呈现为中性及褒义色彩。比如，"大、多、静、亮、黑、白、热、冷、轻、高、幸福、狂喜、激动、透明、新鲜、细致、寂静、敏感、忙碌、干净"等。贬义色彩的"X"虽然与中性及褒义色彩性质形容词具有类似语义特征，但语料库中较少见，口语中存在"臭得能熏死一头猪""他这人真是蠢得能上天"等丰富的临时表达。贬义色彩的词语进入该构式较困难是因为构式整体对变量构件的压制。构式通过后续构件"能VP"的肯定来与变量构件"X"实现形义互动，"能VP"构件与贬义色彩的性质形容词匹配度远低于褒义及中性色彩的成分。

### 1.2 变量构件"VP"

在形式上，变量构件"VP"与"能"结合紧密，"能VP"表示具备实现"VP"的能力及条件。"VP"形式有的简单，有的复杂。例如：

（5）梧桐把韦宏波松松垮垮的背包拆了重打，牙咬手勒，不一会儿就结结实实的<u>硬得能砸人</u>。（张欣《梧桐梧桐》）
（6）新建的"工厂式轮船"撒下的鱼网<u>大得能一口"吞下"12架波音747飞机般大的鱼群</u>。（《人民日报》1995年6月）

例（5）"硬得能砸人"中，"砸人"是简单的"VP"形式。"砸人"与"能"结合表示具备"砸人"的能力和条件，"能砸人"位于"得"后通过具备"砸人"的能力和条件来凸显"硬"的高程度量级。例（6）"大得能一口'吞下'12架波音747飞机般大的鱼群"属于复杂的"VP"形式。"X得能VP"构式更多表现为一般的"VP"形式，类似例（4）"细致得能够绣花"，并且"能VP"与前面"X"高频使用后会形成一些固定联想。

在语义上，"VP"形式无论简单还是复杂，都存在一定的共性。

首先，"VP"表现为结果性。例如：

# 第十一章 "X得能VP"的构式特征及构式义获得

(7) a 刘向阳中等身材，有些发福，<u>皮肤白得能看见血管的走向</u>，面相倒挺和善，鼓囊囊的腮帮子挺招人疼。（李可《杜拉拉升职记》）

b * 皮肤白得能看血管的走向……

(8) a 程科长的眉毛轻轻一弹，勉强地伸出手来，用几个指头轻轻捏了捏广生粗硬的手掌，算是礼节完毕。广生这才初识这张扁平的白脸，<u>冷得能凝固洋蜡</u>！（陈忠实《石头记》）

b * 广生这才初识这张扁平的白脸，<u>冷得不能凝固洋蜡</u>！

例（7）a句"白得能看见血管的走向"属于一般"VP"形式，"看见血管的走向"具有结果性，替换为（7）b句非结果性"看血管的走向"形式，句子一般不被接受。例（8）a句"凝固洋蜡"同样是结果性"VP"形式。例（8）b句非结果性"VP"形式"不能凝固洋蜡"不可以进入构式说明程度量级。结果性"VP"才与整个构式的程度表达语义相和谐。只有"VP"呈现出结果特征，才能与整个构式和谐互动，协同表示程度义。结果意味着事物或事件某种相对稳定的性质或状态，可以与程度之间形成对应关系。"VP"的结果性是进入构式的"入职条件"之一。

其次，"VP"表现为事件性。"VP"带有陈述事件的语义特征，通过不同事件与"X"程度量级建立联系。例如：

(9) 月亮很圆很圆，像图纸上圆规勾画出的圆周；月亮<u>很亮很亮，亮得能看清童话中月宫里的兔儿爷捣药</u>。（从维熙《空巢》）

(10) 这四圈从小锻炼得能吃能饿，他一次吃烧饼能吃二十个，吃面条能吃两瓦盆。饿起来，两三天不吃饭也没什么事。（李準《黄河东流去》）

"VP"具有描述事件的语义特征。例（9）"看清兔儿爷捣药"是描述事件的"VP"。事件性与结果性都是"VP"的语义内涵，这与

"能"及整个构式对"VP"的限制要求有关。例(10)"能吃能饿"是非事件性描述,整个构式合乎句法规范但不具有程度表达功能。

最后,"VP"表现出有界性。"X 得能 VP"中变量"X"及"VP"都具有有界性特征,有界性"VP"与"能"组合,实现量级程度有界化表达。例如:

(11) a 饿得能吃八碗饭。
　　　b＊饿得能吃饭。(自拟)
(12) 北风削利得能剐人肉,吴为上班连件棉大衣都没有,只穿件小棉袄,缩着肩膀,斜着身子,在北风里小跑,冻得像只夹尾巴狗。(张洁《无字》)

"VP"具有有界性特征。对比例(11)a 与 b 两种表达,有界化表达"吃八碗饭"能进入构式充当变量构件,无界表达"吃饭"进入构式受限。例(12)"削利得能剐人肉"也是有界化表达。

"VP"形式上可简单、可复杂。语义上呈现结果性、事件性、有界化特征。"VP"的三个语义特征存在交互关系,"VP"是对事件结果的有界描述,非结果性的或非事件性的都不能进入构式充当变量构件。另外,"X 得能 VP"中"X"具有无界性,"VP"的有界特征赋予整个构式有界的、确定的量级程度。构式对"VP"的形式要求较宽松,但"VP"需要满足结果性、事件性与有界性才符合程度构式"X 得能 VP"的框填限制。

## 1.3　常量构件"得"与"能"

构式存在两个常量构件"得"与"能"。"得"在构式内部充当补语标记,连接构式前后成分,在构式内部不可或缺。

"能"的功能强大,语义识解相对复杂。《现代汉语八百词》列举了"能"的六种用法,分别是:有能力或有条件做某事;善于做某事,前面可加"很";有某种用途;有可能;情理上许可,多用疑问和否定；环境上许可，多用疑问和否定。王伟（2000）基于大型语料概括出"能"的六个义项：能力、条件、该允、可能、意愿、祈使，并进一步将其语义内涵归纳为"具备克服某种障碍或阻力的使能条件"。彭利贞（2007：246）区分了"能"的情态，"能"情态表现为能力或许可，即根情态，当主要动词为非自主动词则表认识情态的"可能"。基本上"能"的抽象意义可以概括为"具备克服障碍的能力或条件"（王伟，2000；郑天刚，2002；鲁晓琨，2004；彭利贞，2007）。"X得能VP"构式内部的"能"主要表示有能力或条件达成某事，属于动力情态用法。

综上，"X得能VP"构式中变量构件"X"需要满足构式［+无界］［+量幅］的"招聘"条件。目前构式构件"X"局限于性质形容词一类，能产性不强。"VP"形式有的简单，有的复杂，极为复杂或极为简单形式的"VP"是少数，多数为一般情况的述宾结构。"VP"语义突出表现为：事件性、结果性及有界性。构式构件"X"与"VP"之间的互动关系也值得关注。

## 2 "X得能VP"构件互动关系

"X得能VP"构式是通过"能VP"的语义内容说明"X"的程度量级，二者的对应关系比较复杂，并非简单的一对一关系。

### 2.1 同一"X"搭配不同"VP"

同一个"X"可以接受不同"能VP"的程度赋量，共性特征是表示高程度，具体量级存在细微差异。例如：

（13）那是一段多么温馨的回忆呀！二人在书山旁专注地博览广读，静得能听到鼻息声和翻动书页的声音。(奚甲明《那座"山"》)

（14）杂耍就要收场了。筒道里静得能听见蚂蚁爬。更能听见"唾沫"班长在筒道里啐来啐去。(张郎郎《金豆儿》)

例（13）—（14）是不同的"能VP"说明同一"X"，二者都表示"静"达到的程度量级相当高，"鼻息声和翻动书页的声音"在正常环境中不容易引起人们注意和识别，听见这些微量的声音说明环境十分安静，也就是"静"的程度超级高。但"鼻息声"和"蚂蚁爬"声音响度不一样，"蚂蚁爬"声音更细微，因此凸显"静"的程度量级更高。类似可以说明"静"的高程度"能VP"形式还有"能听见心跳/听见秒针走动/针掉地上的声音/风吹树叶的声音/下雪的沙沙声/空气在流动"等，它们都是在正常情况下难以引人注意的声音，所以能够凸显"静"的高程度量级。不同"VP"形式存在程度量级差异，例（14）"听见蚂蚁爬"后续还有递进形式，"更能听见……"，说明不同形式"VP"的确存在量级差异。"蚂蚁爬"的声音小于"啐来啐去"，因此"蚂蚁爬"凸显"静"的量级程度更高。

类似的还有"大""冷"等与不同"VP"搭配情况，如"大得能装下一个人""大得能直接驶进战车""空间大得能装下整个圣诞节喝的啤酒""冷得能冻掉下巴""冷得能把石头冻成粉末"等。同一"X"搭配不同形式"VP"，与"X"所述主体特征相关。很多主体都具有相同或相似的性质特征，因此描述不同主体同一性质"X"时选取不同的"VP"形式，寻找整体上的和谐相配。

## 2.2 同一"VP"说明不同"X"

不仅"X"与"VP"之间存在一对多关系，"VP"与"X"之间也存在一对多关系。同一个"VP"形式可以说明不同"X"的程度量级。例如：

（15）当把他们的模型用于引力的时候，施瓦茨和格林狂喜得能听见自己的心跳声。（曹天元《上帝掷骰子吗？——量子物理史话》）

（16）三十多人似乎一下停止了呼吸，屋里静得能彼此听到心跳。大家猛地睁大眼睛，一齐盯着柴春泽的脸看。（申平《柴

春泽沉浮录》)

例(15)—(16)"VP"都是"听见/到心跳",分别说明"狂喜"和"静"的程度量级。同一"VP"可以与不同"X"存在语义关联,如"能听见心跳"可以说明的对象包括"静、近、紧张、害怕、狂喜"等。超乎正常的心跳频率一般与人的情绪波动有关,因此"能听见心跳"类"VP"形式可以说明"紧张/害怕/狂喜"等不同心理情绪。又如:

(17) 她马上把枪顶上火,两眼一眨不眨地瞪着院子,耳朵<u>机灵得能听见绣花针的落地声</u>。(冯德英《苦菜花》)

(18) 她的目光象刀子一样,让人大气不敢出,一上她的课,<u>教室静得能听见针掉地上的声音</u>。自从到她班上之后,我就再也没有笑过,我几乎忘了高兴是怎样一种情绪。(谭竹《少女日记》)

例(17)—(18)"VP"都是描述"针落地的声音",但描述说明的对象分别是"机灵"和"静"。声音与听觉及所处环境联系紧密,极为细微的声音被凸显与人们听觉器官的敏锐及所处环境的安静程度都存在关联。同一"VP"与不同"X"存在语义关联,这些错综的语义关联体现在二者说明与被说明的关系中。

综上可见,"X"与"VP"之间是一对多、多对一的错综复杂关系,错综对应关系背后都存在语义的可阐释性。语言使用过程中,"X"与"VP"经常搭配使用就会形成常规联想关系,具体请看下面小节。

### 2.3 "X"与"VP"常规联想

语言的高频使用会形成一些类似固定习语的常规联想,有些"X"已经与"VP"之间形成了相对固定的联想关系,这是语言"约定俗成"的一种表现。自然的语义联想广泛存在于汉语中。比如,"精明"

一般与"猴"存在自然联想，人们会说"他这人猴精猴精的"；"狡猾"一般与"狐狸"具有常规联想，"这小子比狐狸还狡猾呢"。"X"与"VP"的某些搭配经由高频使用，获得类似习语性质，例如：

（19）女儿从幼儿园回来，脸上象罩着一片云，小嘴<u>撅得能拴头驴</u>，她不高兴地扯扯我的衣角："妈，小朋友们都穿新衣服，你总让我穿旧的。"（《读者》合订本）

（20）一个妈得巴得巴地跟肖科平唠叨。另一个妈嘴<u>撅得能挂件大衣</u>，一个劲翻白眼，给儿子用手绢捂着鼻子拧鼻涕："拧，用力！"（王朔《无人喝彩》）

例（19）"嘴撅得能拴头驴"和例（20）"嘴撅得能挂件大衣"都表示嘴撅得高，凸显不开心、生气的情绪。二者在人们认知领域优先度不同，日常口语中"嘴撅得"自然优先联想到的是"能拴驴"，也就是说"嘴撅得能拴头驴"经由人们认知领域识解、确认已经形成相对固定的常规联想。而"嘴撅得能挂大衣/能拴头牛/能碰到鼻子"等表达的常规联想关系还未完全建立。"X"与"VP"之间形成习语性质的常规关系联想与人们认知密切相关，"X"的属性特征可以通过"VP"凸显、强化。类似的还有"亮得能照出人影""静得能听见呼吸/脉搏""清得能看清水底的东西""湿得能拧出水""冷得能冻死人"等。

"X"与"VP"存在一对多、多对一的复杂对应关系，某些相对固定的对应关系需要人们长时间、高频率使用。当然"X"与"VP"之间的固定联想也处于动态变化过程中，人们可能会创造出新的对应关系，继而被广泛接受。

## 3 "X得能VP"构式特征

"X得能VP"构式义可以概括为：说话人构拟出现实可达成类及

非现实性质的"VP"说明、强调"X"达到的主观高程度。也就是说,"X 得能 VP"是主观高程度义构式,该构式在凸显高程度义的基础上还表现出区别于其他程度构式的构式特征,即非现实性及抽象高程度的具象描摹。

### 3.1 构式的非现实性

Chafe(1995)认为现实是已经成为事实的客观现实,可以通过感知观察到,非现实是主观想法,是通过想象构建出来的。"X 得能 VP"构式一个突出特征是非现实性,主要通过"VP"表现,非现实性具体还分两类:可以现实化的"VP"(在现实世界可能发生);完全虚拟的非现实"VP"(在现实世界不能发生)。

"VP"在现实世界是否现实化不是说话人关注重点,说话人只是通过"VP"来凸显"X"的程度量级。可现实化"VP"多数也来自说话人的构拟,"VP"的性质为整个构式带来非现实特征。

#### 3.1.1 可现实化"VP"

现实性指在客观世界可以真实发生的事情,或具备实现某事的能力,现实存在的难以达到的事情或具备超乎寻常的能力都与高程度存在认知关联。"X 得能 VP"中有一类"VP"可以现实化,说话人构拟可以现实化的事件描摹凸显"X"的程度量级,其表达重点并不在于"VP"是否真的达成,只是通过"VP"凸显"X"的程度量级。例如:

(21)后来雨住了,云露出条缝,我们才看清那座松山。我的娘!陡得能望掉人的帽子,上面那半还罩在云雾里。(邓贤《大国之魂》)

(22)有个小芽芽钻出来了,娇嫩得好像吹一口气就会把它吹化了,透明得能看见对面的景物,细小得像根线头儿。(航鹰《明姑娘》)

例(21)"陡得能望掉人的帽子"在客观世界可以实际达成,现实世界人们抬头看东西，仰头角度过大会出现帽子掉下来的情况。"陡"需要人们仰头看，仰头幅度越大、陡的程度越高，"能望掉人的帽子"具有极大的现实达成性。说话人通过可以现实化的"掉帽子"事实凸显"陡"的程度高。例（22）"透明得能看见对面的景物"同样可以现实化。说话人通过较难达成的"能看见对面的景物"显示"透明"的高程度，可现实化"VP"在客观世界达成需要具备一定条件和难度，因此蕴含高程度量级。比如，例（16）"心跳声"在正常情况下不太能被人听到，因此"静得能彼此听见心跳"能够凸显"静"的极致程度。

说话人通过构拟难以达成的现实来凸显"X"的高量级，"VP"可现实化但不需要真的实现。由此向前发展，说话人也可以选取完全虚拟的"VP"来说明"X"的程度量级。

### 3.1.2 完全虚拟非现实"VP"

"X得能VP"构式还有一类完全虚拟的非现实"VP"，非现实虚拟"VP"在客观世界无法真实发生，不可现实化。主体无法付诸具体行动，类似人类无法成为小鸟。非现实虚拟特征带有说话人更加夸张的主观情态，表示的程度量级更高。非现实虚拟性"X得能VP"构式侧重表达"X"的超高量级，凸显说话人强烈的感情色彩。例如：

（23）他醉醺醺地向卫队长宣称，他是一个富翁，又有这样聪明的一个奴隶，真是<u>幸福得能喝掉世界上的所有美酒，能把整个大海喝干</u>。（《当代世界文学名著鉴赏词典》）

（24）那是在1986年一个雪花纷飞的早晨，年仅37岁<u>壮实得能捉龙伏虎</u>的高绍树突然瘫倒在地，口不能言，手不能动，像死人般直挺。（高伟《带夫招婿》）

（25）天<u>冷得能冻跑一只铜铸的猴子</u>，当来自北极的时速40英里的狂风抽打你们的后背时，温度就显得不怎么重要了。（斯科特·格洛斯《温暖你的心》）

例（23）—（25）在客观世界基本不可能发生，具有非现实性，说话人通过夸张手法虚拟出来的事件目的是强调"幸福""壮实""冷"的超高程度。例（23）"幸福得能喝掉世界上的所有美酒"，后面还有进一步说明"能把整个大海喝干"在客观世界不可能发生，是说话人虚拟出来的，具有非现实性。例（24）"壮实得能捉龙伏虎"同样带有非现实虚拟性质，"龙"是汉民族创造出的图腾符号，是否真实存在无从考证，"捉龙伏虎"非现实虚拟特征明显，通过说话人虚拟的夸张事实说明、强调"壮实"的超高程度。例（25）"铜铸的猴子"是没有生命的，不可能会跑。"能冻跑一只铜铸的猴子"是为了强调"冷"的超高程度。

非现实虚拟性质"VP"给整个构式带来非现实特征。虽然"VP"分为可现实化及完全虚拟两类，但二者都具有非现实性，可现实化的"VP"也是说话人构拟出来不需要真正实现的，其目的是通过不同形式"VP"凸显强化"X"的不同程度量级。就表示量级程度而言，可现实化"VP"量级程度稍低，非现实"VP"在现实世界不存在，不能得到证实也不能否定，量级程度更高。比如，非现实虚拟的"幸福得能把大海喝干"程度要高于可现实化的"幸福得能把瓶中酒喝干"。

根据语料显示"X得能VP"构式更倾向使用可现实化"VP"说明"X"的高程度，可现实化"VP"与"X"在客观世界联系更紧密，识解更方便。说话人选取具有极值性质的"VP"，容易在人们认知领域激活与程度关联。非现实虚拟性"VP"很多情况下是说话人的临时表达，在口语中更占优势，如"山里蚊子多得能把人抬走""他力气大得能搬走整栋楼""她漂亮得能把人迷死"等。无论是可现实化"VP"还是完全虚拟的非现实"VP"一定程度上都是说话人的构拟，都带有非现实性特征。"VP"是否现实化不是整个构式表达的重点，构式整体凸显"X"达到的高程度量级。"X得能VP"构式整体带有非现实性质。

### 3.2 抽象程度的具象描摹

说明对象"X"与"能VP"都具有程度性质，如"嫩得能掐出水来"中"嫩"带有可促发的程度内涵,"掐出水"动作结果与适宜的说明对象搭配可以促发程度义。

程度是个抽象语义范畴,与具象范畴相比识解存在一定难度,因此化抽象内涵为具体表达是语言常见手段之一。现实性及非现实性"X 得能 VP"构式共同特征是对程度的具象描摹,说话人通过具象的"能 VP"描摹"X"的抽象高程度,说听双方都可以在认知领域投射出程度对应的具体量级,例如:

(26) a 账面上她有一大笔钱,但保险柜里空得能给耗子做窝。眼看连工资都发不出来,厂长组织了浩浩荡荡的讨债大军。(毕淑敏《女人之约》)

b 保险柜里很空/空得很。

(27) a 几乎所有像点样子的衣服都不能穿了,原来肥得能伸进一只手去的裙子,现在扣子都系不上了,娟子当时就哭了。(电视剧《中国式离婚》)

b 原来很/非常肥的裙子,现在……

(28) a 从相貌上讲,关山林虽说人高马大,虎臂熊腰,但胡子硬得能扎死牛,两天不刮就跟爷爷似的,皮肤粗得能当筛箩褪麦麸子使,不动急还好,若再一动急,脸红脖子粗,就和庙里的凶神恶煞没两样。(邓一光《我是太阳》)

b 从相貌上讲,关山林虽说人高马大,虎臂熊腰,但胡子很硬,两天不刮就跟爷爷似的,皮肤非常粗……

例(26)a 句和例(26)b 句都表示"空"的高程度,但(26)a 句通过具象信息"能给耗子做窝"表示"空"的高程度,例(26)b 句"很空/空得很"只是抽象的程度表达,不能投射出具体的程度量级。例(27)a 句和例(27)b 句"肥得能伸进一只手的裙子"和"很/非常肥的裙子"也存在程度的具象描摹和抽象表达区别。"肥得能伸进一只手"整体是"裙子"的定语,"能伸进一只手"完全可以现实化，说话人通过具象的"伸进一只手"来将"肥"的抽象量级程度具体化、有界化。例（28）a 句与例（28）b 句"硬得能扎死人"与"很硬"，"粗得能当筛笭褪麦麸子使"与"非常粗"相比，前一种表达不仅程度量级更高，而且更具象、生动。

说话人选取"X 得能 VP"构式不仅能表示抽象高程度还能将抽象程度具象化传达给听话人，有利于说、听双方达成一致性，减少表达和识解偏差。

## 4 "X 得能 VP"构式程度义获得

"X 得能 VP"构式高程度义获得既来源构件自身肯定情态到高程度投射，也来源认知整合。

### 4.1 动力情态肯定到高程度投射

肯定具有发展出程度的可能性与现实性，动力情态肯定是对具备实现某事件［能力］［条件］的肯定，肯定自身带有程度特征，肯定的越强烈所表程度越高。"X 得能 VP"构式中构件"能"为整个构式带来肯定到高程度投射的现实条件。朱冠明（2002：84）认为"能"本义是一种似熊的动物，后来指具有超凡能力的人，而后指具有超凡的身体能力、心理能力及综合能力，并认为"能"从一种情态域发展为另一情态域的动因是"隐喻"及"转喻"。彭利贞（2007：148 - 149）总结动力情态"能"表示［能力］的三种意义，包括"有能力做某事""有条件做某事"和"有某种用途"。此外"能"还具有道义情态表许可，认识情态表可能用法。"能"不同义项的共同特征是表示肯定，肯定与高程度之间存在正向关联，肯定态度越强烈，投射的程度量级越高。"X 得能 VP"构式由于存在两个变量构件，依据变量构件的动态关系存在两种不同方式的肯定到高程度投射。

#### 4.1.1 肯定最大量获得高程度

"X 得能 VP"构式依据"X"语义内涵存在通过肯定最大量或肯

定最小量两种凸显程度的表达方式，最大量或者最小量的选取与"X"所表语义内涵具有一致性。肯定最大量表示高程度十分自然，选取的最大量表达取决社会普遍认知及说话人的自主认知，一般而言社会普遍认知与个人主观认知存在一致性。比如，"我现在饿得能吃下两头牛"，根据社会普遍认知"吃下两头牛"对个人而言极难实现，因此它蕴含高量级程度，说话人通过"吃两头牛"的主观极大量凸显"饿"的主观极高程度。"吃下两头牛"并不是绝对最大量，只是当下说话人认为的大量表达。

肯定最大量需要结合前面"X"的语义内涵，如"饿""大""多""脏""深""污浊""新鲜""幸福"等。类似词语通过肯定最大量实现高程度表达。例如：

能吃下两头牛可以表示饿且特别饿（饿得能吃下两头牛；*饿得不能吃下两头牛）

能原地爆炸可以表示生气且特别生气（气得能原地爆炸；*气得不能原地爆炸）

能照见人影可以表示亮且特别亮（亮得能照见人影；*亮得照不出人影）

能压死个人可以表示重且特别重（重得能压死个人；*重得压不死人）

能冻掉下巴可以表示冷且特别冷（冷得能冻掉下巴；*冷得冻不掉下巴）

上述情形都是选取社会固有认知模式或说话人自我认知领域内的相对大量来凸显"X"的高程度量级，肯定最大量式"X得能VP"构式不能被否定，参见上例。

4.1.2　肯定最小量获得高程度

"X得能VP"构式中部分"X"语义内涵只与小量表达相容，通过"能VP"肯定最小量凸显"X"达到的极致高程度。最小量表达也是说话人依据自我认知及社会固有认知选取，如"静得能听见一根针掉地上的声音"，"一根针掉到地上"的声音极其微小，几乎可以忽略不计，说话人通过"听见针掉地上的声音"表示极其"静"。类似的还有"敏感""小""安静"等与小量相容的词。选取最小量凸显"X"高程度，源于"X"的语义内涵与小量表达相容，也体现出整个构式内部构件之间具有语义相合关系。"﹡静得能听见外面的大喇叭声""﹡小得能放进去两个大西瓜"类似的表达语义前后矛盾，除非加以特别限定否则不太被接受。构式内部构件之间要求语义和谐，类似选取最小量来凸显高程度的构式表达例举：

  能听见喘气声可以表示距离近且特别近（近得能听见相互的喘气声；﹡近得不能听见相互的喘气声）
  能听见脉搏的跳动可以表示静且特别静（静得能听见脉搏的跳动；﹡静得不能听见脉搏跳动）
  能放个芝麻可以表示小且特别小（地方小得只能放个芝麻；﹡小得不能放个芝麻）
  能飘上天可以表示轻且特别轻（羽毛轻得能飘上天；﹡羽毛轻得不能飘上天）

根据语料显示"X得能VP"构式更多选取肯定最大量获得高程度，但个别词语只与小量语义相容。构式选取最大量与最小量都是通过肯定投射到高程度，不能被否定。

### 4.2 认知整合

构式要求"X"及"VP"都具有［＋无界］［＋量幅］语义特征，但二者的光杆形式程度性不明确，也不凸显高程度。当说话人将"X"的量级程度与一个能性事件联系起来时，就具备了实现高程度的语义基础。能性事件凸显高程度根据"X"的语义内涵有两个方向：肯定最大量（夸大）与肯定最小量（夸小），两种形式都包括说话人一定的心理夸张，因此整个构式带有非现实性，构式的高程度性与非现实性并存。非现实性主要体现在构件"VP"的语义滞留，高程度性来源除了肯定高程度投射外还有构式的认知整合。

"VP"所描述状态对"X"来说都是典型的、容易激活的，如"湿"很容易与"能拧出水"形成联想。"静"很自然联想到各种细微不被人注意的声音，"能听见心跳声/脉搏声/时钟走动声"等。这些社会共有认知表达和识解都是自然的，经由人们认知领域整合形成具有凸显高程度功能。认知整合的基础是"X"及"VP"之间具有语义内涵的连接性及可凸显性，并且一些构式表达需要以人类共同的认知经验为基础。例如：

(29) 两扇大门还紧闭着，要等天亮才开。一九二一年冬天的北京，<u>寒风冷得能把鼻涕眼泪都冻成冰</u>，衣不蔽体的人们一个个跺着脚，搓着手。(《人民日报》1979年5月23日)

(30) 他那一双眼睛真怕人，直瞪瞪的，好像瞎了，又好像<u>尖得能把生铁刺出个洞</u>。(戴厚英《流泪的淮河》)

(31) 20世纪50年代末的兰州是一座被四面秃山环抱的孤城，清冷的黄河穿城而过，将她一劈两半。冬天，黄河里的冰<u>厚得能过汽车</u>。(人民网2019年11月28日)

感到寒冷的经验是人类共有的，体现在语言形式及概念结构中，同一认知经验可以采用不同表达方式，如"风很冷""风冷飕飕的""风刺骨的冷"等。例(29)"寒风冷得能把鼻涕眼泪都冻成冰"，"冻成冰"与"冷"语义内涵具有内在一致性，并且人类认知经验表明，只有冷到一定程度（小于或等于0摄氏度）才会结冰。通过整合"结成冰"与"冷"之间的语义关联，凸显"冷"的高程度量级。例(30)"眼睛尖得能把生铁刺出个洞"的整合过程大致如此：生铁刺出个洞需要物体十分尖锐，能把生铁刺出洞表示物体尖锐的程度高，"眼睛尖得能把生铁刺出个洞"说明眼睛尖的程度高。例(31)"冰厚得能过汽车"的认知整合过程:"冰厚"是基础,"能过汽车"需要能承受汽车重量的载体,普通厚度的冰无法通过汽车,所以"能过汽车"凸显"冰厚"达到的程度很高。

Croft(2003:102)认为:"语言结构以某种方式反映了经验的结构,亦即世界的结构,也包括说话人加诸其上的视角。""X 得能 VP"构式非现实性及高程度性质反映出人们对程度认知的经验结构,构式表达夹杂说话人的主观视角。

## 5 本章小结

汉语程度构式库藏丰富,每个构式在表程度的基本功能外都具有独特的构式特征。"X 得能 VP"构式通过非现实性质的"能 VP"说明"X"的高程度量级。该构式是基于人们的认知经验在"VP"与"X"之间建立的投射关系,语言形式的复杂正反映出经验结构的复杂。

*初刊于《海外华文教育》2021 年第 4 期,略有删改。*

# 第十二章 "X 得可以"：情态肯定到主观高程度

现代汉语常见程度表达形式有程度副词、程度补语，它们语义识解相对直接。语言中还存在大量形式及意义不完全对称，识解相对复杂的隐性程度表达。构式语法理论认为构式是形式意义配对体，且形式及意义不能从组成部分完全推出。隐性程度表达一般可识解为程度构式，如"X 得可以"的程度义便是构式整体义，不能从各部分直接推出，符合构式定义。

学界对"可以"的研究涉及多方面。对"可以"情态意义的考察包括：傅雨贤、周小兵（1991），鲁晓琨（2001），彭利贞（2001）等，他们普遍认可"可以"有道义情态及动力情态两种用法。杨黎黎（2014）提出"可以"用在判断句中表示异态量的条件允许义，在对话语体中有表示高于或等于人们的心理期待值的程度评价义。"X 得可以"整体研究成果主要有：徐文君（2013a）认为"X 得可以"构式表示"X"的程度加深，且构式义形成源于语义隐喻及句式拦截，此外另文（2013b）比较了"X 得可以"与"X 得厉害"。李泽慧、朱玲玲（2014）比较分析了"X 得可以"与"X 得不行"。从构式角度出发，"X 得可以"还有进一步研究的价值。

在语言使用中，"X 得可以"可以表示结果评价，如"吃得可以""睡得可以"，这种用法的"可以"在口语中可以单独回答问题，如"A：昨天玩的怎么样？B：（玩得）可以。"这类对结果评价的"X 得可以"不是我们考察的类型。本章将要探讨诸如"糟糕得可以"这类具有程度表达功能的"X得可以"构式。分析构式"X得可以"的构件组成、句法特征、构式义、构式形式演进及构式义获得。

## 1 构件分析与句法特征

"X得可以"构式属于半填充性质的图式构式,构式表示"X"达到了"可以"的主观高程度量级。变量构件"X"具有一定的共性特征,"得"连接前后构件,"可以"在构式内承担表程度功能。

### 1.1 变量"X"特征

变量构件"X"主要为性质形容词,音节构成上包括单音节、双音节及部分多音节成分。例如,"脏、大、慢、甜、远、糟糕、腐化、轻盈、愚蠢、抠门、清瘦、铺张扬厉"等。性质形容词带有[＋无界][＋量幅]特征,进入程度构式实现程度量级的有界化表达。构式对"X"的感情色彩似乎很包容,消极、积极、中性色彩的成分都有分布。例如:

【消极】烂、蠢、烦、傻、悲观、破败、坏、卑怯、狂妄、寂寞、幼稚、糊涂、乱、笨、傻、糟糕、懒、穷、衰落、抠、荒唐、俗气、老土、贫乏等

【积极】潇洒、慷慨、老实、年轻、甜、勤快、富、时髦等

【中性】直、冷峻、杂、大等

根据CCL语料库显示,"X得可以"构式虽然包容不同感情色彩,但消极色彩的变量构件更占优势。一般而言,负面、消极的事件、情感对人们的影响更大、影响时间更持久,语言表达因此也呈现部分消极偏向。就现代汉语而言,负面、消极的高量程度表达在数量及频率上都高于正面、积极的高量表达。

构式高频使用，在语言类推原则作用下，一些原本不能接受程度赋量的成分也进入构式获得临时量度义。CCL 语料库中就有"此君真美国得可以"，名词进入构式激活了其部分描述特征，凸显名词某方面属性内涵。

### 1.2 "得"与"可以"

"得"与"可以"同为构式常量，但功能不同。"得"在构式内部为补语标记，用在谓词与补语之间起连接作用，"得"在构式内部不可或缺，省缩后整个构式语义发生变化。比如，"吃可以，喝可以，拿走不行"，整个句子表示对前面成分的肯定描述，并不表示程度义。另外，省缩"得"后的构式不能单独使用。例如，"＊她的东西多可以"表达不合语法规范，语义识解困难。"她的东西多得可以"具有有效的意义识解，"得"搭建起整个构式框架，是不可或缺的常量构件。

"可以"单独使用多为助动词，语义比较丰富。吕叔湘（1980：302－303）列举"可以"四个义项：①表示可能；②表示有某种用途；③表示许可；④表示值得；刘月华等（1983），傅雨贤、周小兵（1991）也都曾概括"可以"的义项。①《现代汉语词典》（第 7 版）列举"可以"五个义项：1. 表示可能或能够。例如，"庄稼熟了，可以收了"。2. 表示许可。例如，"你的东西全了，可以走了"。3. 表示值得。例如，"这小说不错，可以读读"。4. 形容词，好。比如，"题答得可以"。5. 厉害。例如，"这几天热得可以"。由此观之，"可以"义项的概括基本上大同小异。"可以"的程度义与助动词及形容词用法相关，"可以"表示能力及许可，能够位于句中，也可单独回答问题。"可以"位于补语位置，表示满意、好。例如：

（1）倩，这一点就是我们两人的不同处，你的理智可以征服

---

① 刘月华等概括"可以"义项：①主客观条件容许做某事；②"准许"或情理上"许可"；③值得。傅雨贤、周小兵概括义项：①客观条件容许干什么；②许可或情理上应该；③值得干什么。

感情，我的理智则常被感情征服。在理论上我不能够说你的话不对，但事实上我却不能够照你的话做。（巴金《家》）

（2）A：这本书讲的是什么故事啊，我可以看看吗？

B：可以。（自拟）

（3）他第一篇文章写得可以，第二篇怎么扯什么"歌曲"上去了！不伦不类。（韩寒《三重门》）

例（1）"理智可以征服感情"中"可以"做谓语表示能够做某事，即能力义。例（2）"可以"单独回答问题，表示对说话人请求事件的许可。例（3）"写得可以"中"可以"做补语表示满意、好。

"可以"不同义项之间的共性特征是都表示肯定，其在构式内部表示高程度义与其自身语义积淀有关，后文我们将详细分析"可以"如何帮助构式获得程度义。

### 1.3 构式"X 得可以"句法特征

"X 得可以"的句法特征比较简单，可以在句内充当谓语，形式表现为"S + X 得可以"，也可以单独成句"X 得可以"。

"X 得可以"位于句中充当谓词性成分，构式整体描述句中主语某方面超出常量的程度特征，例如：

（4）于姿仅是一件白 T 恤、一条牛仔裤，素着一张脸，连点唇色都没有，人清瘦得可以，自然没有什么光彩。（张欣《岁月无敌》）

（5）这时，我们都看出了，这位穴头财迷得可以，我们受的罪还在后面呢。果然，他又问大家："还有不吃面条的吗？（《中国北漂艺人生存实录》）

例（4）—（5）"清瘦得可以""财迷得可以"都是构式整体做谓语，描述其前主语的"清瘦""财迷"属性达到的高程度量级。"X

得可以"构式位于句中都说明其前主语"X"属性特征的高程度量级，构式与所述主语紧密相连。

"X得可以"构式还可以独立位于句中。此时，构式依然是对句中主语某个属性的量级描述，句子主语存在于上下文语境中。例如：

（6）我本家的一位老爷，他生性糊涂，做事颠倒，<u>痴呆得可以</u>。一次袄后襟失火，浓烟滚滚，缭绕左右，竟不觉。（侯贺林《三蔫爷》）

（7）深夜的隐宝山，特别宁静。经过一场激烈大战之后，玄关附近一带几乎已没有半只鸟兽及昆虫。因此，广大的地方，只有丝丝轻微风声，<u>静得可以</u>。（黄玉郎《天子外传》）

例（6）"痴呆得可以"与例（7）"静得可以"都独立位于句中，二者所描述主语在前文语境中。"痴呆得可以"所述主语是"本家的老爷"，"静得可以"所述主语是前文语境中提及的"地方"。

## 2 构式语义表现及语用功能

"X得可以"构式义可以概括为：说话人通过情态肯定义"可以"凸显"X"达及的高程度。"X得可以"构式独特之处在于程度的可填充性，说话人可以依据自我认知经验对程度量级进行二次填充，甚至生成某种特定的认知联想，如"静得可以听见心跳声/可以听见针掉的声音"。

### 2.1 肯定情态

"可以"具有表肯定的共性语义特征，肯定与程度之间具有一定的关联。"X得可以"构式内部"可以"与"X"之间具有肯定关系，"可以"首先肯定"X"的性质状态，继而凸显"X"的高量程度。"X得可以"构式整体肯定情态特征凸显，不能被否定。例如：

(8) 凌九重道:"你们如果活的不耐烦,就装模作样好了,如果是识相的,就乖乖的回答我的问话,听清楚了没有?"钱宙接口道:"咦!这个人当真狂妄得可以……"(司马翎《丹凤针》)

(9) a 看来自己刚才的猜测实在太有点天真了,还以为施政委对自己的所作所为基本上是肯定的,真是幼稚得可以!(张平《十面埋伏》)

　　b *真是幼稚得不可以。

　　c *真是不幼稚得可以。

(10) a 或者在明朝,橘子确是甜得可以的,或者今日在塘栖吃"树头鲜",也甜得不含胡的,但是我都不曾尝。(俞平伯《打橘子》)

　　b *或者在明朝,橘子确是甜得不可以的……

例(8)"狂妄"和例(9)"幼稚"都是偏贬义色彩的说明对象。"狂妄得可以""幼稚得可以"构式首先是"可以"对"狂妄""幼稚"性质状态的肯定,继而凸显"狂妄""幼稚"的高程度。例(10)"甜得可以"构式内部关系同例(8)与例(9),不同之处在于"甜"为褒义色彩成分。此外,上述三例都是对人或物某个属性的评价,"X得可以"构式体现说话人对主体"X"属性达到高程度量级的肯定情态。"可以"的肯定语义保留在构式内,与变量构件"X"互动,最终"X得可以"构式整体带有肯定情态且不能被否定。胡波(2015)认为,"可以"表示极大量特征的能力,使它本身不存在否定形式。

## 2.2 论断属性

"X得可以"不同于一般程度构式还表现在它的论断属性。"X得可以"是言者发出的论断,论断属性表现在两个方面:其一,构式是依据前续语境得出的推导性结论;其二,构式后续语境对构式解释说明。例如:

(11)"劣质"必须"劣价",穆扬在街上买了几个烧饼,个个生熟不匀,饼层不多,芝麻和麻酱也很少,<u>质量低得可以</u>。(《人民日报》1988年8月17日)

(12)君山银针茶每年产量只有几百斤,<u>娇贵得可以</u>。一平方公里的君山岛上,绿茶遍地,但能制作成银针茶的仅仅只有一小块土地长出的数十株茶树,树高数米,叶片厚宽肥实,呈墨绿色,在茶的汪洋中,似乎是鹤立鸡群。(《人民日报》1987年10月11日)

例(11)前文语境存在一系列描述,"质量低得可以"是根据前文语境得出的结论。例(12)结论性评价"娇贵得可以"在前,后文语境对其详细阐释。句法位置并不能改变"X得可以"的论断特征,前后语境或背景知识为言者的论断提供依据,即使是自然口语中独立的评价性结论,也是基于一定因素推导的结果。比如,"他帅得可以"对"帅"的程度评价是基于他的五官、身材等方面因素的论断。

## 2.3 程度填充

语言表达具有一定的模糊性,汉语作为意合型语言,语义识解存在一定的延展空间,类似表时间的"中午""傍晚""黎明"等词表时间具有模糊性。"漂亮""有钱"等所表意义对于不同识解者而言存在意义偏差。人们会依据自我认知对接收到的信息进行不同程度的填充加工,如下面几种同为描述下雨的不同表达:

(13) a 今天下午三点到五点降水量<u>达到50毫米</u>,属于大到暴雨。
　　　b 今天下午下的雨<u>超级大</u>,<u>像瓢泼一样</u>。
　　　c 今天下午的雨真是<u>大得可以/要死</u>。

例(13)下列三种表达方式都是对下雨的描述,(13)a句最为客观,人们可以完全按照字面意义接收信息。(13)b句用"瓢泼"描述"雨量"给人主观想象空间，信息接收者可以对信息进行一定程度的自我填充。(13) c 句"雨大得可以/要死"都用于描述雨大，具有凸显高程度功能。但二者还具有差别，"大得要死"高量级特征突出，识解者通过"要死"所表濒临死亡的临界状态跨域识解出"大"的高程度量级，信息表达相对完整。"雨大得可以"明示信息是雨大的程度很高，但是究竟大到何种程度需要说话人自我填充。也就是说"大得可以"的程度量级只是确定高量，但高到多少还需要解码者自我填充。

程度是个比较抽象的范畴，"X 得可以"表示程度不能给予识解者具象的量级，编码者依据自我认知编码该构式表示高量级程度，解码者依据具体语境信息及自我识解解析该构式的量级程度。编码方及解码方都需要对抽象程度在自我认知域进行一定的具象填充，方便理解抽象化表达。例如：

(14) 皮蛋倒吸了口凉气，这满屋子的男男女女手劲儿都大得足以一拳打死牛，这究竟是什么鬼地方？但他就是不服气，一口三字经依然脏得可以将四面白色墙壁染黑。(董妮《爱情慢半拍》)

(15) 脖子上吊着毛巾，全身泥巴脏得可以，可见正在工作中。(席绢《雪儿姑娘》)

例（14）—（15）都是描摹脏的程度。"脏得可以将四面白色墙壁染黑"是程度的具象描摹，无须编码双方进行二次填充。例（15）"脏得可以"所表程度，需要解码者自我填充具体程度量。

综上，"X 得可以"构式义特征主要表现在肯定情态、论断属性及程度可填充三个方面。

## 3 "X 得可以"构式形式演进

构式语法理论认为构式不是孤立地存在于语言中，而是存在包括"承继关系"的构式网络。构式义不是各构件语义的简单加合，但构件语义特征在构式义中有所继承和表现。"X得可以"构式形成与几个构式存在关联：（1）可以+VP构式；（2）"X得Y"构式；（3）"X得可以+VP"构式；（4）"X得可以"构式。几个构式存在以下关联：首先，"X得Y"构式与"可以+VP"构式叠加形成"X得可以+VP"构式。其次，"X得可以+VP"构式省缩"VP"形成"X得可以"构式。

### 3.1 "可以+VP"构式

"可以+VP"构式表示对VP的肯定，彭利贞（2007：154-155）将"可以"表示的能力意义细分为三：①有生主语的能力或技能。②主语的用途。③主语具备某种条件做某事。"可以+VP"构式表示主语具备VP的能力、条件及用途，构式整体呈肯定特征。例如：

（16）她屏住呼吸，叫儿子别吭气。屋子里静静的，<u>可以听见儿子急促的呼吸声</u>。（周而复《上海的早晨》）

（17）作者要求不分国籍的读者猜出该书的名字，猜中者<u>可以得到一个镶着各色宝石的金质蜂王饰物</u>，乃无价之宝。（汪涛《促销有术》）

例（16）主语"她"具备"听到……呼吸声"的能力。例（17）表示主语"猜中者"能够"得到……饰物"。上述两例证实"可以+VP"构式的肯定功能。

### 3.2 "X得Y"构式

"X得Y"构式是现代汉语中比较常见的程度表达构式，它的抽象程度很高，属于程度构式中的上位构式。"X得Y"是复杂多样的构例抽象出来的程度表达模式，可以具体化为不同构例。构式中的"X"要求是能被程度赋量的成分，多为标示属性特征的成分，"Y"是具有程度表达的成分，如"不得了""厉害""很""能VP"等。语言中这个程度构式具有能产性，构式不断筛选吸收符合条件的成分充当变量构件，所以现代汉语中的程度表达极为丰富。例如：

(18) a 今天这天热得不得了。
　　 b 今天这天热得厉害。
　　 c 今天这天热得能把人烤焦了。（自拟）

例（18）都是"X得Y"的具体构例，它们的共同特征是表高量程度，变量构件通过不同的方式呈现程度量级。程度构式中的一个个具体构例获得程度义的过程虽然不同，但最终都可以抽象出"X得Y"构式。助动词"可以"无法直接获得进入构式资格，因此需要"可以+VP"构式优先进入构式，之后再省缩而成。

### 3.3 "X得可以+VP"构式

"可以+VP"构式与"X得Y"构式形式叠加，也就是"可以+VP"进入构式内部补语位置，形成"X得可以+VP"构式。当"X"具有量级性特征，"可以VP"就用来说明"X"达到的程度量级。例如：

(19) 大家都屏住呼吸等待事态的发展，房间里顿时静得可以听见每个人的心跳。（1994年报刊精选）

(20) 在1000℃高温下仍能运转正常，连润滑油都不用加。它硬得可以切割硬质合金刀具钢，可与"硬度大王"——金刚钻石媲美。（《中国儿童百科全书》）

例（19）"可以听见每个人的心跳"本是对听见能力的肯定，但与"X得Y"构式叠加后充当"Y"的功能，对"静"的程度量级进行描述说明，"静得可以听见每个人的心跳"表示非常静。例（20）"可以切割硬质合金刀具钢"描述"硬"达到的高程度量级。"可以+

VP"构式在句内充当补语形成"X得可以+VP"构式,当"X"满足一定的语义条件,构式获得表程度功能。

### 3.4 "X得可以"构式

"X得可以"是由"X得可以+VP"构式省缩"VP"而来,省缩"VP"后"可以"独自承担表程度功能。形式上"X得可以"可以独立成句,也可以在句中充当成分,例如:

(21) a 几个学期下来,眼见得尖嘴猴腮,两眼乌青,<u>瘦得可以飘起来</u>。他还想毕业后以摇滚音乐为生。(王小波《我怎样做青年的思想工作》)

  b 几个学期下来,眼见得尖嘴猴腮,两眼乌青,<u>瘦得可以</u>。

(22) a 豚翁笑容和语气里的顽皮,<u>笨重得可以压坍楼板</u>。(钱锺书《围城》)

  b 豚翁笑容和语气里的顽皮,<u>笨重得可以</u>。

例(21)a句"瘦得可以飘起来"与例(22)a句"笨重得可以压坍楼板"描述性特征更加凸显。省缩"VP"后的表达"瘦得可以""笨重得可以"描述性特征减弱,更加凸显说话人的评价。此外,省缩"VP"后的构式给予听话人更多元的程度填充空间,如"瘦"之后的"VP"可以具体化为"可以飘起来""可以被风吹走"等。

语言的经济性原则要求用简约的形式表达丰富的意义,"X得可以+VP"构式在经济原则指导下省缩"VP"形成"X得可以"构式。构式形式如演推图 12-1 所示:

```
┌─────────┐
│  X得Y   │─┐
└─────────┘ │  构式叠加   ┌──────────────┐  构式省缩   ┌──────────┐
            ├────────────→│  X得可以+VP  │────────────→│ X得可以  │
┌─────────┐ │             └──────────────┘             └──────────┘
│ 可以+VP │─┘
└─────────┘
```

图 12-1

图 12-1 的构式关系，例证如下：

(23) 她的眉毛秀气，眼睛大而明亮，睫毛长得可以在上面横放一枝铅笔。（琼瑶《聚散两依依》）

(24) 我私下欣赏着老舍的皮马褂，确实长得可以，几乎长到皮袍子一大半，我在北平中山公园看过新元史的作者八十岁翁穿过这么长的一件外衣。（台静农《我与老舍与酒》）

也就是说"可以"成为"X 得 Y"构式常量构件，首先是"可以+VP"充当补语构件形成"X 得可以+VP"，其次是"X 得可以+VP"构式在高频使用下"可以"吸收了"VP"的语义功能，继而省缩"VP"形成新的程度表达构式"X 得可以"。此外，构式形式变化也带来意义识解改变。

## 4 "X 得可以"程度义获得机制

"X 得可以"程度义来源得益语言的类推原则和"可以"从肯定情态到高程度的跨域投射。

### 4.1 类推原则

冯志伟（1999）归纳类推的作用，类推就是一些词和形式为语言中的标准，另一些词和形式向标准看齐构成新的词或新形式。类推原则对语言创新具有十分重要的作用。类推是一种广泛运用的逻辑思维形式，在语言语义演化、形式变化方面具有重大作用，类推原则对语言创新具有十分重要的推动作用。类推原则扩展了"可以"与不同"X"的组合，"X"由一般的动作动词类推扩展到性质形容词、心理动词等带有量级特征的词，促动"X 得可以"构式程度义生成。例如：

(25) 12 月 4 日，副社长谢日新先生就电话告我："我看了一

部分,写得可以。"(张立士《校花·校草》)

(26)随着电子元件的微型化和电子计算机技术的进步,个人用的终端小得可以放在口袋里。(1994年报刊精选)

(27)这两点小事,都是小得可以,但仔细一想,就觉得其意义实在很大。(《人民日报》1961年5月25日)

例(25)"写得可以"构式内"可以"做一般动词"写"的补语,表示"好、满意"。例(26)"小得可以放在口袋里"具体描述形容词"小"的程度,"可以放在口袋里"整体做"小"的补语。例(27)"小得可以"中"可以"单独承担表程度功能,说明"小"达及的高程度,构式形成。构式"X"成分改变必然促使整个构式语义变化,构式类推过程是不同词性"X"可以充当被说明成分,获得构式准入资格的过程。

类推过程也是心理联想过程,形式类推扩展带来语义识解变化。"X"的类推扩展促发构式义在人们心理认知投射结果。一般动词不具有量幅上的延展性,"可以"与一般动词搭配,表好、表肯定。当"可以"的搭配对象类推扩展到量级特征凸显的成分时,"可以"获得确定量级的程度功能,构式整体表极性程度。例如,"写得可以(写得好)""烦得可以(烦的高程度)",无论与哪类"X"搭配,构式语义都具有可填充性,"写得可以"语义可进一步补充丰富,如"写得可以拿一等奖""写得可以出一本小说了"等。表程度的"X得可以"也具有可填充性,如"烦得可以""烦得可以原地爆炸"等。

上文分析"X得可以"构式形式上是由"X得可以+VP"省缩而来,这也符合心理过程的类推演化,"X"词性经由类推扩展到量级特征明显的成分后,补语位置成分"可以+VP"具象描摹说明"X"达及的程度。在高频使用和类推原则作用下,"可以"吸收了后面成分的程度描摹功能,在构式内部独立承担程度义。

### 4.2 肯定情态到高程度投射

"可以"助动词用法主要有:动力情态[能力]和道义情态[许

可]。形容词"可以"基本用法表示满意。张谊生（2000）将"可以、不行"等14个词定为唯补准副词，认为它们语义虚化，功能弱化。补语位置的"可以"只表高程度，不同性质"可以"抽离出共性语义内涵：肯定认同。肯定认同与主观高程度存在相似性认知关联，肯定认同与主观高程度都具有主观大量特征，在认知领域可以实现跨域投射。

隐喻是依据相似性在两个认知域发生的投射关系，肯定情态与高程度之间存在相似性。彭利贞（2007）认为"可以"表示的能力具有离散量特征。杨黎黎（2014）指出：情态助动词更倾向于连续量定义。程度同样具有量级发展的连续统，"可以"表示的离散能力对应不同描述对象的程度表达。

在整个量级程度系统中"可以"位于大量、高程度一端。石毓智（2001：53）提出与量有关的自然语言的肯定否定公理，"语义程度极大的词语，只能用于肯定结构"。也就是说肯定与程度之间是正相关关系，肯定的量级越大、肯定的态度越强，所表程度就越高。动力情态"可以"与外部否定不相容，表能力肯定的"可以"只用于肯定结构说明它的语义程度极大，"可以"的肯定性越强它隐含的程度量级越高。

"可以"在语义内涵上选取变量构件"X"的高量级予以肯定。例如：

（28）a 他替楚王设计了一种攻城的工具，比楼车还要高，看起来简直是高得可以碰到云端似的，所以叫做云梯。（《中华上下五千年》）

b 他替楚王设计了一种攻城的工具，比楼车还要高，看起来简直是高得可以。

（29）a 他画《钱江夜泊》，月色朦胧，景物朦胧，孤帆一点藏于港湾，静得可以听到树木的呼吸。[《人民日报》（海外版）2003年12月24日]

b 他画《钱江夜泊》，月色朦胧，景物朦胧，孤帆一点藏于港湾，静得可以。

例（28）a 句通过肯定"可以碰到云端似的"描述"高"达到的程度量级，因为云端在主客观世界中几乎是高的极量形式，通过描述与云端的距离关系凸显"高"达到的程度量级。例（28）b 句省缩为"高得可以"，同样表示"高"达到的程度量级，只是更为抽象。例（29）a 句"可以听见树木的呼吸"描摹"静"的高程度。"树木的呼吸声"在客观世界几乎听不到，肯定听见类似这种微乎其微的声音来描述"静"的高程度。此种表达与例（29）b 句的语义内涵一致。"X 得可以"选取与前面的"X"语义内涵一致的极量形式（客观极量或说话人主观极量）予以肯定，构式整体表示高程度量级。

## 5 本章小结

"X 得可以"构式是整个程度构式网络中的一个实例构式，它对变量"X"的准入条件符合程度构式普遍要求，并且需要与"可以"构件形成互动。构式整体表现出肯定情态、论断属性及程度的可填充性。"X 得可以"形式上首先是"可以 + VP"构式与"X 得 Y"构式叠加形成"X 得可以 + VP"，继而省缩"VP"而成。语言的类推原则促使构式获得程度义，肯定情态与程度的认知关联也是构式义形成的重要认知机制。

初刊于《淮北师范大学学报》（哲学社会科学版）2023 年第 3 期，原标题为《现代汉语程度构式"X 得可以"研究》，略有删改。

# 第十三章　高程度义构式"X 得不行"

"X 得不行"是现代汉语表示高程度义的常见构式。构式义可以概括为：说话人认为"X"达到了主观上难以接受的高程度，带有较强的主观情态。比如，"累得不行"表示"累"达到了"不行"的高量级程度，高程度是说话人的主观赋量。

"不行"做程度补语的相关研究较为丰富。张谊生（2000）论及"不行"唯补准副词的用法。房玉清（2001）、刘月华（2001）、马庆株（2005）都将"不行"归为程度副词。方芳（2006）将极限性程度补语分为三级，"不行"属于二级程度，相当于"太"。叶南（2007）将其归为语法化的程度副词，没有具体语义，只表示程度高。蔡丽（2011）从词性角度将"不行"归为形容词类程度补语。李泽慧、朱玲玲（2014）分析了表程度义的"X 得可以"与"X 得不行"句法、语义、语用差异。张辉（2017）将"X 得不行"看作主观极量义构式。卓尔（2018）分析"不行"后置做极限程度补语的用法特征。刘通（2018）解释"X 得不行"主观程度大量义构式的层级及大量义的获得。李忠亮（2018）论及"不行"与"不成"的词汇化、语法化过程，并从句法、语义、语用角度考察两者差异性。吕佩（2019）从构式增扩角度论述"X 得不行"两种增扩构式（"程度副词+X 得不行"和"X 得不行不行的"）的共性及差异特征。上述研究成果已经十分丰富，但还有一些未涉及的方面，我们尝试进一步探讨。

## 1 构式组成要素特征

构式义是构式整体与构式构件语义的整合分析，构式义大于构件各部分语义之和。一般而言，构式以半填充式图式构式为主，构式常量保持不变，凸显构式整体义，变量变化为构式提供具体意义的变动。"X 得不行"构件常量是"得"与"不行"，变量"X"存在动态变化。变量构件需要满足准入条件才可以进入构式充当构件。

### 1.1 构件"X"特征

张辉（2017：42）认为"X 得不行"构式中"X"多为性质形容词、心理动词、部分动作动词和部分名词。且动词具有可计量性，可计量特征表现在持续时间，持续次数和表现幅度三方面。是否可计量的确具有一定解释力，但一些符合量性特征的动词进入该构式并不表示高程度，如"唱""吃"（"唱得不行""吃得不行"虽可成句。但并不表示本章讨论的高程度义）。也就是说可计量性动词是进入"X 得不行"的必要条件，而非充要条件。

考察语料发现"X 得不行"构式中变量"X"主要以性质形容词为主，其次是心理动词、感受动词及一般的动作动词。也有个别名词进入"X 得不行"构式，如"女人得不行"，进入该构式的名词指称性减弱，描述性增强。张谊生（2014）指出现代汉语中部分名词性成分语义包含着一定的量度义。名词在一定语境下，其部分属性被凸显，因此获得被量度的可能。语料库中仅有个别名词进入该构式，如：终于见着蓝天了，一窝狗仔子的每只都猪得不行！（BCC 语料库），但不能否认随着语言的发展，可能会有更多的名词经由类推、扩展进入相关构式。不同词类进入"X 得不行"构式例举如下：

（1）把行李卷打开，扯出被单，给吴欢裹在身上。尽管这样，吴欢还是冷得不行。身子哆嗦，像筛糠，牙骨敲得口得口得

# 第十三章　高程度义构式"X 得不行"

响，脸色发紫，不时张嘴。(《人民日报》1996 年 8 月)

（2）在布达佩斯念大学的小姐姐收养了一只流浪狗，看到什么都<u>害怕得不行</u>。(新浪微博 2020 年 12 月 19 日)

（3）天渐渐明了，中村<u>吓得不行</u>，忽见前面一座村庄，也不知是什么地方。(李晓明《平原枪声》)

（4）玉儿姨奶奶<u>哭得不行</u>，要和顾远山拼命，被两个外甥劝住了。(戴厚英《流泪的淮河》)

上述例（1）—（4）中"冷""害怕""吓""哭"分别是性质形容词、心理动词、感受动词和动作动词，"不行"补充说明各个词达到的高程度。

能进入"X 得不行"构式的词都具有量度特征，可以与表示程度的词语组合，但并不是具有量度特征的词都能进入该构式，构式要求"X"带有一定的感受义。音节分布上，双音节词语占比更大，其次是单音节词语，另外还可以吸收一些四音节成分，如"腰酸背痛得不行""财大气粗得不行"，这是音节韵律制约构式的体现。

## 1.2 "得"及相关标记

关于"得"及其相关研究，成果较丰富，主要包括欧齐（1983）、杨平（1989）、赵长才（2002）、刘子瑜（2003）等详述"得"及其所处结构。王力、吕叔湘、丁声树、邢福义、张斌等主编的不同版本《现代汉语》教材或专著中都谈及"得"后补语的性质问题，至今意见不一。大致有几种说法："得"后是可能补语、状态补语、程度补语。事实上这几种补语界限并非泾渭分明，而是存在交叉。各家共识是"得"用于述补结构中为补语标记。我们认为"得"后补语不表示可能的情况或明确的状态便是凸显程度，即程度补语。"X 得不行"中构件"得"在构式内部用作补语标记。例如：

（5）a 这里远离城市的喧哗，没有足够的灯光照明，一切都

## 第三编　与能性状态有关的程度构式研究

简陋得不行，加上房外不时的火车轰鸣，使人总感觉是在工房车间里。(《人民日报》1995 年 5 月)

　　b＊这里远离城市的喧哗，没有足够的灯光照明，一切都简陋不行……

例（5）a 句"一切都简陋得不行"中"得"为构式内部补语标记，连接前后两个成分。"X 得不行"构式中"得"不可省略，参见例（5）b 句。类似"X 得不行"构式内部在形式表现上具有高度一致性和固定性，补语构件"得"不可省缩。

张谊生（2014b：55）探讨了新兴补语标记"到"的句法、语义演化。论及"A 到"可以与"不行""不得了"等组合，"到"可识解为补语标记。"不行"可以与补语标记"到"搭配。例如：

（6）因为那时我自己刚在这里开始工作。新年除夕夜天气冷到不行，下着雪，你知道。肮脏倒霉的夜晚。(J. K. 罗琳《哈利波特》)

（7）吉姆进电影系的第二年，就组了"门户合唱团"，越唱越红，红到不行，当然也就没空搞电影了。(蔡康永《LA 流浪记》)

例（6）—（7）都是"不行"与补语标记"到"组合。"到"自身为动词，可以与时体标记组合，如"到了 X"。补语标记"到"不再具有时体属性，也不能再与体标记组合。我们运用替换法验证"到"在该构式内用作补语标记，例（6）"冷到不行"与例（7）"红到不行"结构关系及语义内涵等同于"冷得不行""红得不行"。

另外，现代汉语书面语补语标记存在"得"与"的"混用情况，"X 得不行"也存在"X 的不行"的表现形式。例如：

（8）那天因为路上意外堵车，我让他空空地等了两个小时，我内疚的不行，他却连寒暄都没有就把我按在椅子上，把准备好

的观点一股脑掏给我,意在让我能有更实质的收获。(新华社2004年5月新闻报道)

(9)在这个区里,他是数得着的地主,也是个大买卖人,抗战以前财大气粗的不行,谁都知道,进衙门不用通报,上大堂用不着弯腰,在桥头镇上一跺脚两头乱颤!(刘流《烈火金刚》)

综上,"X得不行"构式内部补语构件可以表现为"得""到"与"的",三者变换不改变构式义,并且构式内部的形式组配具有一致性。

### 1.3 构件"不行"

《现代汉语词典》(第7版)中"不行"用作动词,有"不可以;不被允许""接近于死亡""表示程度极深;不得了(用在"得"后做补语)"三种释义。"不行"用作形容词有"不中用""不好"两种释义。形成如此丰富的义项与不同的认知投射相关,具体义项的形成路径并不一致。张辉(2017:44)从三个方面论证"不行"的程度义发展路径:"引申义:位移义→结果义→情态义→程度义""认知域:空间域→时间域→情态域→程度域""量范畴:空间量→时间量→情态量→程度量"不同发展路径之间具有内在一致性,但张辉忽略了"不行"做高程度补语需要"X得不行"构式语境,也就是"不行"程度义的产生很大程度上是构式赋予的。另外,"不行"表示"不可以"的能性否定同样催发了高程度义的产生。人们的认知过程总是夹杂一定的主观情态,当对某件事或某种状态予以否定时,一般是因为超出了主体的可承受度,超出承受度说明程度达到很高,因此表示否定的义项很容易走向高程度。

综上,"不行"表示高程度需要几个条件:由实到虚的语义发展;构式赋义;能性否定到程度。

### 1.4 构式变体

"X得不行"构式有不同的变体形式,具体包括:"X得不行不行的""X 到/的不行"。

构式变体:"X 得不行不行的"。"不行"重复后依旧可以与"X 得"组合,作为"X 得不行"的变体。吕佩(2019)认为"X 得不行不行的"是"X 得不行"的增扩形式。"X 得不行不行的"目前语域范围主要在网络语境,多为说话人的评价,口语色彩突出。由于其重复"不行",所以表程度量级要高于"X 得不行"。例如:

(10) 网课体验太差了,卡得不行不行的。折腾一早上,感觉孩子什么也没学。(人民网教育频道 2020 年 3 月 20 日)
(11) 新年假期来临,大伙儿都憋着四处跑呢,尤其是海外自驾游,这几年更是热得不行不行的!(汽车之家 2017 年 1 月 24 日)

例(10)"卡得不行不行的"是说话人对网课的评价,凸显网课"卡"的性质达到极高状态,所表量级程度高于"卡得不行"。例(11)"热得不行不行的"也是说话人的主观评价,其程度量级要比重叠前的形式高。

此外,还有构式变体"X 到/的不行",在上面分析构件补语标记一节已经举过具体例子,此不赘述。

不同构式变体表高程度的基础构式义具有一致性,但不同形式必然带来不同的意义或功能。"X 得不行了"侧重通过"不行了"接近极致(死亡/效用终点)的状态凸显达到的高程度。"X 得不行不行的"通过重叠构件成分加深程度义。"X 到/的不行"内部补语构件与"X 得不行"存在差异。总之,构式变体与构式基式"X 得不行"之间存在或多或少的关联,可以看作一个内部存在异质特征的构式小家族。

## 2 构式义特征表现

"X 得不行"与其构式变体基本义相同,都是说话人对"X"的主观高程度评价。现代汉语高程度构式表达丰富，每个构式都存在一定的个性特征。

### 2.1 模糊高量程度

程度范畴很难找到一个固定的量点，因此表义多具有模糊性。"X得不行"构式不表示绝对的固定量，也无法精确出某个数值，而是具有模糊性特征。我们将"X得不行"中"X"看作基准量，"X得不行"处于高量一端，且所表量级是模糊的、非精确的。例如：

（12）a 老彭说："你老兄可不同凡响，前呼后拥，<u>神气得不行</u>！"秘书长笑道："什么时候到的，怎么也不招呼一声？不够意思。"（鲁书潮《大水》）

  b 你老兄可不同凡响，前呼后拥，<u>很神气</u>……

  c 你老兄可不同凡响，前呼后拥，<u>神气了一上午</u>……

（13）a 一个人干两个人的活，吃力不算，心里还<u>急躁得不行</u>！今天，眼看就要亮红晌午了，他仍然有两耙地没有种完。（路遥《平凡的世界》）

  b 吃力不算，心里还<u>非常急躁</u>！

例（12）的三个例句都带有程度表达功能，程度量级都处于高量一端。"神气得不行"的程度量级识解最为模糊，因为识解者无法将之与具体的固定数值或具象的语言内容相对应。例（12）b句常规的程度副词"很"修饰"神气"也存在量级的模糊性。例（12）c句通过持续时间凸显"神气"程度，识解相对具体。三种表达相比，"神气得不行"所表量级最高。"很神气"等程度副词修饰谓词性成分的构式表达由于在语言中高频使用，语义程度出现磨损与退化，所表程度量级要比相对陌生化的"X得不行"低。例（13）"急躁得不行"和"非常急躁"同样存在程度量级差异，对比而言"急躁得不行"程度量级更模糊、更高。"X得不行"构式表极量高程度具有模糊属性，识解者依据自我认知经验自主解码。

### 2.2 主观高量程度

"X 得不行"表高程度义主观性特征明显。沈家煊（2001：268）提出"主观性"是语言的一种特性，在话语中多少总会含有说话人的"自我"表现成分。"行"或者"不行"是说话人的主观判断，而判断多少会夹杂主观情感和态度。例如：

（14）不过，即便有了女儿的帮忙，老人也是整日"忙碌"<u>得不行</u>。每天早上一起床，她就要先给花浇水，然后便是喂鸟、喂鱼。（给老爸老妈的 100 个长寿秘诀）

（15）"我<u>恨得不行</u>，就怕他死得不透。"老花又加了一条添枪的理由。（周立波《暴风骤雨》）

（16）在土炕上躺了几天以后，田福堂<u>实在憋闷得不行</u>，就一个人起身到石圪节去赶集散心。（路遥《平凡的世界》）

例（14）"老人忙碌得不行"是说话人的主观界定，看后一小句可知"浇水、喂鸟、喂鱼"这些"忙碌"对其他主体而言可能是十分悠闲。"忙碌得不行"表高程度的同时带有主观性，附带说话人的主观印记。例（15）主语及说话人都是第一人称"我"，表达主观的自我感受，不同主体对"恨得不行"界定的程度存在主观差异。后续小句"就怕他死得不透"说话人的主观色彩更加直观凸显。例（16）"实在憋闷得不行"中"实在"增强语气，加深语义程度及真实性，强化突出说话人的主观情感。由此可见，"X 得不行"可以与增强语气的副词"实在""确实""简直""真是"等连用，凸显说话人的主观情态。

"X 得不行"构式程度的主观性与语言自身的主观性特征有关，同时"X"的量幅变化为不同主体的主观识解提供可能。蔡丽（2010）认为"不行"是高程度补语，"X 得不行"高程度义既来源于"A/V

得C"的构式程度义,也来源于"不行"表程度的语义内涵。构式所表程度高于一般的"很"类程度副词所修饰的形容词结构。例如:

(17) a 活在寂寞中的水山母亲,添了个亲近温淑的姑娘,<u>高兴得不得了</u>,<u>爱得不行</u>!(冯德英《迎春花》)
　　　b 活在寂寞中的水山母亲,添了个亲近温淑的姑娘,<u>非常高兴</u>,<u>爱得很</u>!

例(17)a 句"爱得不行"与前面的"高兴得不得了"同属于高程度构式,只是构式内部成分存在差异,"不得了"与"不行"表程度都与否定相关,二者程度量级相近,相较于"非常""很"类常规表达,带有说话人更强烈的主观情感和态度。

高程度表达构式都带有主观性特征,"X 得不行"构式附带说话人的主观情感,更容易与听话人及第三方形成情感共鸣。分析语料发现,"X 得不行"构式倾向负面、消极情感。首先,负面消极义"X"在构式内占比更大;其次,"不行"的否定性质也与负面特征关联。"X 得不行"构式强化高程度同时,将说话人的褒贬情感色彩强化、凸显。

### 2.3 动态结果凸显

"X 得不行"凸显谓词性成分程度变化过程,侧重由低到高达到"不行"的程度。发展到程度表达是个动态、渐进的过程,"X 得不行"对于说话人而言,是主体承受能力、态度认知渐进发展到"不行"的结果,进而投射出主观高量程度。例如:

(18)"大半夜的,气象站的人后来都<u>烦得不行了</u>。"同事笑说,但正是张恩和的言传身教,大家才明白,试验差一点也不行,必须较真到底。(《人民日报》2017 年 1 月 18 日)
(19)"姐姐呢?""姐姐抱着猫蛋狗蛋到咱家去了,让我留在

这里照门。我急得不行，就在路边等你回来。""爸爸和哥哥现在在什么地方？""我不知道"（路遥《平凡的世界》）

（20）下到江里，水凉砭骨，也能忍着。好歹上岸了，就冻得不行了。棉裤硬梆梆，两条腿有水桶粗，只能一步一步挪。（张正隆《雪白血红》）

例（18）"烦得不行了"侧重表示"烦"达到了"不行了"的程度，存在一个由"不烦"到"烦"再到"烦"的量级逐渐增高直至"烦得不行了"的动态过程，构式"烦得不行了"是动态变化最终达成的高程度结果。例（19）"急得不行"侧重"急"达到的高程度。"不行"表示的高程度不是顿变的，前续小句为"急得不行"提供了丰富、详尽的语境支持，解码者可以感受到说话人"急"的程度由低到高的动态变化。例（20）"冻得不行了"同样是动态发展的高程度结果。

### 2.4 负面评价色彩

"X 得不行"中"X"为负面、消极义成分占多数，CCL 语料库检索结果显示构式最早用例"累得不行"出现在清代，民国时期"X"成分逐渐扩张到其他消极义词语，进而扩充到积极义成分。发展至今，"X 得不行"构式整体还是负面、消极义占比更大。语言表达的消极倾向促使人们夸大负面、消极的情感、态度、评价等的量级程度。"X 得不行"构式主要表达说话人对"X"达到"不行"高量程度的评价，且以负面、消极评价为主。例如：

（21）那天我就穿了件背心和大裤衩，但还是热得不行，太阳明晃晃的能孵出小鸡。（谷伟林《初中一年级》）

（22）"不服不行，不服不行——夜里抬了一会儿舢板，这身上乏得不行！唉，快七十的人了……"金豹仔细地抖着沙子，也不嫌冷。（张炜《美妙雨夜》）

(23) 这一天的天气<u>热得不行</u>，他自己的身体又<u>胖得不行</u>，因此他决心连一步路也不走，雇了一只那种叫做"四柱大厅"的木船。（欧阳山《苦斗》）

上述例（21）—（23）都带有说话人的评价内容，有对自我某种状态的评价，有关于其他事物或人物性质状态的评价。"热""乏""胖"都是说话人对性质、状态达到高量程度的主观评价，且带有负面、消极色彩。当然构式也可以说明积极色彩成分的程度，如"高兴得不行""激动得不行"等。消极、负面评价是构式典型特征，积极评价是基于高频使用下的类推扩展。

综上所述，"X得不行"构式特征主要表现为模糊高量程度、主观高量程度、动态结果呈现以及负面评价色彩。程度本就是难以精确化的模糊范畴，程度构式"X得不行"表达的也是模糊高量，且附带较强的主观情感态度。另外，高程度量级不是顿变的，而是渐变发展过程，"X得不行"蕴含说话人从可以承受到不能承受进而走向否定的渐变过程，程度量级也随之逐级变高，最终"X得不行"构式固定在高量一端，高量程度范围内允许解码者一定程度的自我识解。

## 3 构式义获得及形成机制

"X得不行"构式高程度义部分来源于构式压制。另外，"不行"的虚化过程与程度义获得过程具有一致性。从认知角度看，"不行"是由能性否定到高程度的跨域投射，否定产生多是源于某种性质、情状达到了说话人难以承受的量级，因此可以投射出高程度。

### 3.1 "不行"的虚化

"X得不行"构式中构件单独使用不表程度，但构件"不行"的虚化与整个构式的程度义表达密不可分。"不行"由否定词"不"加"行"词汇化形成。现代汉语"不行"用于表否定，表示否定的"不

行"位于句内主要充当谓语,也可独立成句。例如:

(24)"开玩笑可以,欺负人可<u>不行</u>。"(《词典》例句)
(25)所以我说像跟奥尼尔对抗一样。我推开他吗?<u>我不行</u>。(姚明《我的世界我的梦》)

例(24)和例(25)"不行"都在句中作谓语,表示否定。"不行"也可独立成句,多用于应答否定。否定与程度存在内在的投射关系。"不行"的义项由实到虚,由谓语位置上的能性否定发展到补语位置上的高程度。"不行"充当补语,获得高程度义。例如:

(26)大街上<u>热闹得不行</u>。[《现代汉语词典》(第7版)例句]
(27)陈正银说,他是被小偷踢倒的,想爬起来时,发现左腿<u>疼得不行</u>,根本走不动路。义乌市人民医院的诊断结论是:左胫腓骨双骨折。(《都市快讯》2003年9月21日)
(28)他在嘴唇上涂上牙膏,把红柳条、梭梭柴含在嘴里,实在<u>渴得不行</u>,就在沙地上挖个坑,将脸贴在有潮气的沙子上呼吸。(《人民日报》1993年7月)

"不行"与"得"组合,充当补语构件,其义项由实转虚,由否定触发人们认知识解上与否定相关的因素,进而实现否定到程度的认知转化。例(26)"热闹得不行"是《现代汉语词典》(第7版)解释"不行"表示程度很深时所列例句。"不行"意义已经虚化,仅表示程度高。例(27)"不行"进入"疼得不行"构式,语义虚化、位置固定、功能固化为表示高程度的词语。例(28)"渴得不行"同样是高程度表达构式。

"不行"用作谓语表否定是用作补语表程度的语义基础,"X得不行"构式使得"不行"固定在补语位置、义项逐渐虚化,最终表高程度。"不行"虚化过程是词汇义逐渐弱化、情态义不断增强的过程。

"不行"最初是"不"+"行"表示不能行走,具有动作义,带有实义特征,当"不行"位于谓语位置,带有评价人或事物功能,"他这人不行"表示对他的负面、否定评价。性质评价进一步虚化,发展出情态义用法表不可以。随着"不行"句法位置由谓语位置到补语位置,语义也呈现虚化特征。"X 得不行"构式形式上得益于"不行"固化在补语位置,构式义得益于"不行"的语义虚化。

### 3.2 构式压制赋予程度义

李临定(1963)认为有大量的"A 得 C"结构表程度,如"好得不行""好听得要命"。丁加勇、谢樱(2010)也探讨了"A 得 C"构式自身的程度义。"X 得不行"是"A 得 C"构式的具体表现形式,构式本身带有加深程度的功能。王寅(2009:6)"构式压制"指两者(构件语义及用法与构式)不完全对应时,占据主导地位的构式能"强加于"动词以额外的角色,改变其用法类型或意义。简单言之,构式可以为构式义添加构件不具备的新用法及意义。"不行"不具有程度表达功能,"X 得不行"构式赋予其程度义,构式压制是其程度义生成机制之一。例如:

(29)农业要发展,没有化肥不行,没有水利不行,没有农机具不行,没有水利化和电器化不行。(1994 年报刊精选)

(30)通俗歌曲演唱时可以穿超短裙,传统戏剧为什么露露胳膊就不行?(1994 年报刊精选)

(31)关键是一遇上归属变更的问题,大家就紧张得不行。(1994 年报刊精选)

"不行"单独使用,一般表示"不可以、不好"等负面语义信息,如例(29)和例(30)。"X 得不行"构式赋予"不行"程度义,例(31)"紧张得不行"表示紧张的程度高。构式提供框架语义,可填充到构式框架内的成分受到构式强势压制、获得构式框架义。严辰松

(2006）指出，构式一旦形成，构式义与成分义呈动态结合关系。构式义可能最初是构式的强势压制，但在高频使用下，构式义逐渐与构件义互动，呈现和谐的构式内部关系。

### 3.3 情态否定到高程度投射

程度义获得有不同的认知发展路径，如终点义到极致义。宗守云（2014）详细分析了"到家"由终点义到极致义的发展路径。赵丽华（2017）从具体词语出发考察了由条件到程度、由否定到程度、由能性到程度、由终点到程度这四种不同的程度义发展路径。其中否定与程度具有一定的现实相关性，否定一般蕴含高程度，但高程度的来源不止否定一种。否定一般发生在超出人们正常的认知或人们不可承受的情况下，语言上的体现便是否定词、表示否定内涵的词或其他否定表现形式。"不行"属于否定表达，位于构式内充当补语构件，受构式及自身语义内涵的影响走向高程度。张虹（2016）认为封闭类带"不"的高程度义补语有五个，分别为"不过、不行、不得了、不堪、了不得"。它们固化程度高、能产性差、语义虚化为表示高程度。例如：

（32）"光是口头上同意还<u>不行</u>。""那么该怎样同意才行？""还要书面表示同意。"（大仲马《蒙梭罗夫人》）

（33）可是近两年，老伯的<u>身体渐渐不行了</u>，时而感到全身乏力，疲惫不堪，干咳不止。（1994年报刊精选）

（34）晚上住在帐房里被子上即使压上两件皮大衣还<u>冻得不行</u>，不少没大衣的人只好当"团长"了。（1994年报刊精选）

（35）我自从听说日本打进咱中国来，早就<u>急得不行了</u>，可惜有力也使不上，不知道该怎样才能救国。（赵树理《李家庄的变迁》）

例（32）"不行"表否定，语义约等于"不可以"。例（33）"身体不行了"是对身体健康情况的否定。例（34）"不行"进入"X得不行"构式不再表示否定义而是由否定映射到程度。例（35）"急得不行了"是"急"的程度达到很高。

否定一般涉及否定主体、否定因素、否定对象三方面，而主体的可承受度是造成否定的主要因素之一。当某物或某事超出人们的承受程度，人们倾向予以否定。反推就是出现否定意味着与人们的承受度有一定关联，否定与高程度存在认知联系。"不行"侧重能性否定，且蕴含达到承受的极值状态，"不行"充当补语构件使得否定与程度两个认知域发生关联，由否定走向程度。在合适的语境条件促发下，获得高程度表达功能，"不行"单独使用并不表程度，或者说其程度义是隐含的。只有构式为其提供适宜语境，才能从否定投射到高程度，实现情态域到程度域的跨域映射。

## 4 本章小结

"X得不行"为现代汉语表示高程度义构式，构式内部"不行"说明"X"的高程度量级。"X得不行"构式存在不同变体构式："X得不行不行的""X到/的不行"。几个构式变体也有表高程度义功能，每个构式变体获得程度义方式不同，且表义侧重点存在些微差异。"X得不行"构式特征表现在四个方面：模糊高量程度、主观高量程度、动态结果呈现以及负面评价色彩，构式特征交互显现。构式高程度义获得源于多因素促动："不行"的虚化；构式压制以及认知领域最为重要的情态否定到高程度投射。

# 第四编
## 与情状凸显有关的程度构式研究

# 第十四章　情状凸显与程度构式

本章拟分析与情状凸显相关的程度构式，刻画情状凸显的基本特征，选取凸显不同情状的程度构式，初步确定何种类型的凸显与程度存在关联。凸显本身蕴含程度量级，在一定机制促动下，隐含的程度量级会走向规约化。规约化完成人们可以直接识解出构式的程度义。现实中存在很多不同的情状类型，并非每种情状都会走向程度。下面我们将详细分析情状凸显与程度构式之间的细节问题。

## 1　情状凸显的基本特征

Vendler（1967）将英语动词分为四类：①状态（state）；②活动（activity）；③完结（accomplishment）；④达成（achievement）。该情状类型四分法在学界获得普遍认可。Comrie（1972：13）提出情状是状态、事件或过程。戴耀晶（1997）认为情状是语言中动词表示的状态和方式。张国宪（2006）指出情状是语言中的谓词所表示的状态和方式，并且对比性质、状态和变化三者所属的不同情状类型及休戚相关的关系。情状千姿百态、多种多样，情状的语言表现形式也极为复杂、多样。不同情状凸显侧重点不同，但情状范畴内部也呈现一定的基本共有特征。本章所论情状涉及不同语言形式所表状态、方式、结果等。

### 1.1　状态持续性
情状是各种状态的统称，状态一般会存在一个相对持续过程。张国宪（1995）认为形容词基本属于谓词范畴，带有情状意义。最能表示各种情状的典型词类便是形容词，此外，与形容词具有部分共性特征的心理动词也具有描摹情状的功能，它们的语义具有一定的稳定性，会持续保持某个状态一段时间。简单言之，各种情状类型所表状态、性质具有持续性特征。例如：

(1) 我觉得一个越是有分享性的人生，他就是<u>强大的人生</u>和<u>美丽的人生</u>。（《李敖对话录》）

(2) 俺鬼迷心窍，也受朵朵术的挑唆，一心想谋害哥哥。那次往茶杯里投放"百步倒"，就是朵朵术交给俺的毒药。后来见你无事，俺心里<u>害怕了好一阵子</u>，甚至不敢见你。（李文澄《努尔哈赤》）

例（1）中表性质的形容词"强大""美丽"语义具有持续性，所修饰的中心词"人生"具有时间延续性。例（2）心理动词"害怕"表示心理情状，识解者解码"害怕"时会联想到主体的心理状态。心理动词多数具有持续性特征，句法上的验证方法是可以与表时间段的词连用的，现实生活中主体的某种心理感受（兴奋、悲伤等）一般会伴随主体一段时间。

性质形容词及心理动词都凸显某种情状特征，情状凸显所表语义内涵具有持续性而不是瞬间消失的，持续性与程度范畴的量级连续统具有内在一致性。

### 1.2 主观凸显性

语言表达多少都会带有一定的主观性，情状表现是相对客观的存在，但人们对情状的识解夹杂了自我的情感和态度。声音大小、身材高矮胖瘦、情感感受都存在识解个体差异，情状引起人们注意多数是因为超出了说话人或听话人的主观预期，在说听双方或一方认知领域得到凸显。比如：

（3）这是一只狗。（自拟）

（4）这是一只可爱的狗。（自拟）

（5）这是一只多么可爱的狗。（自拟）

例（3）—（5）是日常的口语表达式。例（3）"狗"只表示客观存在物，不附带说话人的情感因素。例（4）"可爱的狗"注入了说话人的自我判断和情感立场，主观性程度增加。例（5）程度表达式"多么可爱的狗"说话人情感强度更加强烈。

情状在认知领域越凸显越带有更强的主观色彩和立场表达，情状的凸显程度与表达及识解两方面相关。

## 2　程度构式不同类型情状凸显

情状凸显类型多样，程度构式表达也不同，部分情状凸显表达可以实现程度表达功能。本节拟分析四种可表达程度的情状凸显类型。

### 2.1　摹声情状凸显：拟声词重叠式相关构式

声音是客观存在的，拟声词用来描摹客观存在的声音，重在拟声。现代汉语拟声词在基本的拟声功能之外还具有其他语义功能，如凸显程度。拟声词表程度主要以重叠形式出现，涉及两种构式表达："拟声词重叠式＋X"和"X得＋拟声词重叠式＋的"。例如：

（6）思雨：枣哥外边好大的风啊，你快听，呜呜的吹，好冷啊。（新浪微博 2020 年 11 月 29 日）

（7）幸好这里有酒，他挣扎着下床，找到了一坛酒正想拍碎泥封，哭然听到水声"哗啦啦"响。他转身，就看到了孟星魂，孟星魂是个很妙的人。（古龙《流星・蝴蝶・剑》）

（8）小侠好好练功天天向上，终于变成阳光少侠，去找前辈求啾，前辈笑了笑，很宠溺地瞅了他一下，少侠幸福得嗷嗷的。

## 第四编　与情状凸显有关的程度构式研究

（新浪微博 2014 年 12 月 12 日）

（9）想起以前做的一个梦，友人写关于我的传记，"她在江湖，但不见她的人影。就像进入一片森林，只听得见遍山虎啸……"洪大又细切，<u>寂寞得嗷嗷的</u>。（新浪微博 2016 年 8 月 31 日）

上述例（6）及例（7）"呜呜的吹""哗啦啦响"可抽象为"拟声词重叠式+X"构式。风在气象学领域被分为不同等级，"呜呜地吹"不仅能模拟风吹的声音，还能凸显风刮的程度量级高，即风力大。水流大小也可以划分出程度等级，例（7）"哗啦啦"模拟水流声音，通过描摹水流声音之大凸显水流之大。例（8）"幸福得嗷嗷的"和例（9）"寂寞得嗷嗷的"抽象为"X 得+拟声词重叠式+的"。拟声词重叠式脱离发声主体，在"幸福""寂寞"后凸显达到的程度量级，"幸福得嗷嗷的"表示幸福的程度高，"寂寞得嗷嗷的"表示寂寞的程度量级高。

由拟声词重叠式构成的不同构式的表现形式依然具有描摹声音的基本特征，在类推等机制作用下构式组构成分越加宽泛，拟声词重叠式也由摹声生发出程度表达功能。

### 2.2　临界情状凸显："X 得要死/要命"

程度构式"X 得要死/要命"凸显临界情状。"要死/要命"词语表义及词汇化程度不一，但二者都可以描摹生命濒临死亡的情状。生命对于每个生命个体而言都弥足珍贵，"要死/要命"所表临近死亡情状并不是人们愿意接受和面临的情状，词语所表语义信息负面色彩突出。"要死/要命"由凸显临近死亡情状投射到抽象程度域表示接近极致的高程度。例如：

（10）绿爱坐在太师椅上，愣住了。"好好的，怎么就要死了？""她不停地流血，不停地流血她<u>要死了</u>……"（王旭烽《茶人三部曲》）

(11) 白孝文宽慰妹妹说："咱爸那人就是个那……好了好了，你别伤心。一会儿我领你去认一下嫂子。这几天忙得要死……"（陈忠实《白鹿原》）

(12) 她伸手去抓我的检查，我说："你别拿走。"她嗯了一声，坐在窗台上看。我又说："你下来吧，来个人看见就要命了！"她就下来坐在床上看。（王小波《黑铁时代》）

(13) 她常拿着手枪对准我的脑袋，说道：王犯，我要一枪崩了你，然后自杀。我真的吓得要命——谁知枪里有子儿没有。（王小波《黑铁时代》）

例（10）"她要死了"凸显濒临死亡的临界情状。例（11）"要死"进入构式内部充当"忙"的补语，表示接近极致的程度量级。例（12）"要命了"表示生命面临威胁的危险状态。例（13）"吓得要命"表示"吓"所处量级程度高。

临界情状蕴含程度特征。"要死/要命"所表临死情状是某种致命因素达到一定程度的外在表现。

**2.3 承受情状凸显："X（得）够呛"**

"X得够呛"构式构件"得"可以省略，构式形式表现为"X（得）够呛"。"够呛"口语表达更高频，书面语也不乏用例。《现代汉语词典》（第7版）只列出一个义项：表示十分厉害、够受的。实际上"够呛"的语义内涵丰富得多。例如：

(14) 主席再一次征求对候选人名单的意见，顿时场内鸦雀无声，这是不妙的征兆，主席心里想："这名单在小组酝酿时，缺乏说服动员，看这劲头儿够呛。"（李国文《改选》）

(15) 车到了交货地，一大卡车的水泥袋一袋一袋卸下来，那工作量实在够呛。如果买主是随地下货还好，往往他们要求把水泥袋再搬进一个房间去，那就倒大霉了。（贾平凹《高兴》）

(16) 当着张文等一行人，表演这一套体恤下情的程式，真把甘平窘得够呛。（毕淑敏《送你一条红地毯》）

例（14）"看这劲头儿够呛"中"够呛"表示否定。例（15）"工作量实在够呛"表示工作量大到令人难以承受。例（16）"窘得够呛"表示"窘"的程度量级高，也可以表达成"窘够呛"。"够呛"表示情状超过主体的承受程度，突出难以承受之情状，难以承受的情状隐含程度量级超乎常规标准，高程度凸显。

**2.4 终结情状凸显："X 完了"**

"X 完了"在东北方言中可以用作高程度构式，东北方言"累完了""气完了"等程度构式是由结果构式"吃完了""写完了"等扩展延伸形成的。"完了"句法位置没有变化，意义由实到虚。请看具体例句：

(17) 几个年轻人很快搞出来了，上机一试，几分钟便把供应科 3 个人 10 几天干的活全都干完了，而且无疏漏。（1994 年报刊精选）

(18) 吃饺子时候不小心倒了不少醋，给我酸完了。（口语记录）

例（17）"干完了"表示动作完成。例（18）"酸完了"表示非常酸，酸的程度量级高。终结义"完了"是普通话及东北方言的共性语义，程度义"完了"是东北方言独特语义。东北方言程度构式"X 完了"语义相当于"坏"甚至接近于"死"。"完了"凸显主体的终结情状，进而演化出抽象高程度。具体分析我们将在第十八章展开。

## 3 情状凸显表程度的基础

情状凸显与程度表达相关联存在多方面理论基础。情状描摹与程度表达都离不开一定的心理认知，语言表达及识解需要一定的心理学基础。各类型语言凸显情状表达方式存在差异，因此类型学基础需要加以考虑。

### 3.1 心理学基础

情状凸显涉及多种类型，上文仅列举了与程度相关的部分凸显类型。情状凸显涉及"惊讶""意外""情绪"等更为复杂的方面。这些情状在人们心理得到凸显引起一系列心理反应，进而编码与之对应的语言形式。从心理学角度讲，人类的核心情绪（感动、开心、害怕、紧张）等情状凸显程度取决于个体的表达和认知反应。情绪能够激发人的认识与行动动机，也影响着人际交流互动。情绪对认知的影响既可以是积极的也可以是消极的。积极或消极的情绪、状态能够在编码者编码的语言中体现出来。从认知角度看，各种不同情状凸显类型都需要触发说话人心理层面的反应。情状凸显程度不同所代表程度量级不同，在说听双方各个层面引起的系列反应存在差异，包括主观层面、生理层面和行为层面。

主观层面：主观上的感觉变化，主要表现为难以接受、超乎预期等情绪。

生理层面：不同大脑皮层的反应，呼吸、心跳频率变化，神经活动变化。

行为层面：做出一些应对行为，如发怒、非正常的面部表情和肢体动作以及言语行为、继续行为、终止行为等。

语言层面：编码不同构式表达不同意义和情绪、情感。

心理变化需要一定的刺激物且刺激达到一定程度，"要死""够呛"以及拟声词重叠式等凸显不同情状类型，凸显到一定程度引起人们关注并产生心理变化，促使人们编码相应构式。

### 3.2 类型学基础

情状凸显在语言表达中普遍存在，情状凸显发展为程度表达也具

## 第四编 与情状凸显有关的程度构式研究

有普遍性特征。类型学研究讲究寻找跨语言共性,类型学不局限于对世界不同语言的研究,现代汉语普通话及不同方言之间也具有类型学研究意义。现代汉语普通话及各大方言都普遍存在与程度相关的不同情状凸显类型。例如:

(19)他们小两口一下子么<u>好了不得得</u>,一下子么又吵了吵。(转引自丁崇明、荣晶,2013①)

(20)今朝我在街上看到一个女娃,<u>好看不过底</u>。(语料来源:曹香,安徽省望江县人,1993年,学生)

(21)昨宿儿黑又是打大雷又是下大雨的,躲被窝里<u>吓完完的了</u>。(语料来源:张素云,辽宁省建昌县人,1960年,农民)

(22)小王私下找人替考被发现,可把他父母<u>难过毁了</u>。(语料来源:丁可,河南商丘人,1996年,学生)

(23)黄宗羲一直低着头,默默地听着,没有再插话。只不过越听,他心中就越觉得像是塞进了一团粗糙的、令人极端厌恶的乱麻,解不开,<u>堵得慌</u>。(刘斯奋《白门柳》)

例(19)"好了不得得"是昆明方言程度表达式,表示"非常好"。"不得得"表示"X"处于非常厉害、难以描摹的高程度。例(20)"好看不过底"是望江方言程度构式"X不过底"具体例示之一,表示好看的程度极高。"不过底"从认知层面识解也是临界情状凸显,进而获得表程度功能。例(21)"吓完完的了"属于东北方言"X完了"的扩展形式,表示被吓的程度量级高,是终结情状凸显到高程度表达。例(22)商丘方言"难过毁了"表示难过程度高,"毁了"相当于普通话"坏了",终结情状凸显到程度表达。例(23)"堵得慌"表示心里堵得严重,"得慌"凸显心理所处情状进而表示程度。

---

① 例句出自丁崇明、荣晶《昆明方言中的特殊程度表达形式》,《中国方言学报》2013年第00期,原文为例(8)。

现代汉语普通话及各大方言中程度构式表达库藏丰富,凸显某一情状进而表示高程度的形式也值得我们进一步探索。

**3.3 语言学基础**

现代汉语表达程度范畴形式丰富,不仅有程度副词、程度补语、程度构式,甚至词语本身也带有程度表达功能,如"惨"就有"程度严重,厉害"义,"繁华""善良""神奇"等性质形容词都具有一定的程度量级。程度范畴与量范畴、存在范畴、情态范畴等多个语义范畴存在交互关系。蔡丽(2010:57-59)提出"程度表达类型"并梳理9种程度表达类型,将蕴含型程度、重叠型程度、感叹型程度、比拟型程度、夸张型程度等划属情状性程度。

认知心理学认为认知需要依赖一定的图式,语言正是人类最重要的图式。Barnett(1989)认为图式至少可以分为语言图式、内容图式和形式图式三种。不同认知范畴通过不同语言形式表现出来,程度构式研究涉及多个语言学相关流派及研究方法。现代语法学讲究从句法、语义、语用三方面考察语言,早期程度副词及程度补语研究主要研究它们的句法搭配关系、语义内涵特征及语用功能,为之后进一步探索新兴表达式提供基础和借鉴。认知语言学更加关注语言表现在认知层面的深层动因及机制。构式语法认为构式是语言在人们心智中的储存单位,构式理论为语法及语言研究提供一些新的思路。

程度构式在句法、语义、语用三方面都有一定的独特表现。语言学视角下研究各范畴离不开句法、语义、语用三方面的协同考察。同时构式研究要从构式理论自身出发,总结程度构式大家族及家族内部每个子构式的独特性。对程度构式的深入研究离不开认知语言学相关理论分析。本书研究现代汉语程度构式结合不同语言学理论,描写与解释相结合,力争运用多元的语言理论分析现实中的实例构式。充分观察语言现象,归结实际语料,解释相关理论问题。

## 4 情状凸显表程度的机制

情状凸显到程度表达是如何实现的？情状是描摹说明对象性质、状态特征的语义范畴，程度范畴与情状范畴存在交互关系。状态与程度之间存在一定的模糊界限，我们认为情状与程度两个语义范畴不能截然分割，情状表达蕴含程度量级，程度量级表达也会激活说明对象的情状特征。

### 4.1 隐含到规约

情状表达蕴含程度义，在一定语境高频使用，隐含义走向规约义，构式从描摹情状为主到说明程度为主。情状描摹与程度说明具有很多相似性：主观性、等级性、连续性、依附性。这些相似特征是构式程度义走向规约化的基础，人们解码语言一般依据相似或相关关系。下面以具体例子分析：

（24）有一次，顾仁恩在天津讲道，秀英去找他理论，结果也被他雇用的流氓<u>打得半死</u>。又有一次，顾仁恩在北京崇文门内亚斯礼堂内把秀英<u>打得满脸流血</u>，抬回家后，已昏迷不醒人事。（《人民日报》1951年4月20日）

（25）谷像火烧过的一样，高粱叶子卷成筒筒。湖里车水一百多节，一两天上不来。等上来，高粱也<u>要死了</u>。（《人民日报》1958年10月21日）

（26）可能是怕卜宪合要走他们的女儿，也可能出于别的原因，前妻谎称这个女儿<u>已经死了</u>。（《人民日报》1995年9月7日）

例（24）"打得半死"，例（25）"要死"到例（26）"已经死了"构成"死"的程度情状连续统。例（24）"打得半死"凸显情状同时蕴含"打"得十分严重，后续语境还有"打得满脸流血"凸显"打"

的情状及程度双重语义信息。例（25）"高粱也要死了"表示高粱处于"要死"的状态。例（26）"女儿已经死了"说明达及生命终点"死亡"的情状。"半死—要死—死"不同情状发展状态，对应逐级加深的程度量级。

（27）有一次凌晨4时，我在公园溜达，听到树后有响动，<u>吓得半死</u>。结果过去一看，是一群老人家在打太极拳。[《人民日报》（海外版）2017年7月3日]

（28）作为一个做过两次胃镜的人，对这个医生小姐姐佩服得五体投地，我记得当时一直在不停想吐，<u>难受得要死</u>。（《人民日报》2017年7月27日）

（29）这种针整个许昌市都买不到，他只能托人去郑州买回，在当地找医生给孩子注射。但是根据医院规定，非本院开出的针剂一律不给注射。"那几年，为了给孩子打针，可把我们<u>愁死了</u>。"（《人民日报》2013年7月18日）

例（27）"吓得半死"，例（28）"难受得要死"与例（29）"愁死了"构成"死"相关的程度表达量级。"半死""要死""死"进入程度构式表程度并没有完全脱离情状表达，只是构式内补语位置将"死"类词语隐含程度义规约化，以凸显程度为主。整个构式依旧带有情状凸显特征，只是激活凸显"X"的情状，"半死/要死/死"等主要凸显程度。

拟声词重叠式、"死"类表达等常用于描摹情状，情状描摹隐含程度义，程度义经由多因素共同作用逐渐走向规约。

## 4.2 凸显到强化

情状在人们认知域得到凸显则走向抽象程度。凸显意味着语义信息引起人们关注，情状凸显与程度强化之间存在一致性，情状越凸显，所表程度越强烈。凸显的情状在人们认知领域形成焦点，说话人编码语言形式表达焦点信息。情状凸显的表现手段丰富，如重音、重叠、重复以及词语的选用。又如上文列举的拟声词重叠式，"要死""够呛"等情状凸显表达式，经由认知加工可以表示抽象程度且带有强化程度功能。例如：

（30）人在表达激情的时候，都喜欢走极端的。爱一个人就说"<u>爱得要死</u>"、"你是我的唯一"；爱一处风景就说"甲天下"、"人间天堂"之类。（《人民日报》2003年10月18日）

（31）钗奴又撒娇了："他好没道理，绑了我，还要说我骗他呀！他<u>好坏</u>，<u>坏透了啊</u>！"（墨龙《狐王》）

例（30）"爱得要死"既凸显"爱"的情状，又强化"爱"的程度。"要死"凸显生命面临威胁的临界情状，凸显的情状经由人们认知域加工投射到抽象程度域，具有强化高程度功能。例（31）"他好坏，坏透了啊"程度量级是层级递进的。"坏透"所表量级高于"好坏"。宗守云（2010）分析"透"语义泛化与虚化过程，"透"的基本意义是物体贯通，如"针刺透了纸"。"透"由物体被贯通的基本义出发，逐渐泛化虚化为表示极端程度。

凸显情状蕴含程度义，程度强化离不开情状凸显的语义基础。凸显的情状更容易引起人们关注，如轻缓的敲门声不太被人们注意，急促、用力、拍打的敲门声容易引起人们关注，在认知域更加凸显。又如，体型大的物体相较于正常大小的物体更容易在认知领域凸显。凸显自身便是程度义表达，相较于一般程度表达与情状凸显相关的程度具有进一步的强化功能。

### 4.3 隐喻及转喻

隐喻及转喻是认知语言学两个极为重要的概念。认知语言学认为无处不在的隐喻、转喻已经超出语言学范畴，是一种比较普遍的思维方式（Lakoff & Johnson，1980）。胡壮麟（2004：28）认为隐喻为抽象思维提供便利。关于隐喻及转喻已达成一些基本共识，隐喻是依据相似性的跨域投射，转喻是依据相关性的同域转指。情状凸显到程度强化离不开隐喻及转喻作用。首先，情状与程度分属不同域，二者基于相似性实现跨域投射，这是隐喻发挥作用。一般而言隐喻是从具体域投射到抽象域，情状描摹是具体的状态表征，程度则是抽象表达。其次，情状描摹不同类型内部具有转喻关联。比如，拟声词重叠式通过描摹声音连接声音主体、动作、状态等不同部分。情状内部关联转换关系得益于转喻思维，程度表达系统也涉及转喻问题，程度是对性质、状态等的说明，一般涉及一个更大的主体，部分与整体关系正是转喻作用的范围。

### 4.4 主观化作用

主观化是个渐变的过程，Traugott（1995）认为主观化与语法化具有相似性，都强调说话人的主观推理过程，说话人总想用有限的词语传达尽量多的信息。情状凸显表达式之所以能强化程度离不开主观化作用，说话人依据自我认知经验推理出情状凸显蕴含的程度义，同时将情状凸显表达式直接表达出来招请听话人依据认知做出相近推理。既简省了形式又表达了丰富的语义。

主观化过程伴随语言表达主观性的增加。情状是客观存在的，情状描摹则带有一定的主观性，程度表达几乎都带有主观性。比如，一个人奄奄一息可以用"要死"描摹，"要死"是对客观呈现出来的情状描摹。而"穷得要死"表示"穷"的程度高时存在主观识解差异，有的主体将衣不蔽体、食不果腹定义为"穷得要死"，而有的主体将买不到奢侈品定义为"穷得要死"，这中间存在的差异很大。主观化使得情状表达更抽象，主观性也逐渐增加。

## 5　本章小结

本章探讨了与情状凸显相关的程度构式一些表征形式，以及情状凸显与程度强化之间转化的内在机制。相对而言，情状具有客观性、具体性、持续性，程度则表现为主观性、抽象性、层级性。情状凸显蕴含程度量级，在一定语境下高频出现隐含的程度义显化成固定义，新的形义对应关系确立。情状到程度是个渐变过程，需要语言参与者各方基于认知共性推导、识解、使用并固定。情状到程度演化路径在现代汉语普通话及各大方言中都有体现，虽然构式形式表现不一，内在的逻辑关系及思维过程却具有一致性。接下来的几章，我们将详细展开几个与情状凸显相关的程度构式个案，进一步探索系统内部的个性及共性特征。

# 第十五章　程度构式"X+得+拟声词重叠式+的"研究

拟声词①是现代汉语较为特殊的词汇类型,主要用于模拟客观世界存在的各种声音(自然界或动物的声音)。现代汉语意义上的拟声词研究最早见于马建忠(1983:231)《马氏文通》:"状字用以象形肖声音者,其式不一。"早期拟声词研究未单独划类,马建忠(1898)、陈承泽(1922)、黎锦熙(1924)将其归为副词。吕叔湘(1942)倾向将其看作形容词,各大现代汉语教材对拟声词归类也不统一。独立划类始于吕叔湘、朱德熙的《语法修辞讲话》。拟声词句法功能十分丰富:主语、谓语、宾语、定语、状语、补语、插入语都有分布。拟声词或其重叠式用作补语的相关研究主要包括:邵敬敏(1981),张静(1982),马庆株(1987),刘丹青(2009),张谊生(2013),刘月华、潘文娱、故铧(2019)等。虽然前人对拟声词及其重叠式相关问题已有探讨,但拟声词重叠式凸显和强化高程度的功能却鲜少有人提及,尤其是从构式的视角探讨拟声词重叠式的程度表达功能。本章我们考察程度构式"X+得+拟声词重叠式+的"的构件组成、构式义及构式义获得机制。

---

① 拟声词、拟音词、象声词、摹声词、叹词不同学者的定义及界定范围存在差别。本书统一采用拟声词,包括模拟自然声音的词和模拟人类声音的词。

第四编　与情状凸显有关的程度构式研究

# 1 "X+得+拟声词重叠式+的"构件特征

刘璐（2019）分析表示主观极量义的"X 得 Y"构式，如"累得要死"等。拟声词重叠式可以进入构式充当补语构件，形成"X+得+拟声词重叠式+的"构式凸显主观程度量级。构式存在两个常量构件"得"与"的"。"得"在构式内部充当补语标记，"的"是状态词词尾，辅助拟声词重叠式顺利进入构式。构式包括两个变量构件："X"与"拟声词重叠式"。"X"主要由具有量级特征的 VP/AP 充当，拟声词重叠式是较为特殊的变量构件，也是该构式的表义核心，形式表现较为多样，我们将重点探讨。

邵敬敏（1981）将拟声词分为三类：单音节及其重叠式（二叠式、三叠式、四叠式）；双音节及其重叠式（ABAB 式、ABB 式、AABB 式、AAB 式）；双音节重叠变式（CDAB 式、ACBD 式、CBAB 式）。构式中拟声词重叠式后附"的"，如"滴滴答答的""啪啦啪啦的"，拟声词重叠式形式复杂、表义生动。

## 1.1 单音节拟声词重叠式充当构件

单音节拟声词（如：呼、嗖、哗）不能充当程度构式中的构件，如"*风刮得呼""*雨下得哗""*美得嗷"等。单音节拟声词重叠式充当构件形式表现为："AA/AAA 式+的"。

单音节拟声词重叠式（AA 式+的）充当补语构件。例如：

（1）外面风刮得<u>呼呼的</u>，海湾上传来一阵隐隐的雷声。（弗·司各特·菲茨杰拉德著，巫宁坤译《了不起的盖茨比》）

（2）村里的妇女们高兴了，家里的年货不愁放不住了，小棚子就跟城里人的冰箱一样，放啥都<u>冻得梆梆的</u>，啥也坏不了。（何申《多彩的乡村》）

单音节拟声词所表声音断续，其用法受限，不能充当程度构式构件。重叠式所表声音更强、更大、更具连续性，可充当构件说明、强化"X"的高程度。张丽丽、刘闻笛（2013）认为拟声词常叠用，表示声音的多、反复、连续特征，还可以加强声音的节奏感。例（1）"呼呼的"和例（2）"梆梆的"位于构式中充当补语构件，分别说明"刮"和"冻"达到的高程度，构式语义相当于"风刮得厉害""东西冻得十分结实"。

单音节拟声词三叠式（AAA 式 + 的）充当补语构件。例如：

（3）亦琼上得楼来，听见罗妈笑得哈哈哈的，罗妈在说什么多亏你哥哥操办这事呀，你以后也常到我家来走动呀，我也有个大学的女婿妹儿，也光彩嘛。（张世君《红房子的兄妹们》）

例（3）三叠式"哈哈哈的"充当补语构件，说明"笑"的程度量级。类似"哭/笑"这类不能接受常规程度赋量方式的词进入"X 得 Y"构式充当变量构件，构式激活其隐含的量级属性，获得程度赋量功能，如"笑得不行""哭得要死"都具有程度义。

## 1.2 双音节拟声词重叠式充当构件

双音节拟声词可以直接加"的"充当构件表示程度，如"穷得叮当的"表示"非常/很穷"。但重叠式①加"的"充当补语更为普遍，一般包括几种类型："ABAB 式/AABB 式/ABB 式/CDAB 式/ACBD 式 + 的"。

双音节拟声词重叠"ABAB 式 + 的"充当构件。例如：

（4）很多人奇怪我为什么不赋闲在家，又不缺钱，整天还忙得呼哧呼哧的。（《广州日报》2005 年 5 月 6 日）

（5）表面上跟真事似的，其实小心脏跳得扑通扑通的，直到

---

① 双音节拟声词的重叠类型划分多样，构形重叠及构词重叠充当补语构件强化程度的功能相同，拟不作进一步区分。

## 第四编　与情状凸显有关的程度构式研究

俺说完"且听下回分解",定型收势。悄悄擦了擦手心的汗,听见台下响起一片掌声。(《新京报》2015年3月6日)

例(4)"呼哧呼哧的"说明"忙"达到的程度高,近似"非常/相当忙",表高程度同时凸显"忙"所处状态。例(5)"扑通扑通的"强化"跳"的高程度。ABAB式重叠表程度同时带有状态性,通过描摹状态凸显、强化高程度。

双音节拟声词重叠"AABB式+的"充当构件。例如:

(6)碟子碗碰得<u>丁丁当当的</u>。(《倒序现代汉语词典》例句)
(7)她对庆筠的来龙去脉,完全摸不清楚,看他<u>穷得滴滴答答</u>,连一身像样的衣服都没有。(琼瑶《我的故事》)

例(6)和例(7)是AABB式重叠充当构件,强化程度。例(6)"丁丁当当的"突出"碰"的声响大,进而侧面凸显程度。例(7)"穷"自身不带有声响特征,"滴滴答答"是说话人的心理拟声,用以强化"穷"的程度。另外,如"嘤嘤嗡嗡""叽叽喳喳""呼呼啦啦"等都可以进入构式充当构件。

双音节拟声词重叠"ABB式+的"充当构件。例如:

(8)吓死了,两声巨响,办公室的门给<u>震得轰隆隆的</u>,反应过来就差没拔腿跑了!(《北京晨报》2012年11月28日)
(9)还有微友说,故事走心,<u>感动得哗啦啦的</u>。[《人民日报》(海外版)2015年10月16日]

例(8)"轰隆隆的"强化"震"的力度大和程度高。例(9)"哗啦啦的"说明"感动"达到的程度高。

双音节拟声词重叠变式"ABCD式+的"充当构件。例如:

（10）女孩子们更不用说，早已哭得稀里哗啦的。林小枫扭头冲出了教室……（电视剧《中国式离婚》）

（11）天可真够冷的，小风嗖嗖的，场内的彩旗被刮得劈里啪啦的。（《人民日报》1995年）

例（10）"稀里哗啦"是叠韵重叠式（CDAB式），强化"哭"的程度高。例（11）"噼里啪啦"属于双声重叠变式（ACBD式），说明"刮"的高程度。构式"X+得+拟声词重叠式+的"激活拟声词重叠式隐含的程度义，被激活的程度义再次强化整个构式的程度。

构式整体表程度，拟声词不同重叠式进入构式充当构件，说明前面构件"X"达到的高程度量级。构件"X"为形容词或心理动词具有明显的量级链条，诸如"哭""笑"等一般动词充当构件似乎量级特征并不明显，我们认为这些词也存在量级变化，存在基准量到极量的变化，见图15-1。

一点也不笑（板着脸）　　不笑　　　笑　　微笑　大笑　狂笑
极量　←————————基准量————————→极量

**图 15-1**

另外，我们列举部分重叠后可位于构式内，具有凸显、强化程度的拟声词，见表15-1：

表 15-1　　　　　重叠后可充当构件的拟声词（非穷尽）

| 单音节拟声词不同重叠式 | 梆、嘣、叭、欻、嗒、丁、当、噔、咚、嘟、咣、嘎、呱、哈、轰、哄、呼、叽、咔、哐、隆、啪、乒、砰、乓、噗、唰、嗖、哇、嗡、呜、嘻、喳 |
|---|---|
| 双音节拟声词及其不同重叠式 | 嗷嗷、嘎嘎、呱呱、喳喳、咏溜、刺啦、当啷、嘀嗒、滴沥、丁零、丁当、叮咚、叮玲、咚咚、嘎吱、咯噔、咯咯、咯吱、咕咚、咕嘟、咕叽、咕隆、咕噜、呱嗒、呱嗒、哼哧、轰隆、呼哧、呼啦、哗啦、咔吧、咔嚓、哐当、哐啷、沥沥、隆隆、噼啪、乒乓、扑哧、扑通、飕飕、嘡啷、突突、哇啦、淅沥、窸窣、吁吁 |
| 其他变式重叠拟声词 | 丁零当啷、哼儿哈儿、叽叽嘎嘎、叽叽喳喳、叽里咕噜、叽里呱啦、唠唠嘈嘈、噼里啪啦、喊喊喳喳、稀里哗啦 |

## 2 "X+得+拟声词重叠式+的"构式义特征

马庆株（1987）认为"合成拟声词和拟声词组后附'的'是状态形容词性质成分"，句法上可以做状语、谓语、定语和补语。"X+得+拟声词重叠式+的"构式属于程度补语构式，"拟声词重叠式+的"在构式内部做补语。吴春相、刘君章（2010）分析拟声词形成过程并认为拟声词可以异化为三大实词类（名词、形容词、动词）。拟声词重叠式位于构式内部与状态形容词语义特征有类似之处，使得整个构式具有描摹状态、强化程度的构式义。"X+得+拟声词重叠式+的"构式通过拟声词重叠式生动描摹"X"所处状态，通过状态凸显、强化"X"达到的高程度。

### 2.1 "X+得+拟声词重叠式+的"构式状态描摹义

丁加勇、谢樱（2010）提出述补结构包括三种情况：表可能，表状态的描述或评价，表程度。"X+得+拟声词重叠式+的"构式可以描摹事物、动作的状态。拟声词重叠式是描摹状态的生动形式，位于构式内部补语位置描摹"X"所处状态。例如：

（12）"伤心家庭？"灵珊<u>笑得咕咕咯咯的</u>。"我从没听过这么古怪的名称。少根筋，我发现你今天满会说话的，你的口才好像大有进步。"（琼瑶《月朦胧鸟朦胧》）

（13）母亲也好，女儿也好，就在比谁更苦，而且荧屏上眼泪<u>流得哗啦啦的</u>，看谁比谁过得更惨。（人民网 2012 年 9 月 13 日）

（14）其实那些我特懂，731 博物馆去了好几回了，从小就接受教育，<u>气得嗷嗷的</u>。（BCC 微博语料库）

例（12）"笑得咕咕咯咯的"构式生动描摹出"笑"所处的状态，拟声词重叠式不仅能传达听觉信息，还能在识解者的脑海中投射出视觉画面。例（13）"眼泪流得哗啦啦的"描述"流泪"的状态，识解者可以直观联想到大量泪水流出的状态。例（14）"气得嗷嗷的"通过"嗷嗷的"生动描摹"气"达到的状态。值得关注的是，"X+得+拟声词重叠式+的"构式描摹状态是一种生动形式，构式内部拟声词重叠式带有描述义和程度特征。

状态与程度之间界限并非泾渭分明，一定程度上二者相互蕴含，识解时存在交互性。描述状态同时带有一定的程度特征，或者通过状态凸显程度，我们认为该构式的状态描摹义和程度强化义存在交互性。

### 2.2 "X+得+拟声词重叠式+的"构式程度强化义

"X+得+拟声词重叠式+的"构式强化"X"达到的高程度量级。构式内部"X"与"拟声词重叠式"要具有搭配关系。众所周知受主客观因素影响，不同声音可以用同一拟声词摹拟，如"呜呜""嘤嘤""哇哇""嗷嗷"都可以摹拟哭声。不同拟声词摹拟声音存在高低强弱差别，声音的高低强弱对应谓词所达程度量级的高低，同一拟声词重叠式所表程度量级相同。例如：

（15）a 宝宝第一次从我的大床上掉下去，<u>哭得嗷嗷的</u>，我的心都不行了，到现在也总觉得有点事，就是很烦躁。（BCC 微博语料库）

　　　b 宝宝第一次从我的大床上掉下去，<u>哭得厉害</u>。

（16）a 网友看到微博后纷纷留言："说明真的演得好啊，现在都记得当年<u>被吓得嗷嗷的</u>。"（《广州日报》2015 年 3 月 6 日）

　　　b 现在都记得当年<u>被吓得厉害/不行</u>。

例（15）和例（16）"嗷嗷的"说明前面谓词成分达到的高程度。"嗷嗷的"强化不同谓词"哭"和"吓"达到的高程度，即同一拟声词重叠式说明不同谓词成分达到的程度。"X+得+拟声词重叠式+的"程度构式中构件"拟声词重叠式+的"程度量级相当于"不行/

厉害"。

同一谓词的程度量级可以用不同拟声词或同一拟声词的不同重叠式说明,但所表程度量级随着拟声词重叠式的改变而有所变化。例如:

(17)"你怎么这样傻气呵!""别闹,别闹",奶奶笑开了,<u>笑得咯咯咯的</u>。(琼瑶《梦的衣裳》)

(18)谭婶婶看她躲在被窝里<u>笑得咯咯的</u>,就叹了一口气,只得把话题转到今天妇女的幸福上来。(茹志鹃《静静的产院》)

(19)前两天飞往虹桥机场,飞机上无聊,便看论文。邻座是个素面大美妞,捧着一本漫画,不时<u>笑得嘎嘎的</u>。(某博客)

同一拟声词的不同重叠式所表程度不同,一般是重叠次数越多、程度越高。例(17)和例(18)都说明"笑"的程度量级,"咯咯咯"三重重叠所表量级高于两次重叠的"咯咯"。不同拟声词所含程度量级的高低主要依据人们对拟声词所表音响形象的认知,拟声词音节中韵腹的响度越大程度越高,例(19)拟声词重叠式"嘎嘎的"音节中韵腹响度(表现在开口度大)高于"咯咯",因此所表程度也略高。例(17)—(19)不同拟声词重叠式与同一"X"搭配,凸显、强化"X"的程度量级,语义所表量级近似于"笑得厉害/不行"。虽然不同拟声词重叠式表达的程度量级并不等同,但构式都表示程度高量。

"X+得+拟声词重叠式+的"构式内部拟声词重叠式补充说明"X",二者之间并非一对一的专属配对,而是具有一定的搭配自由。拟声词重叠式既是对"X"状态的生动描摹,又是对"X"所达程度量级的凸显与强化。

## 3 "X+得+拟声词重叠式+的"构式程度义来源

"X+得+拟声词重叠式+的"构式程度义既来源于构式,也与变量构件拟声词重叠式密不可分。Goldberg(1995)提出:构式可强制词语项产生出系统相关的意义,即构式压制现象。构式可以赋予构式内构件新的意义、论元特征等,"X+得+拟声词重叠式+的"程度义表达来源于构件语义、构式压制以及象似性。

### 3.1 构件与程度

"X+得+拟声词重叠式+的"构式程度义来自构式对构件的压制,构式实现压制需要构件具有可压性,如名词就不能充当程度补语构式中的补语构件,因此不具备可压性。两个变量构件"X"与"拟声词重叠式"进入构式并允准构式对其实现压制得益于两个变量构件与程度的互动关系。

#### 3.1.1 "X"与"拟声词重叠式"互动

饶勤(2009:58)认为,拟声词与动词有着天然联系。动词除概念义外,还有时间、声响、数量、意象等语义特征。构式中"X"更多表现为 VP 形式以及少部分 AP 形式,这与拟声词重叠式做补语构件密不可分。谓词成分与拟声词重叠式的和谐互动是构式得以成立的基础。

动词都带有可用拟声词重叠式描摹的凸显特征,最重要和直接的是听觉凸显,心理凸显类动词也可用拟声词重叠式强化程度。听觉凸显的动词与拟声词之间联系最为紧密、直接,如"哭得哇哇的""笑得嘎嘎的","哭/笑"的听觉凸显为其后的拟声词重叠式凸显程度创建语义关联。心理凸显类动词也可后附拟声词重叠式强化程度,如"心里吓得突突的","吓"的心理状态凸显,拟声词"突突"用以强化心理状态的程度量级。如果动词没有这两方面的凸显特征,一般不能使用拟声词重叠式来强化程度,如"*研究得哇哇/嗷嗷的""*提供得哗哗/哇哇的"等。

动词还需具有[+量级][+持续]的语义特征,具有量级特征可以接受不同程度方式赋量。列举部分可以接受拟声词重叠式说明程度的动词:爱、愁、恨、气、感动、吵、踩、拆、抽、喘、打、冻、热、疼、饿、刮、哭、笑等。"哭、笑、打"等动词虽然不能接受"很"

等修饰，但同样存在量级差别，如"哭、大哭、嚎啕大哭""打破了皮、打出血、打骨折、打半死"等。动词的声响特征使拟声词与动词具有天然联系，动词的可量度性为拟声词重叠式表示不同程度提供适宜语境。拟声词重叠式描摹声音的不同响度与所表程度量级存在对应关系。

3.1.2 拟声词重叠式与程度相宜性

刘丹青（1988）提出，重叠是世界上很多语言的重要语法手段，尤其是亚洲太平洋地区语言。重叠是汉语表多、表大量的重要手段，具有量级加强的语法意义，拟声词重叠式具有表多、表大量的基础。拟声词重叠的次数与程度之间成正相关，重叠次数越多，程度量级越高。拟声词重叠的多寡对应程度量级的高低层级。例如：

（20）大半夜饿得嗷嗷的，去厕所路过厨房发现老妈炖了一锅带皮的红烧肉，实在受不了了，就吃了一大碗。（BCC 微博语料库）

（21）三天没吃饭了，孩子们饿得嗷嗷嗷的。（BCC 微博语料库）

例（21）的"嗷嗷嗷"因重叠次数多于例（20）的"嗷嗷"，因此所表程度也较高。

拟声词重叠式凸显、强化程度与其他相同句法位置的程度表达方式具有相似性。虽然拟声词重叠式具有动态性但它所表的程度是静态的高量级，且没有否定形式。例如：

（22）九莉自己到了三十几岁，看了棒球员吉美·皮尔索的传记片，也哭得呼噜呼噜的，几乎嚎啕起来。（张爱玲《小团圆》）

（23）朱老巩听冯兰池口出不逊，鼓了鼓鼻子，摇着两条臂膀赶上去，伸手抓住冯兰池的手腕子，说："姓冯的，你把话说小点！"他瞪起眼睛，鼓起胸膛气得呼呼的。（梁斌《红旗谱》）

例（22）"哭得呼嗤呼嗤的"不可以被否定，"*没/不哭得呼嗤呼嗤的""*哭得不/没呼嗤呼嗤的"。"呼嗤呼嗤的"具有动态直观性但表示静态高程度量级，后一分句进一步说明程度"几乎噇嗨起来"。我们还可以采用转述的方式验证"呼嗤呼嗤的"的程度特征，转述例（22）这个句子时可以用"哭得厉害/很严重"表达"哭得呼嗤呼嗤的"的意义。例（23）"气得呼呼的"同样不能否定，可以转述为"非常生气/气得厉害"。

吴春相、刘君章（2010：56）分析"拟声词"演化过程：自然声音—可摹拟声音—口语中的"拟声词"—书面语中的"拟声词"—固化的拟声词—使用范围扩大的拟声词—异化的"拟声词"。拟声词重叠式进入构式表程度是在摹拟声音的基本功能固定且高频使用下逐渐形成的，受话者联想到声音的高低层级和所发声音相关的主体和状态，进而触发对相关谓词的程度赋量。

### 3.2 构式压制

"X+得+拟声词重叠式+的"构式内部"X""拟声词重叠式"程度义都不明显，程度补语构式压制出构件的程度义，使得整个构式凸显、强化程度。例如：

（24）a 家人几次尝试做邵译的工作，邵译每次都<u>哭得哇哇的</u>，坚决不同意爸妈的决定，称自己只想上学。（《齐鲁晚报》2014年12月11日）

　　b 家人几次尝试做邵译的工作，邵译每次都<u>哭得厉害</u>……

（25）a 他们藏进山洞，藏进枯草。秋子怀里的孩子总要<u>哇哇哭</u>，这使他们怎么也没处躲藏。（张炜《你在高原》）

　　b 秋子怀里的孩子总要<u>哭</u>……

例（24）a 句"哭得哇哇的"与（24）b 句"哭得厉害"都属于程度补语构式，"哇哇的"和"厉害"同处于补语位置说明"哭"达到的程度量级，补语构件不可省略。程度补语构式压制出补语构件的程度义，使整个构式凸显程度义。构式框架不可更改，构件可同类型替换但不能省略。再看例（25）a 句"哇哇哭"是拟声词重叠式做状语说明"哭"的方式，可以用"怎么 V"对方式、状态提问，做状语的拟声词重叠式主要表方式，可省略。例（25）b 句是其省略形式。状语更多服务于语言的精细化表达，而补语则具有完善补充信息的重要作用。因此，"X+得+拟声词重叠式+的"构式程度义是程度补语构式对构件语义压制作用的结果。

### 3.3 象似性

Haiman（1985）定义象似性：语言表达式具有象似性质表现为其在外形、长度、复杂性以及构成成分之间各种相互关系上平行于表达式所编码的概念。张敏（1998）总结语言里的象似动因其中包括复杂性象似动因、次序象似动因、重叠象似动因和范畴化象似动因等。拟声词是语言象似性的最好体现，声音与拟声词形式之间存在象似性，拟声词重叠式强化程度遵循重叠象似动因。两个或多个相同的物体归在一起，会在一段时间内重复相同的动作，进而表达某种状态的程度加深（Tia，1993）。也就是说语言表达形式的重叠与概念域的重叠相对应，拟声词重叠形式对应所表程度量级。

象似性在拟声词表示程度过程中主要体现为构式内部构件拟声词重叠式的重叠次数（语言形式）与所表程度（语义内涵）之间的象似对应关系，见表 15-2。

表 15-2　　　　拟声词重叠式形式与程度量级象似关系

| 拟声词重叠形式 | 程度表达量级 |
| --- | --- |
| 拟声词二叠形式（呜呜） | 程度高 |
| 拟声词三叠形式（呜呜呜） | 程度很高 |
| 拟声词四叠及其他复杂形式（呜呜呜呜） | 程度极高 |

重叠表反复是人类语言常用的一种象似性手段，拟声词重叠象似性地表示声音的反复。拟声词重叠形式与所表声音并不完全一致，如

拟声词重叠两次所摹拟的声音一般不限于两次，也就是象似性并非等同性。拟声词与自然声音之间都是象似关联，语言百分百复制出声音是不太可能的。人们用有限的音位组合表示无数的声音，势必出现二者的不对称性，总体规律是声音越简单拟声词的形式越简单，反之亦然。更进一步，拟声词重叠式的形式表现与所表程度也是象似性关系，形式简单（重叠次数少）对应程度相对较低，形式复杂（重叠次数多）对应程度较高。也就是说，拟声词重叠式的语言形式表现与所表内容之间都存在象似性。

"X+得+拟声词重叠式+的"构式形式与人们内在的认知逻辑具有象似性。人们在认知领域首先识解到"X"进而关涉"X"所及程度，拟声词重叠式通过生动的形式描摹"X"达到的高程度量级。也就是说，认知领域的顺序性与构式的形式表征具有一致性。例如：

（26）花了一千多大圆看了看人群，连个车模都没有，也没啥宣传资料，跟娃俩人<u>饿得嗷嗷的</u>。（BCC微博语料库）

（27）当时看到籍刚已经没有劲了，可能是跑了很远的路，<u>累得呼哧呼哧的</u>。（《生活报》2013年4月7日）

例（26）"饿得嗷嗷的"形式表征为"饿"加补语构件"嗷嗷的"，人们的认知顺序与之相对应，即先感知到"饿"继而补充"饿"达到"嗷嗷的"高程度。例（27）"呼哧呼哧的"与程度量级具有象似性，"累得呼哧呼哧的"构式与人们认知识解也具有象似性。

综上，拟声词重叠式自身具有程度的可压性，充当补语构件接受构式的压制，凸显并强化"X"的高程度量级。构件与程度存在良性互动，且拟声词重叠式与程度量级之间存在象似性，构式形式表征与人们认知方式存在象似性。

## 4　本章小结

"X+得+拟声词重叠式+的"作为程度构式有其独特的表征形式

和表义方式。构式具有描摹状态和强化程度的作用,两者交互存在,整个构式更加凸显程度义。构式程度义来源于构式压制、构件之间与程度的互动、象似性的作用。

另外,拟声词重叠式作为补语构件用于拟声、描摹状态、强化程度的多功能现象不仅存在于普通话书面语中,口语及各大方言区也有广泛分布。例如,"这冰棍冻得杠杠的(东北官话)""外面的天儿凉哇哇的(东北官话)""脑瓜子疼得嗡嗡的(东北官话)""困得咪里麻啦的(东北官话)""嚼得咕吱咕吱的(江淮官话)""热得阿潽阿潽的(吴话)""累得敷呲敷呲(北京官话)""热得哈赤哈赤的(中原官话)""花开得呜吱呜吱的(晋语)"等,这说明拟声词重叠式作为补语构件强化程度在现代汉语中具有一定程度的普遍性。

# 第十六章　程度补语构式"X 得要命"与"X 得要死"对比研究

现代汉语中存在一对带有诸多共性特征的程度补语构式:"X 得要死"与"X 得要命",二者还可以共现。例如:

（1）戴建业评价盛唐,"浪漫得要死！狂得要命！"。他就是那个把学生带回盛唐的摆渡人。(《中国青年报》2019 年 9 月 10 日)

上述例句"浪漫得要死""狂得要命"都主要表达说话人对"X"性状程度达到极致程度的主观感叹。"浪漫得要死""狂得要命"表示说话人认为"浪漫""狂"的状态达到了极致程度,构式的极致程度受到"要死/要命"语义内涵的影响。与"他得了绝症,要死了"这类字面意义表示接近死亡的用法相比,程度补语构式"X 得要死/命"意义倾向于极致、夸张的主观高程度,且构式程度义无法从构成成分中完全推知。结合"X 得要死/要命"形式及意义表现认为两者都是程度补语构式。两个构式的构式义表现、变量构件"X"的准入条件、构式化动因及机制都存在诸多共性特征。但语言世界没有完全相同的两种表达,因此,"X 得要死/要命"也存在些微差异。

学界对"死"相关的研究存在诸多探讨,主要包括：吴长安(1997),吴福祥(2000),李宗江(2007),唐贤清、陈丽(2011),方绪军、李雪利(2018)等。"要死"及"要命"散见于各种极性程度的相关研究中，如张谊生（2000），马庆株（2005），谢平（2011）等。另外，武钦青（2012），赵丽华（2017），沐婷（2017）的硕士论文都对程度补语"要命""要死"有一定论述。但是从构式角度出发研究"X得要死"及"X得要命"共性及差异还未见成果。本章以北京大学CCL语料库中两个构式的语料为基础，分析两个程度补语构式的异同表现及成因。

# 1 "X得要命"与"X得要死"构式义特征

## 1.1 构式共性特征

"X得要命"与"X得要死"构式义大致可以概括为：说话人认为"X"程度超高且达到了极致程度。两个构式存在诸多共性特征，下面详细展开。

### 1.1.1 "X"量级特征显著

构式一般分为组成成分固定的实体构式和组成成分具有一定开放性的半图式构式。"X得要命"与"X得要死"都是半固定的图式构式，其中"得要命"与"得要死"是固定成分，"X"为填充成分。即使是具有开放性特征的图式构式也不可能拥有无限多的实例，也就是说填充成分"X"需要满足一定的限定条件才可以进入构式。

"X得要命"与"X得要死"都为表示极致程度的构式，"X"的程度量级是整个构式主要的说明信息，因此可计量特征是充当构式变量构件"X"的必要前提。程度构式说明对象的原型范畴一般为性质形容词，如"漂亮得不行""红得很"中的"漂亮""红"。根据CCL现代汉语语料库统计显示[①]，"X得要命"与"X得要死"构式中"X"的原型范畴为表述人的心理、性状等方面的心理动词（怕、恨等），其次用频比较高的是生理动词（渴、饿等）。心理动词、生理动词量级特征较为显著，可以接受不同程度方式对其赋量。

---

[①] 文章统计CCL语料库中进入两个构式的成分及用频，见本章附表。

## 第十六章 程度补语构式"X 得要命"与"X 得要死"

例如:

(2) 人们对这种卑鄙的行径,虽<u>恨得要死</u>,但也<u>怕得要命</u>。虽讨厌他还得讨好他。[《读者》(合订本)]

例(2)"恨得要死""怕得要命"描述人的心理状态"恨""怕"达到了接近极值的超高程度。"恨""怕"之类的心理动词表现为无界量幅,具有量级的延展性,构式将其量级固定在一个极值高量。

性质形容词量级特征十分显著,虽然进入两个构式不如心理动词、生理动词高频,但也可以充当变量构件"X"。例如:

(3) a 冬天<u>冷得要死</u>,得使劲穿衣服;夏天<u>热得要命</u>,汗流浃背的,没法漂亮。(《人民日报》1993 年 4 月)
　　　b *冬天冷嗖嗖得要死,得使劲穿衣服;<u>夏天热腾腾得要命</u>……

例(3)性质形容词"冷""热"进入构式自由,而"冷嗖嗖""热腾腾"这些自身表现为量点特征的状态形容词进入两个构式受限。

构式形成后具有一定的能产性,因此一些带有量级特征的述宾结构或凸显某方面属性的名词也可以进入构式。虽然述宾结构及名词进入构式用例极少,但依据语言的类推原则,它们进入构式也具有可解释性。例如:

(4) 袁泉,主任医师,<u>爱干净得要命</u>却还是心甘情愿跟那三个人住在同一个房子里。(《扬子晚报》2018 年 3 月 13 日)
(5) "别再道谢了,<u>婆妈得要死</u>。"(亦舒《我的前半生》)

对于程度构式而言,构式内部被说明的构件具有可计量性是构式得以表示程度的必要前提,典型的、显著的可计量成分是构件的典型成员。谢平（2011）认为表程度的"要命、要死"语义焦点在主体事物的程度上。"X得要命"与"X得要死"构式都凸显"X"达到的极致程度，构式义的表达带有说话人夸张的感情色彩。

1.1.2 极致夸张程度量级

"X得要命"与"X得要死"构式表示极致程度与"要死/要命"的语义内涵相一致。张国宪（2006）认为用于表述形容词高量的有"很、太、非常"等，表示极量的有"极、极其"。马庆株（2005）将程度补语"要命、要死、死"对应"极"类程度副词。"X得要命"与"X得要死"带有说话人强烈的夸张意味，表示的程度量级高于常规表示极量的"极、极其"。"要死"与"要命"都可以指涉人的生命快要终结，从认知角度看，接近生命终结是特别严重的事，能够引起人们的高度重视。极为重要的事件表现在程度上，则是极致高程度。表示接近死亡义的"要命/要死"与表示死亡义的"死/死了"都可用来表示高程度，口语中常有"烦死（了）""累死（了）""气死（了）"等表达，但由于口语中高频表达导致"死（了）"表程度时量级有所磨损，并且表义重点在前面的"烦""累"等信息。"X得要死/要命"构式成分更完备，且构式具有加深程度义功能，人们可以毫不费力地识解"X"所达到的超高程度量级。例如：

（6）"他真勇敢。肋骨折断很疼，肋骨刺穿肺部更是疼得要命。他能走完这两公里，真不可思议，全靠毅力忍住剧痛。"（新华社2004年5月新闻报道）

（7）挤呀，挤极了，挤得要命，好了，听完了以后挤不挤？挤。[姚家祥《百家讲坛——备战高考（一）语文篇之记叙文》]

上述两个例句显示在小句序列中，"要死/要命"总是后置于"很、极了"类程度词，说明在程度量级序列中，"要命/要死"所表程度最深。王世凯（2010：45）认为人类衡量程度深浅和幅度体现的是一种变化，也就是程度和幅度具有［变化］属性。例（6）"疼得要命"前有"很疼"表示量级。例（7）量级序列更全面，"挤—挤极—挤得要命"，程度量级逐级攀升。两例都在前后句中体现出程度序列变化。"X得要命/要死"构式基于"X"显著的量级特征，将"X"无界的量级特征固定在极值高量，进而实现有界化。我们将"X"的光杆形式看作基础量，它存在一个量级连续统。

量级由基础量（X）逐渐升高

X ——→很/非常/十分 X ——→极/极其 X ——→X得要死/要命

"X得要命"与"X得要死"构式表示极致程度包含了说话人很大程度的夸张，"要命/要死"这种生命面临死亡的情况并非常见、普遍现象，人们编码"饿得要死""后悔得要死"经过认知领域的主观加工，带有说话人夸张成分。沈家煊（2001）认为语言的主观性特征极为普遍，语言多少都带有说话人的立场、态度和情感。"X得要命"及"X得要死"构式的极致程度带有说话人主观夸张特征。说话人的"言过其实"与两个构式"极致程度"具有因果关联。"X得要死/要命"带有夸张性质的程度量级加强了话语力量和整个构式表达力。构式中变量构件"X"语义色彩倾向于贬义，夸大"X"相关信息达到的程度量级是说话人的主动选择。

1.1.3 负面感叹义突出

"X得要命"及"X得要死"两个构式表示极致程度的同时，负面感叹义也十分突出。根据CCL语料库中语料显示，两个构式中变量构件"X"占比最大的都为贬义色彩的词语，如"吓""怕""难受"等。两构式都凸显"X"的极致程度，带有贬义色彩、负面语义信息的词语更容易进入这两个构式。构式内部补语构件"要命/要死"自身带有夸张的负面语义内涵，因此贬义色彩词语进入构式与补语构件"要命/要死"及整个构式具有相协性，进一步凸显整个构式的负面感叹义。例如：

（8）电文尖锐深刻，像柄利剑直刺蒋介石政权的心脏。一时蒋介石怕得要命恨得要死，直接封锁了这一消息，并要大报小报

一概不准登载。(陈廷一《宋氏家族全传》)

"怕""恨"之类的词语语义色彩表现为贬义,整个构式呈现负面感叹色彩。此外,构式还具有一定的强压制作用,将进入构式的贬义色彩词语的贬义信息最大化,而中性色彩词语进入两个构式呈现贬义化倾向,例如:

(9) 这些没喝过延河水的人,很怕听报告。不但往往得席地而坐,而且长得要命。唯独听胡乔木的报告,觉得是享受。(《读书》)

(10) 小姐们逃散之后,一把塑料壳的壁纸刀落在了地上,刀尖朝下,在地下轻轻地弹跳着。我俯身把它拣了起来,摸它的刀片——这东西快得要死,足以使我断子绝孙。(王小波《白银时代》)

例(9)"长"与例(10)"快"单独使用语义色彩为中性,但"长得要命""快得要死"构式整体凸显的却是说话人的负面感叹。中性词语进入构式贬义化倾向可能与人们认知层面"过犹不及"的观念相关。

构式也存在"高兴得要死""开心得要命"等表达,但褒义色彩的用例远低于贬义色彩用例,因此两个构式都多带有愤怒、抱怨、不满、嗔怪、责备等消极情感,总体表现为贬义构式,只有限扩展到褒义事件。当构式呈现褒义色彩时,强感叹义保持不变。

综上,"X得要命"与"X得要死"在变量构件"X"的量级特征、构式表示极致夸张程度量级、构式具有突出的负面感叹义三个方面存在共性。但"X得要命"与"X得要死"仍存在差异表现。

### 1.2 构式差异特征

虽然"X得要命"与"X得要死"存在诸多共性特征,很多情况下可以互换。但由于补语构件的差异导致两个构式存在诸多差异特征。

## 第十六章　程度补语构式"X得要命"与"X得要死"

下面具体展开。

①"X"与补语构件互动。两个构式中变量构件"X"都为量级显著的成分,但不同"X"与不同补语构件互动存在差异。

量度形容词与补语构件互动。"要命"可以与量度形容词(如"大""小"等)搭配,感情色彩不显著的量度形容词进入构式"X得要命"表现为贬义色彩,如"大/短得要命"。而"要死"一般不可以与量度形容词搭配,如"﹡小得要死"。

普通动词与补语构件的互动。"要死"可以与普通动词(如"打""骂"等)搭配,如"打得要死",普通动词与"要死"搭配具有多重功能,可以兼表状态和程度。而"要命"一般不与普通动词搭配,如"﹡打得要命"。

②补语构件特征差异。张谊生(2000)认为"要命、要死"等词正在成为"唯补副词"。词性上"要命""要死"的确呈现出"唯补副词"特征。但作为构式的补语构件,对构式特征产生更大影响的是两者构词法上的细致差异。

"X得要命"与"X得要死"中补语构件"要命"和"要死"内部组构不同。"要命"中"要"为表示索取、索要的动词,"命"指生命,"要命"中间可以插入"了",如"差点要了命"。"要死"中"要"为表示将要的助动词,"死"指死亡。"了"不可插入二者之间,只能后附,"﹡要了死""要死了"。构式内"要死"表示"将要死亡",是生命接近最终结果死亡的临界状态,可以表示结果、状态、程度,而构式内"X得要命"一般只表程度。

③语体色彩差异。对比而言"X得要死"口语性更强,"X得要命"在日常口语语体中不如"X得要死"常见。CCL语料库中"X得要死"分布在口语语境的语料占比高于"X得要命",两者共现时"X得要命"构式在语流中位置靠后,如"抖得要死,真的,冷得要命(鲁豫有约——张学友)"。可见在口语对话中选择"X得要死"构式优先级别更高,"X得要命"书面语色彩更重,人们将更书面化的表达后置再次强调性质、状态达到的极致程度。"X得要死"的口语色

彩受到口语中高频使用表极致程度的"X（累、羡慕等）死了"影响，"X 得要死"构式口语特征突出源于与口语表达式具有更多相似特征。

④感情色彩差异。上文我们分析"X 得要命"与"X 得要死"两个构式都凸显负面、消极色彩。根据统计语料显示（详细数据统计见本章附表），"X 得要死"构式的负面、消极色彩义使用频次占比更大，也就是负面、消极色彩更为突出。

⑤语用频率差异。CCL 现代汉语语料库表示极致程度义构式"X 得要命"出现频率为 784 次①，构式"X 得要死"为 424 次。可见现代汉语中"X 得要命"表示极致程度语用频率更高，具有一定的优势地位。

## 2 "X 得要命"与"X 得要死"构式义获得

"X 得要命"与"X 得要死"构式程度义都是动态浮现出来的，构式形式与意义之间存在一定的不透明性，两个构式极致程度义是在语义演变及构式压制共同作用下获得的。

### 2.1 语义演变

"X 得要命"与"X 得要死"构式的极致程度主要得益于补语构件的语义演变。"要命"与"要死"表义都与人的生命相关，"要命"表示使丧失生命，"要死"表示生命接近死亡，两者的语义内涵都带有消极意义。那么生命接近死亡如何发展出超高程度？李宗江（2007：43）分析"要命、要死"的演变过程存在一致性：

$V_1$ 得要死（本义，表结果）——（对生命构成损害的动作状态，如"病、打"等）

$V_2$ 得要死（虚化，表情状）——（对人身心不好的影响，如"气、愁、骂"等）

---

① 语料为频次统计。比如"我对他爱得要命又恨得要命"统计为 2 条。具体情况参看本章结尾处表1与表2。

## 第十六章 程度补语构式"X 得要命"与"X 得要死"

V₃ 得要死（虚化，表量）——（对人身心不会产生不好影响的动作状态或形容词，如"高兴、丑、喜欢"等）

李宗江（2007：44）认为虚化表情状的"V 得要死"元代就已出现，清代用例增多，进一步虚化为表量见于清代。"要命"做补语是现代的事。我们同意上述"要命、要死"的虚化过程以及不同虚化过程对应的谓词性质。但存在些微不同，将其语义虚化过程归结如下：

1. "X 得要命/要死"（本义，表结果兼状态）
2. "X 得要命/要死"（虚化，显性状态兼隐性程度）
3. "X 得要命/要死"（虚化，显性程度）

请看具体例子：

（11）灵珊说："我骂你，因为你糊涂，因为你少根筋，阿裴病得要死，而你还在跟我兜圈子，闹了那么大半天才扯上主题，你真要命！"（琼瑶《月朦胧鸟朦胧》）

（12）张发奎、陈公博那些老爷们却回到了广州，简直把周炳气得要死。（欧阳山《三家巷》）

（13）若是把标语立在旧屋的屋檐上，则背后衬着灰黑的瓦，难看得要死。（陈世旭《将军镇》）

语义演变过程就是"要命/要死"语义整合、逐渐虚化的过程。"X 得要命/要死"与"打、病"等可以危害人的生命的词语成分搭配表示比较客观的结果，并且表结果的同时凸显"X"所处状态，例（11）"病得要死"即是"病"达成的结果也是"病"所处的状态。"吓、气、急"等类似成分进入构式兼表状态和程度，表面上是显性状态实际上带有隐性程度。比如，例（12）"气得要死"凸显主语"气"达到何种状态，同时隐含"气"的程度高。事实上某种极致的状态很难与程度完全剥离，"要命、要死"等表示人所处情状的同时也蕴含程度。随着使用频率增加，原有的实义特征逐渐磨损，"要命/要死"更加虚化，虚化为表超高程度。例（13）"难看得要死"既不是难看到要死的结果，也不是难看处于要死的状态，而是难看的程度高，表程度功能得到凸显。

另外，我们认为表极致程度的"X得要死"最早见于元代，而"X得要命"最早见于清代。请看具体实例：

（14）那天小千户回来，燕燕在服侍他换衣时，发现了莺莺赠给他的手帕，她才意识到自己受骗上当，<u>气得要死</u>。(《新校元刊杂剧三十种·诈妮子调风月》，转引自李宗江，2007：44①)

（15）心中颇疑便是世俗相传的李铁拐。听了他的话，兀自<u>吓得要命</u>，当下把他缠住，苦求避免之法。[《八仙得道传（下）》]

例（14）"气得要死"不仅表现出"气"的状态还凸显"气"达到的极致程度。例（15）"吓得要命"凸显"吓"的极致程度。"X得要命"比"X得要死"出现晚，古代汉语中用例较少，现代汉语用例却高于"X得要死"。可见"要命"与"要死"虽然语义演化轨迹一致，但充当程度补语构件依然存在差异。

刘丹青（2010）指出构式的形成与词汇化过程相像，多数是一个逐渐浮现过程，浮现过程有长有短，但必须经历，构式整体义往往是在具体使用中浮现并凝固。"X得要命"与"X得要死"构式程度义的浮现过程与"要命/要死"的语义演变过程相一致。另外，构式极致程度义获得还得益于构式压制。

## 2.2 构式压制

Goldberg（1995：238）认为构式可强制词语项产生出系统相关的意义。Bergs & Diewald（2008）提出构式对插入其中词项的意义施加力量。比如，现代汉语中一些超常搭配"喝坏了胃""笑弯了腰"，其中的宾语不是其前述语的常规搭配，是构式整体压制宾语与述语之间

---

① 例句出自李宗江《几个含"死"义动词的虚化轨迹》，《古汉语研究》2007年第1期，原文为例（55）。

互动。施春宏（2014）将构式压制生动描摹为构式"招聘"和组构成分"求职"的互动过程。程度补语构式普遍存在构式压制现象，如"女人得要命"，构式压制出"女人"带有量级特征的属性义，同时该构式也压制出"要命"的程度义。也就是说，程度补语构式的程度义既来源程度补语构件也来源构式本身，本质上是构件与构式的互动关系。

2.2.1 "X"与构式的互动

"X得要命/要死"构式中"X"的原型范畴为心理动词，心理动词进入程度补语构式被构式赋予程度量级，实现量级的有界化表达。生理动词、性质形容词与心理动词同样能够接受构式赋量。构式对"X"的压制主要体现在那些量级特征并不凸显的构件成分。例如：

（16）她把铅笔在桌子上顿，说："混账！我正<u>恨得要死</u>呢，她还在外面替人家宣传！我非跟她算账不可。"（钱钟书《围城》）

（17）你别拿常人跟他比，他是魔鬼，妇女克星，<u>大男人得要命</u>。（岑凯伦《还你前生缘》）

例（16）"恨"进入程度构式十分正常，构式将其固定在何种量级取决于后面的补语构件，心理动词、性质形容词等量级特征显著的词是程度补语构式"招聘"的理想型，不会引起任何争议。因为构式"招聘"条件严苛，例（17）"大男人"的"求职"过程要艰难一些，正常而言，名词较难进入程度补语构式，但当名词表义向某一方面属性特征侧重时，便获得构式"青睐"成功进入构式。"大男人"侧重自己说了算，不顾对方（尤其女性）感受的属性，因此构式对其实现了程度量级的加强。

2.2.2 "要命/要死"与构式的互动

程度构式中有许多补语构件词义本身不具有程度义，被构式压制出程度义，如"不行"单用表否定，进入"X得不行"构式表高程度。"要命/要死"独用也并非表程度，获得程度义的形式条件是在程度补语构式内充当补语构件。例如：

（18）这个人，活着的时候是由她摆布的，现在他就要死了，他不归她管了。（张爱玲《连环套》）

（19）我又说："你的命是爹娘给的，你不要命了也得先去问问他们。"（余华《活着》）

（20）如果我们亲自去，坐很多车坐飞机然后下去，在里边又冷得要死，那个鬼地方冷得要命，你们有没有去过定陵啊？（李敖对话录）

由上述三例可见"要死"单独使用表示快要死亡的结果和状态，"要命"单独使用表示使丧失生命，前面多加"不"表示质问。"要死"与"要命"还存在其他用法，但"接近死亡"与"丧失生命"是它们进入构式具有可压性的语义基础。例（20）二者进入构式，"冷得要死""冷得要命"都凸显"冷"达到的极致程度，构式实现了对补语构件的程度义压制。

## 3 "X得要命"与"X得要死"构式义认知阐释及特征成因

唐贤清、陈丽（2011）认为"死"是生命过程（时间概念）的终点，"终极、极点"概念本身暗含了程度义。宗守云（2014）认为语言中从终点义到极致义的语义发展途径比较普遍。"X得要命"与"X得要死"构式极致程度义在认知上存在临界情状到极致程度的转化。

### 3.1 临界情状到极致程度

"X得要命"及"X得要死"中补语构件"要命"及"要死"都接近生命时段的客观终点，是一种临界情状表达。程度义"要命/要死"主观性增强，表示极致程度带有说话人夸张的性质。

生命都是一个由生到死渐变的时间过程，在这个连续过程中存在不同的发展阶段，最终都会到达终点"死亡"。具体可感的时间域通过隐喻投射到抽象的程度域，时间的逐渐累积对应程度量的逐渐叠加，"要死/要命"在时间域表示人生命接近死亡（终点）的时间和临界状态，对应的程度域则是接近极值的程度。唐贤清、陈丽（2011）还从跨语言的角度论证"死"终点到程度的发展路径。这说明终点到程度的跨域投射在人类语言中存在普遍的认知共性。如果我们建立一个 1—100 的闭合数轴就可以直观表示时间链条下情状改变对应的程度域的量级层级，如图 16-1 所示。

```
|                                                    |     |
1                                                   95    100
生（起点）                                         要死   死（终点）
基量                                              接近极量 极量
```

**图 16-1**

数轴上 95 代表"要死/要命"的时间及程度只是我们大致的心理估值，"要命/要死"与"死"之间的距离因主体不同在数轴上的对应数值存在一定的波动，运用具体化数字是为了将两个域更直观地呈现。"要命/要死"都是一种临界状态表达，临界情状是时间域向程度域投射的基础。时间链条的不同位置会呈现不同的情状，不同的情状投射到不同的程度量级。"要命/要死"都是临界生命终点的情状表达，对应的是接近极值的高程度量级。

## 3.2 社会固有认知的识解

人类社会在长期发展实践中形成了许多固有的认知模式，这些固有认知模式无时无刻不影响着人们对语言的编码与解码。尤其是消极负面的体验感知给人们留下的认知记忆更深刻，语言中存在大量的例证："一朝被蛇咬，十年怕井绳""谈虎色变""惊弓之鸟难安"等。这些语言表达说明恐惧、愤怒、厌恶等负面、消极情绪对人们的认知识解与行为反应具有长期影响效应，语言在一定程度上具有消极倾向。

"死亡"无疑是人类终极恐惧的因素,与之相关的事件、语言等都不太能投射出积极的认知识解。"X 得要命"及"X 得要死"构式表示极致程度同时带有说话人强烈负面感叹色彩,上文我们分析"X"相关特征时提到构式内贬义色彩成分占据绝对优势,中性色彩词语进入构式受到补语构件感染语义也会向消极、负面偏转。人们对"死亡"相关的语言固有的消极、负面认知模式深刻影响着语言中相关的构式表达。社会固有认知一旦形成,会在很长时间内影响人们的语言使用和思维模式,当然它也会随着现实世界的变化而发生改变,继而形成新的固有认知。认知不同于其他事物,一旦形成很难改变,尤其是关于生死的认知。生命的不可逆性必然导致人们喜生恶死,作用到语言上就是对于"死"相关语言附带的消极、负面色彩。

### 3.3 听说双方互动与招请推理

Halliday(1970)指出语言具有概念功能、语篇功能和人际功能三大元功能。说话人编码"X 得要命"与"X 得要死"带有夸张性质的程度构式更能引起听话人的注意与回应。就说话人而言编码这两个构式是源于"X"达到了说话人难以承受、濒临极点的高量,希望得到听话人回应。比如,说话人编码"我急得要死""气得要命"在抒发自我感知的同时希望听话人能够给予关注或帮助。说话人编码"高兴得要命"等积极信息时希望听话人能够问询并与说话人达到共情。

招请推理也是听说双方互动的一种体现。沈家煊(2004)提出招请推理是说话人利用"不过量准则"来招请、邀请听话人推理。说话人编码"X 得要命/要死"构式已经不再表示"接近死亡,生命面临丧失"的原义,而是表示"X"达到极致程度。虽然构式不再表示原义,但听话人通过推理可以得出构式的极量程度义。例如:

(21)"要是一身新行头,配上旧头面,那才难看得要命。我去借,要点翠的,十成新的,准保配得上新行头!"(老舍《四世同堂》)

例（21）说话人编码"难看得要命"招请听话人推理。"难看"并不会真的要了人的性命，听话人基于"要命"语义信息，推理出构式凸显"难看"达到的极致高程度。

随着使用频率的增加，招请推理出的意义会逐渐固定，听话人不需要推理便可以直接识解说话人的话语内涵，构式新的意义得到固定。现如今"X得要命"及"X得要死"构式的程度义已经固定，识解时不再需要从接近终点的临界情状推出接近极值程度，而是直接得出构式程度义。

## 4 本章小结

"X得要命"及"X得要死"构式表义程度接近，构式特征相近，构式义获得过程及认知过程也具有共性特征。但这组相似度超高的构式在构件组成、主观色彩、使用频率等方面存在差异。现代汉语中的程度构式都是表示程度范畴的不同形式，存在各种共性特征也较为普遍，我们需要在共性基础上挖掘每个构式的独特性。

表16-1 CCL语料库"X得要死"构式表征及频次、占比统计（424条）

| | |
|---|---|
| 褒义色彩词语频次及占比<br>（共31条、占比7.31%） | 高兴（7）、笑（5）、兴奋（2）、乐（2）、精明（2）、快乐、好玩、快活、好、甜、漂亮、浪漫、烂漫、精、气派、爱、赞赏、喜欢 |
| 贬义色彩词语频次及占比<br>（共323条、占比76.18%） | 吓（36）、怕（35）、累（25）、恨（22）、病（18）、气（17）、忙（16）、冻（9）、穷（8）、闷（8）、急（8）、害怕（8）、难受（5）、笨（4）、后悔（4）、打（4）、烦（4）、烦闷（4）、孤独（4）、痛（4）、寂寞（3）、嫉妒（3）、厌倦（3）、疼（3）、头疼（3）、愁（2）、乏味（2）、紧张（2）、挤（2）、痛苦（2）、小气（2）、伤心（2）、痒（2）、厌烦（2）、讨厌（2）、肮脏、懊恼、妒恨、担心、沮丧、绝望、失望、难看、难过、难懂、难吃、尴尬、孤单、压抑、空寂、痛恨、可恶、羞愧、疲惫、辛苦、头痛、头昏、头沉、龃龉、后怕、嫉妒、焦渴、忙累、蠢、丑、臭、冻、颠、贵、昏、阔、愧、苦、狂、烂、腻、肥、省、差、骂 |
| 中性色彩词语频次及占比<br>（共70条、占比16.51%） | 饿（20）、羡慕（12）、渴（9）、冷（6）、想（3）、热（3）、好奇（2）、逼、憋、抖、缠、压、迷、追求、折腾、快、慢、空闲、闲、干、紧、瘦 |

作者注："X得要死"构式总计424条（括号内为频次标注，无标注的频次为1）

# 第四编　与情状凸显有关的程度构式研究

表 16-2　CCL 语料库 "X 得要命" 构式表征及频次、占比统计

| | |
|---|---|
| 褒义色彩词语频次及占比（共 111 条、占比 14.00%） | 高兴（16）、爱（10）、喜欢（6）、开心（6）、好（5）、甜（3）、感动（3）、幸福（2）、英俊（2）、笑（2）、乐（2）、快活（2）、激动（2）、乖（2）、欢喜（2）、好看（2）、聪明（2）、大方（2）、积极（2）、饱满、崇拜、崇敬、富、美、美丽、纯洁、天真、红火、火爆、好吃、机智、幸运、兴奋、神气、漂亮、精细、幽默、整洁、敬业、准、结实、老实、热情、轻松、强、香、信任 |
| 贬义色彩词语频次及占比（共 509 条、占比 64.18%） | 怕（46）、气（42）、吓（36）、急（24）、累（20）、穷（19）、紧张（17）、害怕（16）、疼（16）、痛（15）、恨（11）、痛苦（8）、难受（8）、挤（8）、困（6）、嫉妒（6）、脏（6）、难过（6）、难看（5）、苦（5）、贵（5）、孤独（5）、烦（5）、头疼（4）、凶（4）、痒（4）、懒（4）、后悔（4）、妒忌（4）、蠢（4）、冻（3）、差（3）、讨厌（2）、馋（2）、眼馋（2）、遗憾（2）、心烦（2）、无聊（2）、伤心（2）、委屈（2）、傻（2）、辛苦（2）、疲倦（2）、乏（2）、敏感（2）、难吃（2）、难堪（2）、烂（2）、抠（2）、寂寞（2）、慌张（2）、害羞（2）、寒碜（2）、恶心（2）、酸（2）、臭（2）、丑（2）、笨（2）、奇怪（2）、愁、闷、悲观、悲伤、悲痛、烦躁、烦琐、烦恼、疲惫、疲乏、气闷、气愤、焦急、苦恼、无助、压抑、抑郁、消极、憋、别扭、变态、吃惊、错、喘、冲动、财迷、粗野、匆匆忙忙、堵、毒、打、大男人、恶、孤单、古板、固执、慌、旱、坏、昏聩、滑稽、糊涂、窘、狡猾、嫉妒、饥饿、拮据、矜持、娇、倔、夸张、狂、瞌睡、酷爱、可怕、可怜、空、懒惰、满足、磨、难听、恼火、皮、破、泼、泼辣、耿直、屈辱、酸疼、烧、俗气、松、生气、头晕、跳、贪婪、烫、心疼、心软、细、羞愧、咸、自卑、自私、糟糕、着急 |
| 中性色彩词语频次及占比（共 173 条、占比 21.82%） | 冷（26）、热（24）、饿（23）、想（20）、渴（16）、多（10）、忙（7）、长（7）、羡慕（5）、大（4）、小（3）、铁（2）、紧（2）、重（2）、爱惜、宝贝、沉、催、宠爱、惦记、好奇、讲究、蓝、高、关心、干、感激、好懂、快、慢、潮、担心、简单、凉快、辣、熟悉、亲热、巧、软、瘦、少、思恋、追、严格、严、远 |

作者注："X 得要命" 构式总计 793 条（括号内为频次标注，无标注的频次为 1）

# 第十七章　高程度义构式"X得够呛"研究

先看两个例子：

（1）"甘巴里纳在哪儿？让我吻吻他吧？""美洲豹"说，"<u>我把他摔得够呛</u>，不知道他是不是还活着。"（马里奥·巴尔加斯·略萨《城市与狗》）

（2）年底年初，日本各种宴会、招待会很多，<u>这些人也忙得够呛</u>，并能得到一笔数目不小的收入。（《人民日报》1996年）

例（1）和例（2）画线部分都带有"X得够呛"构式，表示高程度义，其中"X"包括"名词性成分（以下简称NP）+可省略的状语成分（以下简称AD）+动词或形容词（以下简称V或A）。例（1）"摔得够呛"说明"摔"的程度高，例（2）"忙得够呛"表示"忙"的程度高。构式内部"够呛"为补语构件，说明前面主语的动作、性质、状态达到的高程度。构式基本形式为"NP + V/A + 得够呛"，但存在很多变式。如"V/A"前出现状语；用"把"或"被"介引其他对象；省略"NP"。基式与变式所表达的高程度构式义具有一致性。

"X得够呛"是现代汉语常见程度表达式，如"我累得够呛""天儿热得够呛"等。其中"NP"形式及位置较为灵活，构式中充当谓语中心的成分主要为性质形容词。"得"轻读，少数情况下可以省略，如"气够呛"。"得"与"够呛"之间不插入其他成分。

学界还未有专文探讨"X 得够呛"这一高程度义构式，但相关研究比较丰富。马庆株（1992）认为程度补语表示程度和幅度，只表示程度高，不表示同样的程度和较低的程度。另外还列出北京方言中常见的 25 个程度补语："很、极、死、透、多、远、坏、凶、慌、着了、不过、去了、吓人、要命、要死、不行、够呛、够瞧的、够受的、厉害、邪乎、邪行、可怜、不得了、了不得"，其中包括"够呛"。张谊生（2000）考察了程度副词充当补语的多种情况，认为"够呛"是正在形成的唯补准副词。刘月华（2001）等认为用"得"连接的主要是副词"很、慌、要死、要命、不行、够呛、够受的、厉害"等。赵日新（2001）认为汉语形容词带程度补语表示程度高到极点，并认为"形容词+得+程度补语""形容词+程度补语"和"形容词+得"可以追溯到相同来源。罗美君（2014）分析了"够呛"的语义特点、句法特征及相关句式。

综观前人研究发现，从构式角度出发分析"X 得够呛"构式构件组成、构式句法功能、构式义及构式义获得的认知机制等方面问题还有待深入。

# 1 "X 得够呛"构式构件组成

"X 得够呛"构式包括变量"X"，常量"得"与"够呛"。变量构件"X"较为复杂，包括"NP""AD"与"V/A"三个子构件，如例（2）中"NP—这些人""AD—也""A—忙"。构式中"NP"存在但不一定出现，"AD"可以存在但不一定出现，因此影响构式义的主要是"V/A"的不同和"够呛"的语义内涵。下面逐个分析构式构件。

### 1.1 "NP"与"AD"

"NP"与"AD"出现与否具有一定的自由性和灵活性。该构式中"NP"主要是有生命的表人名词或名词短语，少数是无生命的名词或名词短语。群体或个体名词都可以。例如：

（3）"种粮大户"柯荣光这两天虽说忙得够呛，却是特别舒畅，从县里到各有关部门一路开绿灯。（《人民日报》1995年）

（4）国脚们拼杀已久累得够呛，这几天忙着庆功，想保持好的状态有些难。（2001年10月新华社新闻报道）

（5）管清波：哼，上班下班的时候，电车可挤得够呛！（老舍《春华秋实》）

（6）"这儿真是冷得够呛！"他说，同时加了几块木材到火里去。（翻译作品《安徒生童话故事集》）

"NP"限制较少，甚至可以省略，省略的"NP"在上下文或对话语境中一般可以补出。构式中的状语成分——"AD"与之相似，状语成分一般出现在"NP"之后，"V/A"之前。其出现与否不影响整体构式义，但有些状语有加深构式义或增加构式语用功能作用，如"也""可""都"等。

## 1.2 "得"与"够呛"

《现代汉语八百词》指出"得"连接表程度的补语时，基本形式是"动/形＋得＋补"。动词不能重叠，不能带"着、了、过"，补语可以是动词、形容词或小句。"X得够呛"构式构件"得"是结构助词，连接"X"与"够呛"。口语中"得"可省略，如"累够呛""渴够呛""恶心够呛"等，也表高程度义。书面语补语构件"得"连接前后两项，基本不省略。

"够呛"，《现代汉语词典》（第7版）释义：〈口〉形容词。"十分厉害；够受的。也作够戗。"词典释义不足以概括其语义和句法特征。"够呛"语义不是"够"与"呛"义项的简单叠加，其内涵及演化对整个构式表达的高程度义有重要作用。

### 1.3 "V"与"A"

"X得够呛"构式中谓词成分有动词及性质形容词两类。检索 CCL 现代汉语语料库"得够呛",结果见表 17-1。①

表 17-1  CCL 现代汉语语料库"X得够呛"构式中"X"词语及频次

| 频次限定 | 词语表现及频次 |
| --- | --- |
| 频次大于10 | 累(35)吓(14)忙(13)折腾(11) |
| 频次2—10 | 折磨(9)气(9)饿(5)冻(4)摔(4)颠簸(2)困扰(2)急(2)被整(2)骂(2) |
| 频次为1 | 寒碜、高兴、批评、乐、震、逼、烧、冲、无赖、忆、烦、淹、疼、弄、难受、脏、热、抖、欺骗、闹、挤、疯、克、熬、输、打击、打、拉、坑、阴、淋 |

由表 17-1 可见,"X得够呛"构式中"够呛"的主要说明对象为部分动词及性质形容词,较高频的分别是生理动词"累",心理动词"吓"和性质形容词"忙",它们都具有量幅特征,可以接受程度方式说明限定。基于检索结果分析构式变量构件的共性特征表现。

#### 1.3.1 动词特征

兰宾汉(1993)提出一般动作动词也能带程度补语。如果一般动词补语由形容词或形容词性词组充当,补语前用结构助词"得"则是程度补语。"X得够呛"构式满足表示程度条件,动词可进入构式,构式中动词有如下特征。

进入该构式的动词一般为动作动词、心理动词及生理动词。例如:

(7) 第二天清早,又赶去郊外的大学,找弟弟要钥匙,<u>折腾得够呛</u>。(《市场报》1994 年)

(8) 云侠还好,一个就地十八滚进了草坪,云龙可是<u>摔得够呛</u>,硬碰硬地撞上了隔离墩,歇了两月才重新登台。(郭德纲相

---

① 还有大量"的够呛"语料,也可表示高程度义。其前词语性质与"得够呛"类似,不再单独列出。

声集）

（9）在一堆报销凭证上动作，她就算能解释过去，应该也吓得够呛了。（李可《杜拉拉升职记》）

（10）也许因为不少企业被新三债困扰得够呛，先交钱，果然买到信誉。（1994年报刊精选）

例（7）"折腾"和例（8）"摔"都是动作动词，有实在的动作义。"折腾"动作具有持续性，"摔"动作虽然不具有持续性，但会产生一系列不同程度的结果。二者都具有量度特征，带有量度特征的动作动词可以进入该构式。例（9）和例（10）中"吓"和"困扰"都是心理动词，表示某种心理状态，加上"够呛"说明"吓"和"困扰"达到的程度高。生理动词"饿""渴"等也可进入构式，如后文例（11）。

"X得够呛"中谓词成分语义特征呈现［＋量幅］［＋无界］特征。根据表1显示很多动词带有感受义特征，感受分自感和使感两类。自感类动词表达主体的自我感受，具有一定程度的可控性，进入该构式更自由。使感类动词存在感受的致使者和承受者，一般需要借助"被"字结构或"把"字结构体现。例如：

（11）平时实在是饿得够呛想解解馋，也就是买几个鸡蛋。（史铁生《我的遥远的清平湾》）

（12）他们是为破案而来的。他们途中陷了车，他们都冻得够呛。（梁晓声《钳工王》）

（13）他们只能尽最大努力呵护着文物珍品。光是书画，就把他们折腾得够呛：黄梅天气，他们买来许多生石灰，撒在文物四周，吸去潮气。（《人民日报》1996年）

（14）拉拉喷了两声道："估计海涛当年纯洁的小心灵被打击得够呛！那你当时想没想过不干销售了？"（李可《杜拉拉升职记》）

例（11）和例（12）中"饿""冻"为自感类动词，进入"X得够呛"构式表示主体对某方面的感受程度高，且程度高到难以承受。例（13）和例（14）中"折腾""打击"为存在致使者造成主体感受变化的动词，需要借助介词"把"或"被"进入构式。

此外，"X得够呛"中动词一般带有消极、负面语义色彩，如"噎、气、折腾、吓、急、毁"等能进入该构式的动词负面语义特征明显。目前而言，积极义动词进入该构式用例还很少见。一般而言，人们对负面的行为或感受更加难以承受，主观情感更强烈。

#### 1.3.2 形容词特征

"X得够呛"构式中形容词为性质形容词。性质形容词表义具有量幅性，可接受不同程度方式赋量。状态形容词（如"雪白""红彤彤"等，有些学者将其处理为单独词类，即状态词）表义具有量点性，一般不接受其他程度方式赋量。"X得够呛"构式也只允准性质形容词进入构式。

"X得够呛"构式中形容词为性质形容词。例如：

（15）这事把毛孩一家也<u>忙得够呛</u>，也<u>高兴得够呛</u>。（1994年报刊精选）

（16）"喂，克莱德，您好。哦，您打来电话，我真高兴。我心里一直<u>乱得够呛</u>。我的两封信您都收到了吗？（西奥多·德莱塞著，潘庆舲译《美国悲剧》）

上述两个例句中形容词"忙""高兴""乱"皆为性质形容词。性质形容词用于描摹人或物的性质，其自身程度义不明显，进入程度构式凸显说明程度。

"X得够呛"构式中有些性质形容词带有［＋感受］义特征，如"烦""难受""热""乱"等，都是主体的某种感受。例如：

（17）就硬是要刘星算出夏雪出门25分钟内，死了多少人，

把个刘星也烦得够呛。(电视剧《家有儿女》)

(18) 他看见阴丽华坦然地向郭圣通跪拜请安的时候,就更不是滋味,难受得够呛。(网络语料)

例(17)和例(18)"烦得够呛""难受得够呛"表示烦和难受的感受程度高。"X得够呛"中多数为表达负面、消极感受的形容词。如果是说话人的自我感受,则是性质形容词直接加"得够呛",由他人造成的感受,一般借助"把"字或"被"字结构,如例(17)。这一点与带有感受特征的动词相似。

另外,"X得够呛"构式中有些性质形容词用于描述人或物的品质特征。例如:

(19) 最最困扰,最最痛苦的念头一齐涌上心头。那房子肯定破得够呛!屋顶都破了,往下塌。(西奥多·德莱塞著,潘庆舲译《美国悲剧》)

(20) 下午,他在公用草地上四下闲逛。那里也是灰不溜丢的,脏得够呛,既不属于乡村,也算不上是城镇。(威廉·毛姆著,张柏然、张增建译《人性的枷锁》)

(21) 那个罗莎·尼柯弗列奇——尽管粗俗得够呛、可也还是很迷人。(西奥多·德莱塞著,潘庆舲译《美国悲剧》)

"X得够呛"中形容词用于描述人或物的品质特征,多倾向不好的品质。比如,例(19)中房子的品质是"破",例(20)"脏"是"那里(公用草地)"的突出品质,例(21)中"粗俗"是"罗莎·尼柯弗列奇"的品质。这些形容词多表达消极、负面的语义内涵。表示积极、好的品质特征形容词一般不进入该构式,如"*美得够呛""*干净得够呛"。

综上,"X得够呛"中谓词成分主要为性质形容词、心理动词、生理动词及部分动作动词,它们共性语义特征为[+量幅][+无界]。比较特别的是动作动词可以进入构式获得程度赋量,这是因为动作动词所表意义具有时间上的延续性、时间上的不同状态变化对应程度上不同量级。语义色彩上负面、消极特征突出,该特征与"够呛"语义更兼容,进入构式更普遍。构式仅有限扩展到几个积极义成分"高兴得够呛""乐得够呛"等。

## 2 "X 得够呛"构式义特征

"X 得够呛"构式内部"够呛"是"X"的程度补语,用来表示中心语行为性状的程度。构式语法理论认为构式整体义大于各部分组成之和,也就是说"X 得够呛"具有超出各构件的整体构式义。我们归纳为:说话人主观认为某一动作或性质状态达到了"够呛"的高程度量级。

### 2.1 "X 得够呛"构式的高程度义

构式整体义大于各部分之和,整体义又带有各组成部分的语义特征。"X 得够呛"构式的高程度义主要是构件"够呛"的语义积淀。"够呛"只用于表示高程度,不能表示低程度。并且"够呛"所表语义程度高于"很""非常"等程度副词,接近"要命""要死"等极性义程度词语。请看下例:

(22) a 嗚~~~磅!!! 撞到城墙上了,啪!! 摔下来了,把神仙摔得够呛,缓了有半小时站起来:"呵,高度计算错了。"(郭德纲相声集)

b 嗚~~~磅!!! 撞到城墙上了,啪!! 摔下来了,把神仙摔得要死……

(23) a 即使大菜场也不能保证供应,常常是一块牌子把你气得够呛:"今天无瘦肉。"(《人民日报》1995 年)

b 即使大菜场也不能保证供应,常常是一块牌子让你非常生气……

例（22）a 句"把神仙摔得够呛"表示摔得很严重，句中还有进一步解释程度的分句"缓了半小时站起来"，再次补充说明"摔"的程度，程度量级与例（22）b 句"摔得要死"相近似。例（23）a 句"气得够呛"表示"十分生气"，强调被气的程度严重，程度高于例（23）b 句的"非常生气"。

"X 得够呛"构式所表程度高于"很"类程度表达有几方面原因。首先，"够呛"词语的语义积淀，"够呛"词汇意义表示接近于死亡，投射到程度域则是接近极值的高程度。其次，构式框架具有加深程度义作用。表程度的"A 得 C"构式义对"A"的程度表达有加深作用。因此"X 得够呛"构式不仅具有构件的语义积淀还包括构式整体的程度义加深。最后，"X 得够呛"形式相较于"很+被修饰成分"而言，语言结构相对而言具有陌生化倾向。相对新奇的表达语义磨损程度不高，因此量级程度更高。

## 2.2 "X 得够呛"构式的主观性

"X 得够呛"构式表示高程度带有说话人的主观特征。补语构件"够呛"凸显程度，构式强调说话人主观上认为达到了"够呛"的高程度，不一定与客观程度量相符。例如：

（24）即使要死也要吃饱了再死，否则还没死就饿得够呛实在太划不来了。其实我就是给自己找了个借口说我吃饱了再死。（电视访谈《鲁豫有约》）

（25）工厂已经亏损六七年了，以前设计人员也天天绘图累得够呛，为什么一个有效益的新产品也搞不出来？（《人民日报》1993 年 1 月）

例（24）"够呛"说明"饿"的程度，但这个程度对不同主体而言存在差别,"饿得够呛"只是说话人主观上认为的高程度,不要求一定与客观程度相符。例(25)"累得够呛"同样存在主观量级差别。另外"X得够呛"构式多用于口语语体,增加了构式的主观性,构式义的表达带有主观夸张性质。

综上,"X得够呛"在语义上突出特征便是高程度义和表义程度带有主观性。"X得够呛"构式除了表示达到"够呛"的高程度意义外,还带有说话人的夸张与强调,包含说话人的主观态度与情感。

## 3 "X得够呛"构式义获得

"X得够呛"有统一的构式义:说话人主观上认为某一动作或性质、状态达到"够呛"的高程度,构式义不因"X"性质改变而改变。"够呛"本是附着在助词"得"后与之形成组合式程度补语,随着表达方式渐趋定型,逐渐固化为强调高程度的补语。该构式高程度义主要来源于"够呛"的语义演化及"抄近路得出隐含义"的认知机制。

### 3.1 "够呛"的语义演化

"够呛"由东北方言口语词吸收到普通话书面语中,语义逐步演化为表示高程度的准副词。罗美君(2014)概括"够呛"的语义特征:[＋否定][＋超出承受范围][＋难度大],用来表示施事或受事主观上认为事件(包括过程)或客观实体的完成难度大,无法承受等意义。事实上"够呛"语义特征包括:[＋接近死亡][＋难度大][＋够受的]。根据句中不同作用,"够呛"语义发生了不同程度演化。用作谓语,语义走向否定,凸显否定的语义特征和语用功能,如"我觉得这件事够呛"表示否定,相当于"不行"。"否定"内涵与"够受的""难度大"等语义具有内在一致性。"够呛"附着在补语标记"得"后做补语,其语义进一步由否定走向高程度。演化路径大致如下:

接近死亡、难度大、够受的(基本义)→否定(做谓语)→高程度(做补语)

## 第十七章　高程度义构式"X得够呛"研究

检索CCL古代汉语语料库发现，"够呛"[+难度大]语义特征较为突出，且语义接近于"要死"等词。例如：

(26) 甭说上碱面儿疼，就用这凉水一洗这碱面儿都够呛！武爷这汗"哗哗"地流着，身上都透了，但是，他没"哎哟"出一声。[《雍正剑侠图》（下）]

(27) 想到方杰六岁，父亲去世了，又出了天花，还抽风，这一来孩子可就够呛了！把本地有名的大夫都请来了，也不见轻。方奎夫妻两口子挺急。[《雍正剑侠图》（下）]

(28) 他说："这老家伙真够呛，都不认识路了，还跑出去干什么？"（蒋子龙《迷失》）

(29) 没有大事，还凑和。碰上盖房、红白事，就够呛了。你看，这房子是1994年盖的，欠下的账，去年才还清。（《人民日报》1998年）

上述四例"够呛"用作谓语，语义相对实在，否定特征凸显。例(26)突出上碱面儿的疼痛难以忍受。例(27)"够呛"接近"死亡"义，这是"够呛"在东北方言中的常用用法，被普通话书面语吸收后主要表示否定义。例(28)表示说话人对"这老家伙"跑出去行为的否定和不认可。例(29)同样带有否定义，表示遇到"大事"，钱不够很难完成。否定义特征凸显是向高程度发展的认知语义基础。

罗美君（2014）认为"够呛"语义虚化成能凸显心理动作程度的准副词，再语法化成凸显事物性状程度深的双音节程度副词。"够呛"做补语语义进一步发展，意义由实转虚表达与"要命""要死"等接近的高程度义。例如：

(30) 往年搞完这八亩田的"双抢"需二十来天时间，人累得够呛不算，插得晚的田还误了农时。（《人民日报》1996年）

(31) 许三多蹑手蹑脚摸了进来，昨天一晚可说冻得够呛，

仍缩着，擦着鼻涕。老马睡得很警惕，睁了眼瞪着他。（兰晓龙《士兵突击》）

上述两例"够呛"语义已经虚化为表示高程度的补语。例（30）"够呛"补充说明"累"的程度，例（31）补充说明"冻"的程度。"够呛"用作补语语义由实转虚表示高程度，含有超过说话人的主观常规量。

"够呛"本身带有的负面语义较重，一般表示不好的结果。"够呛"由［+难度大］［+够受的］这种间接表程度的量级发展为做补语的［+高程度］语义。语义演化具有相关性及内在一致性。"够呛"与补语标记"得"形成唯补准副词"得够呛"，进而修饰"X"，形成"X 得够呛"高程度义构式。表示动作或状态达到的极端程度，具有夸张的表达效果。

### 3.2 抄近路得出隐含程度义

Morgan（1978）提出"抄近路得出隐含义"，简单而言就是某种语用法普遍使用和反复使用逐渐固定下来，识解过程中不需要复杂推导便能直接得出隐含义。沈家煊（1998）进一步解释"抄近路得出隐含义"的具体内涵，如问句的建议功能需要凭借语用原则经历推导过程得出，而问句表建议的语用法普遍使用并固定后，听者跳过推导直接得出问句表建议的理解，就是"抄近路得出隐含义"。"X 得够呛"也经由语用推导过程得出高程度义，随着表示高程度义的语用法用频加大并逐渐固定，听者可以一下子就得出"X 得够呛"构式的隐含高程度义，而不必经历复杂的推导过程，那么"X 得够呛"的推导过程是怎样的呢？

汤传扬（2017）认为"V/A+得（的）+程度补语"是近代汉语后期新产生的一种句法结构。CCL 语料库"X 得够呛"构式最早用例是民国时期小说《雍正剑侠图》：

（32）黄灿先把礼物送上，然后苦苦哀求。时间长啦，侯宝真是<u>被磨得够呛</u>啦，这才答应："黄灿你回店去，明天早晨来吧，我替大爷收下你。"（《雍正剑侠图》）

（33）这位一回头，冲白洁一瞪眼："想看早点儿来呀，我让你，谁让我呀？"<u>这句话把白洁噎得够呛</u>。（《雍正剑侠图》）

（34）海川往回转身，领着王三往前走半箭之地，过了一片树林，有一个山坎，抽个冷子，就把王三的脖子给掐住了，往下一按，抹肩头，拢二臂，四马倒攒蹄捆结实了，拿中指一揉他的气管，<u>这下把王三憋得够呛了</u>。（《雍正剑侠图》）

检索CCL古代汉语语料库发现"X得够呛"构式最早用例是在民国时期，进入该构式的词语有10个：打、摔、噎、挠、追、折腾、抢、磨、憋、吓。除"吓""憋"表示状态外，其他八个词语都是动作动词，"打得够呛""摔得够呛"主要凸显动作达成的结果，通过结果状态凸显高程度。也就是说古代汉语语料"X得够呛"也具有程度义，但需要推导获得。

徐盛桓（2006）认为含义的常规推理是基于［±相邻关系］和［±相似关系］这样的常规关系建立的。"X得够呛"高程度义由构式内部要素及构式整体特征依据常规推理得出。"够呛"涵盖了高程度语义信息，经常位于"得"后做补语，语义逐渐泛化、虚化。补语位置使得"够呛"隐含的高程度义凸显并规约化，进而将高程度义赋予整个构式。例如：

（35）他吃过许多苦，<u>被整得够呛</u>。但他活过来了。他活得坚强！今年春天，一位老同志带我去拜访他。（《读书》Vol-043）

（36）十冬腊月，没有帽子，出外抬水，别的还好，就这<u>耳丫子冻得够呛</u>。（周立波《暴风骤雨》）

例（35）"被整得够呛"强调被整得很严重，后续句中转折语义

"但他活过来了",进一步说明"被整"到接近死亡,这样的高程度义是由"够呛"的语义及"X 得够呛"构式信息依据语用推导得出的。例(36)"冻得够呛"表示"冻"的程度高。

罗美君(2014)认为:"把(被)+主语+动词+得+够呛"结构的源句式是"动词+得+宾语+补语(够呛)",这一点与"X 得够呛"构式存在相似性。事实上"X 得够呛"存在很多变体形式:①省略"得"的"X 够呛";②借助"把"或"被"介引主语或宾语;③省略主语和状语。不同构式变体具有表高程度义的同一性。"X 得够呛"构式由"够呛"语义出发,结合"X+得+程度补语"构式的程度义特征,顺势推理出整个构式的高程度义。高程度义在高频使用情况下得以固定,听者识解"X 得够呛"构式义时不需要按照语用原则再次推导而是直接得出其构式的高程度义。即抄近路得出高程度隐含义。

条件 1:构式具有程度义且构件具有高程度义。

推导 1:推导出构式整体可以表达高程度义。

条件 2:高程度义构式的高频使用。

推导 2:构式高程度义的固定。

"X 得 Y"构式具有程度加深的构式义,适宜的词语进入构式形成不同的程度表达构式。比如,"X 得够呛""X 得厉害""X 得不要不要的"等。大部分词语具有可激活的隐含程度义,因此经由推导可识解出程度义,并逐渐形成固定构式义。

## 4 本章小结

以上我们讨论了"X 得够呛"构式的构成要素特征,并揭示其构式表达的高程度义。能够进入构式中的动词主要是部分动作动词、心理动词、生理动词和性质形容词,动词及形容词都带有一定的[+量度][+无界]特征。构式的语义特征是表高程度义并且表义带有主观性,构式高程度义的获得是多因素共同作用的结果。"够呛"的语义积淀与演化为构式的高程度义提供语义基础，构式自身带有的程度义特征为高程度义提供句法框架，抄近路得出隐含义为构式义提供认知解释。现代汉语中还有类似的高程度义构式，如"X得不行""X得不得了"等，它们之间既存在共性也具有独有的构式特征。

初刊于《福建江夏学院学报》2021年第4期，略有删改。

# 第十八章 东北方言"X完了"的程度表达功能

东北方言使用范围大体包括如今的东北三省：辽宁省、吉林省、黑龙江省。东北方言中表示程度的词语包括：贼、贼拉、贼拉拉、倍儿、老、完了（le）、完完的了等。"贼/贼拉/贼拉拉/倍儿"表示高程度，位于被修饰词语前，如"贼/贼拉漂亮（非常漂亮）""倍儿精神（特别精神）"。而"完了""完完的了"后置，位于补语位置，与前面V/A成分形成黏合式补语构式，表示高程度，如"累完了（非常累）""美完了（非常美）""得瑟完了（特别得瑟）"等。本章我们试着探讨"完了"在东北方言中表示高程度义的独特用法及其发展路径。

普通话"完了"的相关研究较成熟，可以为我们提供借鉴。高增霞（2004）考察口语中"完了"话语标记的功能，并认为话语标记用法是在表动作终结的词汇意义基础上产生的。李宗江（2004）认为"完了"在口语中已经虚化为有篇章连接功能的时间副词，并分析其虚化机制和历程。方环海、刘继磊（2005）认为口语中"完了"由表结束义虚化为有篇章连接功能的关联副词，并分析虚化过程及虚化后"完了"的词性及功能。陈忠（2008）对比终结义"V完了"和"V好了"的不对称分布及各自特征，"V完了"属于"渐次扫描"而"V好了"属于"简括扫描"。余光武、满在江（2008）认为"完了"是连词，并考察可能的两个来源。其中之一为动词"完了"语法化的结果，第二种则是"V完+了"重新分析为"V+完了"后省略V。

并将其与"然后"对比分析。殷树林（2011）将语法化后的"完了"分连词和话语标记两种用法。

"完了"的方言用法鲜少有人提及，东北方言"完了（le）"的用法及功能十分丰富。关于"完了"在东北方言中的分布，详见表18-1。

表 18-1　　　　　　　　东北方言"完了"用法

| | 词性 | 意义 | 例句 |
| --- | --- | --- | --- |
| 完了₁ | 动词 | 动作或事件的结束、完成 | 锅里的粥和菜都让二宝吃完了。 |
| 完了₂ | 程度副词 | 表示程度高 | 老汉两晚上都没睡，着实把他累完了。 |
| 完了₃ | 连词 | 句子中间，起连接作用 | 快让孩子进屋凉快凉快，完了再出去玩。 |
| 完了₄ | 话语标记 | 相当于"糟了""不好了"之类 | 完了，完了，我们要被狗撵上了。 |

本章借鉴普通话对"完了"的研究，以构式视角分析"X完了"的整体特征，重点探讨东北方言"X完了"构式程度义获得过程及认知机制。

# 1　东北方言程度构式"X完了"构件分析

"X完了"在东北方言中用作程度构式，表示"X"达到说话人主观识解的高程度。构式由变量构件"X"及常量构件"完了"组成，变量构件"X"共性特征为[+无界][+量幅]。

## 1.1　变量构件"X"

东北方言"X完了"中"X"词性表现为性质形容词及带有量级特征的心理动词及生理动词。例如：

（1）今儿个从睁开眼睛就忙乎到现在，一口水没喝，可把我渴完了，快给我整点儿水儿。①

（2）眼瞅着自己的孙子生病没钱治，老汉心里难受完了。

---

① 本文未标明出处语料来源于日常口语记录、作者内省，语料经过方言区母语使用者核实。

（3）哎呀妈呀，瞅你长那样，磕碜完了。

"完了"位于生理动词、心理动词和性质形容词后表示高程度。上述例（1）"渴完了"，例（2）"难受完了"，例（3）"磕碜完了"都表示变量构件"X"达到了说话人主观上认为的高程度。性质形容词是受不同程度方式赋量的原型范畴，性质形容词表示弥散量，具有量幅特征，可以进入程度构式或接受程度副词等方式对其量化表达。心理动词及生理动词与性质形容词具有类似特征，因此也可以进入"X 完了"构式充当变量构件。我们简单列举如下：

感受义生理动词：困、累、渴、饿、热、疼、冻等

情绪类心理动词：担心、操心、喜欢、羡慕、嫉妒、讨厌、怕、佩服、恨、心疼、感激、感动、满足、害怕、惦记、忌妒、害羞、着急等

性质形容词：忙碌、憔悴、烦、烦躁、幼稚、恶心、开心、美等

构式经由高频使用，一些原本不接受程度词赋量的成分依据语言的类推原则也进入东北方言"X 完了"构式，但一般还需要附加一些特殊的结构，如"把"字结构或"给"字结构，例如：

（4）a 这小子一天天能想出一百个坏招儿，可把大伙儿折腾完了。
　　b 晚饭后、抽根烟、溜达两圈、去麻将场看看热闹，每天都得这一套折腾完了才肯回家。

（5）脱了缰的马跑到苞米地里，给苞米糟蹋完了。

例（4）a、b 两句都是动作动词与"完了"组合，但 a 句位于"把字结构"内，表示"折腾"的程度高，b 句表示"折腾"动作完成。类似的动作动词还有：骂、哭、折腾、折磨、糟蹋、打等。我们发现当"完了"与普通动作动词结合表程度往往是凸显受事遭受的某种损失程度高。

构件"X"词性表现多样，但从感情色彩而言贬义色彩成分占优

势，中性色彩成分进入构式表示高程度带有说话人不满、贬损情绪。

### 1.2 常量构件"完了"

东北方言"X完了"构式中"完了"语义相当于普通话的"坏了""死了"，位于带有量级特征的"X"后表示高程度。

东北方言表程度的"完了"程度义是由表终结义的"完了"发展虚化而来，具有完句功能。试比较：

（6）a 家里十几亩的田地都遭了旱灾，能浇一点儿是一点儿。这下可把老马一家<u>忙完了</u>。（老马一家非常忙）

b 家里十几亩的田地都遭了旱灾，能浇一点儿是一点儿。老马一家<u>忙完了</u>还得去给别家帮忙呢。

（7）一下看不住你垃圾桶又给翻个底朝天，藏到门后边你也能找到，简直<u>机灵完了</u>。

例（6）a句"忙完了"为本章讨论的程度构式，表示非常忙，位于整个句子的结句处，当然它还可以在后续语境中进一步附加其他小句，但在分句中表示程度的"X完了"都位于句尾处。例（6）b句"忙完了还去别家帮忙"中"完了"与程度构式仅在词列顺序相同，表示完成，终结义。程度构式"X完了"表程度是由表终结的"X完了"发展而来，终结义"完了"主体对"X"的可控性更强，如"写、做、吃"等，程度义"完了"与之搭配的"X"带有量级特征，主体对"X"可控性减弱，整个构式主观性增强。例（7）"机灵完了"是表示高程度的构式，表示特别机灵。

句法上表终结"X完了"后还可接后续完句成分，而表程度"X完了"只能位于分句句尾或整句句尾，其后不能再添加句内成分。例如：

（8）他做完了作业就出去和朋友打球了。（完了表终结）

（9）听说他家孩子又在学校闯祸，可把<u>老王气完了</u>，抄起棍

子就奔孩子去了。(完了表程度)

例(8)"做完了作业"表示动作完成,可以位于句内后接其他句法成分。例(9)"把老王气完了"位于小句句尾,要求后续语句也是独立小句,而不能直接后附于"X完了"构式之后。

## 2 东北方言"完了"语义表现

东北方言"X完了"构式程度义获得来源构件"完了"的语义虚化。"完了"位于谓词成分"X"后可以表示终结,凸显结果义。随着高频使用,"完了"前的成分经由类推原则不断扩容,语义逐渐由终结情状虚化为表程度。请看具体分析。

### 2.1 终结情状"完了$_1$"

东北方言"完了$_1$"表示人或物终结。"完了$_1$"放在名词或名词性结构后,即NP后,表示NP的生命或效用终结。例如:

(10) 小伙跟旁人说的秘密,内容全被听见了,这回<u>这小子完了</u>。(他完蛋了,要倒大霉)

(11) 昨天他从楼梯上摔下去,腿部粉碎性骨折,医生说<u>他的腿完了</u>。(腿坏掉,没法救了)

例(10)和例(11)中"完了"为"完了$_1$",位于NP成分后,表示完结,是终结情态,并且带有说话人的主观认识情态。

东北方言"完了$_1$"表示动作完成、完结。完结、完成是"完了$_1$"基本义,在具有实在意义的动作动词后凸显终结情状。例如:

(12) 你看后院那孩子,天天放学回家把<u>作业都写完了</u>才去外面玩儿。

(13) 这可不见得，嘴头子生在你个人的鼻子底下，是软是硬，还能由人吗？要是谁请我，我一定去，<u>吃喝完了</u>，把嘴头子一抹，捎带把脸也抹下来了，事情该咋办，还是咋办。（周立波《暴风骤雨》）

例（12）表示"写"的动作处于完结状态。例（13）中"完了"表示"吃喝"动作的完成，体现为终结情态。"完了"具有实在的完结义。意义实在的动作动词都可与终结情态"完了$_1$"组合，表示动作完成。例如，"吃、喝、写、做、演、画、问、告诉、解决、练习、买、卖、模仿、看、捞、量"等。事实上，"完了$_1$"是表完结义的"完"加表完结义的"了"词汇化的结果。虽然东北方言也存在"了（liǎo）"的读法，就目前语言事实而言，除非说话人为了特意制造某种表达效果，一般情况下口语中都读为"了（le）"，不同读音并不影响语义表达，只是表达效果略为不同。

"完了$_1$"表示完结可以单独使用，例如：

(14) "你的黑瞎子<u>讲完没有</u>？"萧队长笑问老孙头。
"<u>完了完了</u>，队长"，老孙头眯着左眼说："你说你的吧。"（周立波《暴风骤雨》）

例（14）"完了$_1$"单独处于答语句首，与问句中动词"讲"存在语义关联，是省略了动词"讲"的简缩形式。"完了$_1$"在动词后陈述动作或事件完成的终结情状，在名词后同样表示终点义，且在名词及名词性结构后带有否定、消极的内涵。比如，"他完了""发动机完了"都表示终结义，也就是人或物走到生命或效用的终点。当然表示动作完结和事件结束是其典型意义，因此它可以位于动词后表示动作行为完成。

## 2.2 极致程度"完了$_2$"

东北方言中"完了"位于补语位置不仅能与具有实义特征的动作

动词配合共现，还可与心理动词、生理动词这些动作性特征弱化、具有量级变化的谓词成分组合。"完了"位于生理动词、心理动词等谓词后不再识解为终结义，而是虚化为程度义。例如：

（15）听说他赶车去刘家堡卖玉米，这么远得走大半天呢，身上又没钱又没吃的，这来回的还不得给他<u>饿完了</u>?

（16）小时候家里没钱给玩具，看着电视里孩子有大堆儿大堆儿的玩具可劲儿玩，心里<u>羡慕完了</u>。

（17）今天家里做了鱼，老大刚回家就把鱼都吃完了，等老二回来就剩个鱼头，可把老二<u>气完了</u>。

例（15）和例（16）中"完了"位于生理动词"饿"及心理动词"羡慕"之后，不能识解为"饿"的动作终结，"羡慕"的动作终结，而是凸显"饿"和"羡慕"达到的量级程度高。例（17）"把老二气完了"程度量级接近于"气死了"。"气完了"与具体动作完成无关，走向抽象程度。语言发展的一般路径为具体到抽象、实义到虚义。很多表程度的词语表义都由实到虚、由具体到抽象，如"死""透""极"等。东北方言"完了₂"位于性质形容词后表示程度。例如：

（18）他二婶儿今儿在路边摘个李子给我吃，给我<u>酸完了</u>。（酸坏了）

（19）昨儿下黑前儿在外面待会儿，蚊子叮了很多包，这会儿<u>刺挠完了</u>。（非常痒）

（20）今儿早上生气，小老三上学没拿钱，这会儿她妈<u>后悔完了</u>。（非常后悔）

东北方言"完了"位于性质形容词后，不表示完结义而是走向程度。如例（18）和例（19）"酸完了"和"刺挠完了"都不表示完结，位于性质形容词后"完了"由结果补语走向程度补语，语义虚化。例（20）"完了"位于心理动词"后悔"后，语义同样走向虚化的程度义。"完了$_2$"表的程度高于普通的程度副词，相当于"坏""死"类由终结走向程度的词语。"完了$_2$"与"坏""死"类由终结到程度的词语具有类似的发展路径，程度量级方面也具有相近性。"完了$_2$"表程度是主观性进一步加强的过程，因为程度的表达多是从主体自身出发，掺杂主观情感和态度。

宗守云（2010：27）指出如果一个词可以用作结果补语和程度补语，那么其程度补语的用法一定是从结果补语用法虚化而来。东北方言"完了"符合此条虚化路径，语义由于相邻句位句法条件的变化而发生虚化。"完了$_2$"要求前面动词具有［+持续］［+量度］［+感受］的语义特征，而性质形容词本身具有可量度性，与"完了$_2$"组合可明确程度量级。"完了$_2$"的语义虚化过程就是程度义的获得过程，其中包含多因素共同促动。

## 3 东北方言"完了$_2$"程度义获得机制

语义表达是一个静态的结果，但语义演化是一个动态过程，我们不仅要描写语义的多义性，还需对新义的获得过程提供解释。"完了"程度义的获得是认知投射、隐喻转喻、隐含否定衍推共同作用的结果。

### 3.1 东北方言"完了"的认知投射

东北方言表程度的"完了$_2$"是人们不同认知域的转换、投射的结果。总体来看"完了"涉及三个认知域：结果域—情态域—程度域。不同认知域之间依据相似性发生投射，例如：

（21）赵本山：一……一两万啊，那啥，有没有那种情况，今儿个吃完了，明儿个来结账的。（小品《不差钱》）

（22）赵本山：装钱那包，黄包

丫蛋：完……完了，让我落炕上了（小品《不差钱》）

(23) 赵本山：孩子这辈子跟爷爷不行，就跟姥爷亲，姥爷临走把她哭完了，快认姥爷。（小品《不差钱》）

上述三个例句出自同一个小品《不差钱》，正体现出"完了"在不同认知域的特征。例（21）"吃完了"表示"吃"的动作完成，对应认知中的结果域。例（22）"完了"独立于其他句内成分，单独位于话语或句子开头，表示说话人一种不好、糟糕的主观情态认知，凸显情态功能，我们倾向将其定义为具有情态功能的话语标记。例（23）"把她哭完了"说明话语主体"她"哭得十分厉害，属于程度域。

这三个认知域之间基于语义基础"完结"发生投射。位于 NP 后做谓语表完结，位于实义动词后表示终结结果，如"做完了""吃完了"带有终点义特征。宗守云（2014）认为结果补语和程度补语往往存在源流关系，结果补语到程度补语，符合终点义到极致义的语义发展途径。现代汉语中程度补语"坏""死""透"等都经历了结果发展为程度的过程，因此东北方言结果义"完了$_1$"发展出程度义"完了$_2$"表高程度符合语言发展普遍规律。句法位置及前面动词、形容词的改变为"完了"从结果发展到程度提供适宜的句法条件。"X 完了"经常高频出现，人们依据不同的搭配实现不同认知领域的投射。

### 3.2 东北方言"完了"的否定衍推

东北方言表程度的"完了"主要由表完结的动词"完"加"了"虚化而来，也就是结果到程度的发展路径，但东北方言"完了"存在隐含否定的用法，同时否定的用法对发展出程度义有一定作用。例如：

(24) 完了。诊所八点关门，咱们现在去怕是已经来不及了。

(25) 全完了，本来指着大伙儿能帮着度过这次难关，没想到一切都搞砸了。

(26) 每次遇到考试，小王心里都紧张完了，总想着考好点儿、考好点儿。

"完了"用作话语标记凸显说话人否定、负面的认知，如例（24）和例（25）中"完了"相当于"完蛋了""糟了"，都凸显负面信息，隐含一种否定。隐含否定"完了"在补语位置上便会凸显高程度，如例（26）"紧张完了"表示紧张的程度高。否定与高程度存在一定的关联，否定意味着可能达到超出人们承受的高程度，超出一定的程度同样容易产生否定。"完了"隐含的否定义素在补语位置凸显为高程度，补充说明的谓词成分多少附带负面语义内涵，例如"紧张""气""硌碜"等。"完了"的否定用法广泛分布于东北方言口语语体中，口语为其发展出程度义提供了宽松的语境支持。

### 3.3 转喻与隐喻

东北方言"完了$_1$"适用范围扩大是转喻作用的结果，为"完了$_1$"向"完了$_2$"的转化提供更广泛的语义基础。真正实现"完了$_1$"表完结、终结到"完了$_2$"表程度则是隐喻的投射。

#### 3.3.1 转喻

"完了$_1$"由主体的完结到具体的动作完成是转喻作用的结果。转喻的源域和目标域之间是基于相关性联系起来的。比如，可以用人的某一个突出部位或特征来转指整个人，"红领巾"转指小学生。东北方言"完了$_1$"表示动作完结和人、物的完结是转喻投射的结果。使得"完了$_1$"的适用范围不断扩大，为其向"完了$_2$"的发展提供基础。我们具体再看转喻是如何起作用的。例如：

（27）日本子死的死，逃的逃，把他撂下来，像个没有爹妈的孽障。他心惊肉跳，自以为<u>完了</u>。（周立波《暴风骤雨》）

（28）其余的人都上好刺刀，准备在<u>子弹完了</u>，救兵不到的时候，跟胡子肉搏。（周立波《暴风骤雨》）

（29）到下晚，衣裳<u>分完了</u>。三大缸豆油、一大缸荤油，三百多斤咸盐，也都分完了。（周立波《暴风骤雨》）

（30）农会院子里，没一点声音，萧队长一个人在家，轻松

快乐，因为他觉得办完了一件大事。（周立波《暴风骤雨》）

例（27）采用第三人称叙述视角讲述自己生命面临快要终结的情况。例（28）"完了₁"用于物品的耗尽、用光。"完了₁"表完结意义适用主体不断扩大是基于相关性转喻作用的结果，另外"完了₁"还可以表示动作的完成。例（29）表示"分"的动作完成。例（30）"办完了"后有宾语"一件大事"。例（29）和例（30）是"完了"与动词组合表示动作完成的两种典型用法。在现实世界中不仅动作有开始到终结的过程，万事万物都存在这样的变化，基于此"完了₁"在转喻作用下可以表示动作及动作发出者的终结。

3.3.2 隐喻

Lakoff（1980）认为我们生活在隐喻的世界，隐喻就是源域和目标域之间基于相似性建立的投射关系。宗守云（2014：320）指出从终点义到极致义，有的一步到位，有的经过了一些中间环节，但隐喻的作用都不可忽视。东北方言"完了"从完结义到程度义正是隐喻作用的结果。

（31）小王跟赵玉林推完了碾子，已晌午大歪。（周立波《暴风骤雨》）

（32）这孩子从小到大就没有一件事儿是乖乖听话的，可让他爸妈操心完了。

从终点、终结义发展为程度义的词语有很多，如"死""透""尽"等，它们的共性认知机制便是隐喻。例（31）表示"推碾子"动作完成。例（32）中"完了"并不是"操心"动作的完成，而是"操心"的程度高。"推完"是动作的完结，"操心完了"是程度的极致。

认知语言学认为，动词的典型特征是过程性，或者称为时间性。东北方言"完了"表完结与表程度之间的投射是基于时间发展链条上的相似性。动作具有开始到完成的时间过程，程度具有低量到高量的量级发展，时间发展的前后顺序对应程度量级的高低变化。

东北方言完结义"完了$_1$"与动词结合，语义识解过程包括动作在时间过程内的变化，最终停留在动作完结的节点。东北方言程度义"完了$_2$"与性质形容词及心理动词等结合，存在量级发展层级，最终停留在程度高量节点。比如，"忙完了"在东北方言中有完结义和程度义两种识解。完结义"忙完了"指"忙"所处的状态完结，"忙"在时间链条上的延续性终止。程度义"忙完了"表示"忙"所处程度高量，"忙"在量级链条上固定在程度高量。实现时间过程与量级发展两个认知域的跨域投射。

时间链条上动作、性质、状态的变化过程，在不同阶段存在不同的程度特征，因此有不同的程度义词语与之配合，程度存在高低变化的量级特征。"完了"从动作完成到程度义的演变正是基于二者在认知域内存在相似性，可以实现跨域投射。

## 4　东北方言表程度"完了"相关表达

东北方言表程度的"完了"还有增扩形式，即"完完的了"。二者句法功能基本一致，"完完的了"表示的程度稍高于"完了"。陈光（2010）提出语言中的重叠形式一般表示量的增加。"完完的了"是"完了"的变形重叠，程度量级随着词语的叠加而增加。

"完完的了"前面可以加"得/的"，而"完了"则可以与所说明谓词直接组合。例如：

（33）回老家几天，想着总可以放松一下，没想到收了几天的玉米，回城后夫妻俩儿都<u>累完了</u>。

（34）老夏最近这几年一直都是忍着疼干地里活儿，不知道身体早都已经<u>累完完的了</u>。

（35）连着三天吃烀地瓜了，还好只放三天假啊，不然这日子颓废得完完的了。

例（33）"完了"位于"累"后，表示"累"的程度高。例（34）同样是说明"累"的程度，增扩形式"完完的了"表示的程度高于"完了"。例（35）"完完的了"与说明对象之间有补语标记"得"。"完完的了"重叠其中的关键词语"完"，重叠表示的量级程度高于普通形式。

"完了""完完的了"前可加副词"真""确实"等加强表达的程度。例如：

（36）真是累得完完的了、花钱速度根本控制不了、拉一屁股饥荒。
（37）走了很远，又遇到了熟悉的人儿……真真的激动完了。
（38）这一集的索隆直接帅完了！帅得完完的了！！

张谊生（2012）认为发话人认为一种表达手段不足以表达相关语义内容及凸显主观情态，便会重复使用相近的同义表达手段。这正是"完了"扩展为"完完的了"，继而又在其前添加其他副词，加强程度的原因。例（36）"完完的了"前有"真"加强程度和可信度。例（37）"完了"前用"真"的复叠形式"真真"。例（38）则是"完了"与"完完的了"共现，可以看出"完完的了"是"完了"程度的进一步强化。

另外，"完了""完完的了"前还可以与其他表程度方式重复出现，例如：

（39）今儿个过的真神奇，神奇完了，刚出门就看着跑了一礼拜的猫回来了。
（40）昨儿宿黑看电视看到凌晨3点，今儿白天真困，困得完完的了。

例（39）和例（40）"完了"和"完完的了"前都有程度副词"真+X"表程度，"神奇完了"位于"真神奇"之后，再次强调和深化程度量级。例（40）"真困"与"困的完完的了"也是不同程度表达的重复使用，具有增强量级作用。

增扩形式"完完的了"相较于"完了"包含更强烈的情感表达，量级程度也高于常规形式"完了"。二者都是高程度表达构式，且口语语体特征凸显。

## 5　本章小结

东北方言"完了"用法丰富、分布广泛，多用于口语语体。"完了"在补语位置语义逐渐虚化，用以补充说明前面谓词成分的高程度。表示一种主观极值的程度，说话者为表达更加强烈的情感和更高层级的程度，便使用其扩展形式"完完的了"，或者前面叠加其他副词。"完了"表程度来源其动词的完结义，完结义经由转喻及隐喻作用投射到程度，"完了"自身附带的否定、负面语义同样为程度义的形成提供了一定基础。东北方言程度表达方式与普通话存在一致性，一般采用程度补语构式或前置程度副词，具体的表达存在差异，值得进一步深入研究。

初刊于《汉语句式研究》（第4辑），学林出版社2022年版，略有删改。

# 结　　语

本书在前人研究基础上，以构式语法理论为指导，结合认知语言学及类型学相关认知，植根于现代汉语普通话及方言事实，对相关程度构式进行系统性与专题性、多角度与多层次的综合研究。将程度范畴与其他范畴建立初步联系，主要从共时语料出发，考察程度构式共时特征及历时演化。既着眼于程度构式系统，又关注系统内部个案独特特征。既关注程度构式共时表现，也探索程度构式构式化及其认知机制。

## 1　主要观点

第一，界定现代汉语程度构式表达形式、整体特征及语义表达。程度构式多表现为半图式性形式，程度构式变量构件具有一定的共性特征。文章选取的程度构式既有补语结构性质的构式，也包括完全陌生化的构式形式。试图从系统、整体的视角解析现代汉语普通话程度构式句法、语义、语用特征及构式化完成的共性机制。程度范畴是个普遍联系的语义范畴，试图以程度构式为媒介探讨程度范畴与其他语义范畴的关系。

第二，研究与存在相关的程度构式整体特征及个案属性。存在范畴与程度范畴存在交互转换关系，本书研究了不同存在方式发展到程度构式的用法。主要包括：溯因存在与程度构式；像似存在与程度构式；处所存在与程度构式；虚拟空间存在与程度构式。书中既探索不同存在方式发展到程度构式的共性特征及认知机制，也研究不同存在方式发展到程度构式的独特表征及路径。

第三，研究与能性状态相关的程度构式整体特征及个案属性。能性状态与程度构式存在交互关联，能性状态表现为肯定及否定两种形式，肯定及否定形式都可以发展出程度用法，但二者发展路径不一致。本书考察的构式包括：动力情态肯定形式到程度构式"X得可以"与"X得能+VP"；动力情态否定形式到程度构式"X得不得了"与"X得不行"。与能性状态相关的程度构式肯定否定形式呈现不对称特征，但转换为程度构式后都表示主观抽象的程度量级。程度义的获得与构式构件的语义虚化及构式压制相关。

第四，研究了与情状凸显相关的程度构式整体特征及个案属性。凸显本身就带有程度，本书考察与程度构式关系紧密的情状凸显类型包括：摹声情状凸显；临界情状凸显；承受情状凸显；终结情状凸显。情状凸显表达式的状态持续性、凸显性与主观性特征为不同情状凸显发展到程度提供语义基础。不仅要探索程度构式表征形式还要挖掘背后的认知机制，情状凸显发展到程度的认知机制主要包括：隐含到规约、凸显到强化、隐喻及转喻。

## 2 不足与展望

本书仍存在一些不足之处。

第一，系统性研究还有待加强。

虽然我们建立了几个与程度构式相关的内部系统，但整个程度构式系统还不全面。有待从更宏观的角度建立涵盖面更广、系统内部层级分布更明确的程度范畴大系统。

第二，跨语言研究还有待丰富。

本书对于方言及其他语言相关构式缺乏观察与研究。书中个案研究仅选取了个别东北方言程度构式加以详细研究，缺乏系统性及宏观

## 结 语

视野。方言和其他语言的程度构式形式、意义是人类相关思维的表现，对现代汉语普通话程度构式系统具有补充作用。从跨语言事实出发，归纳程度构式相关特征及认知机制。

程度范畴是个复杂的范畴，与其他范畴的交互性值得我们进一步深入挖掘。现代汉语程度构式是个比较能产的构式类型，建立一个宏观、细致的系统对程度系统的深入认识十分必要。另外，现代汉语方言的丰富性为我们进一步研究提供了鲜活的素材，各大方言程度构式系统建立及个案挖掘都是十分有价值的论题。放眼世界，语言的丰富性为我们提供了更加宏观的类型学视野。力争做到观察充分、力争做到描写充分、力争做到解释充分。

程度构式研究还大有空间，尤其是采用更科学的研究理论以及更精细的研究方法，对跨语言的自然语料详尽分析，并且将本体与应用相结合，有待进一步深耕细作。

# 参考文献

贝罗贝、李明，2008，《语义演变理论与语义演变和句法演变研究》，收入沈阳、冯胜利主编《当代语言学理论和汉语研究》，商务印书馆。

蔡丽，2010，《程度范畴及其在补语系统中的实现》，博士学位论文，暨南大学。

蔡淑美，2020，《构式浮现的研究现状和发展空间》，《语言教学与研究》第5期。

曹春静，2018，《当代汉语新兴程度量级构式演变研究》，博士学位论文，上海外国语大学。

陈光，2010，《现代汉语量级范畴研究》，上海人民出版社。

陈忠，2008，《"V完了"和"V好了"的替换条件及其理据——兼谈"终结图式"的调控和补偿机制》，《中国语文》第2期。

陈承泽，1922，《国文法草创》，商务印书馆。

陈辉、陈国华，2001，《人称指示视点的选择及其语用原则》，《当代语言学》第3期。

陈晓，2009，《论"这个/那个 + VP"特殊结构》，《南开语言学刊》第2期。

陈一，2014，《说"有点小（不）A/V"》，《中国语文》第2期。

陈一、程书秋，2016，《"我别VP（了）"的构式整合机制及其语用价值》，《世界汉语教学》第2期。

# 参考文献

楚成，2018，《"那/这叫一个X"构式研究》，硕士学位论文，南京师范大学。

戴耀晶，1997，《现代汉语时体系统研究》，浙江教育出版社。

丁崇明、荣晶，2013，《昆明方言中的特殊程度表达形式》，《中国方言学报》第00期。

丁加勇、谢樱，2010，《表程度的"A得C"构式分析》，《汉语学习》第2期。

丁萍，2013，《突显程度的"这/那个+V/A"》，《云南师范大学学报》（对外汉语教学与研究版）第5期。

丁声树，1961，《现代汉语语法讲话》，商务印书馆。

董秀芳，2005，《语义演变的规律性及语义演变中保留义素的选择》，《汉语史学报》第00期。

董正存，2018，《从结构式增扩看高程度义结构式"最/再A不过"的产生》，《古汉语研究》第4期。

渡边丽玲，2000，《助动词"能"与"会"的句法语义分析》，收入陆俭明主编《面临新世纪挑战的现代汉语语法研究》，山东教育出版社。

方芳，2006，《现代汉语极限性程度补语的多维考察》，硕士学位论文，四川大学。

方环海、刘继磊，2005，《"完了"的虚化与性质》，《语言科学》第4期。

方梅，2005，《认证义谓宾动词的虚化——从谓宾动词到语用标记》，《中国语文》第6期。

方梅，2016，《单音指示词与双音指示词的功能差异——"这"与"这个"、"那"与"那个"》，《世界汉语教学》第2期。

方梅、乐耀，2017，《规约化与立场表达》，北京语言大学出版社。

方绪军、李雪利，2018，《构式"A死我了"和"把我A死了"——兼议变换分析之于句式和构式研究》，《华文教学与研究》第2期。

房玉清，2001，《实用汉语语法》，北京大学出版社。

冯志伟，1999，《现代语言学流派》，陕西人民出版社。

# 参考文献

傅雨贤、周小兵，1991，《口语中的助动词》，《语法研究与探索（五）》，语文出版社。

高彦，2015，《语篇语义框架研究》，北京大学出版社。

高宜增，1999，《"不得了"与"了不得"》，《语文月刊》第 10 期。

高增霞，2004，《自然口语中的话语标记"完了"》，《语文研究》第 4 期。

顾鸣镐，2013，《认知构式语法的理论演绎与应用研究》，学林出版社。

关玲，2003，《普通话"V 完"式初探》，《中国语文》第 3 期。

侯国金，2015，《词汇—构式语用学》，国防工业出版社。

胡波，2015，《汉语情态助动词的提升与控制》，《当代语言学》第 2 期。

胡承佼、潘晓军，2016，《"V＋得＋像义词＋什么＋比况助词"的功能表达与构成特性》，《汉语学习》第 3 期。

胡壮麟，2004，《认知隐喻学》，北京大学出版社。

吉益民，2016，《现代汉语主观极量图式构式研究》，博士学位论文，扬州大学。

吉益民，2017，《汉语主观极量构式"要多 X 有多 X"》，《海外华文教育》第 7 期。

江蓝生，2008，《概念叠加与构式整合——肯定否定不对称的解释》，《中国语文》第 6 期。

江蓝生，2016，《超常组合与语义羡余——汉语语法化诱因新探》，《中国语文》第 5 期。

姜其文，2019，《"在线"新用法》，《语言文字周报》5 月 8 日。

金梦柃、张谊生，2016，《构式的整合、固化及认知解释——以汉语"集成义"构式"集 X 于一身"为例》，《浙江师范大学学报》（社会科学版）第 4 期。

康振栋、王健，2018，《古代汉语"可以"的历时演变略考》，《辽宁师范大学学报》（社会科学版）第 2 期。

兰宾汉，1993，《也谈程度补语与结果补语》，《陕西师范大学学报》（哲学社会科学版）第 3 期。

# 参考文献

乐耀，2011，《国内传信范畴研究综述》，《汉语学习》第 1 期。

黎锦熙，1992，《新著国语文法》，商务印书馆。

李临定，1963，《带"得"字的补语句》，《中国语文》第 5 期。

李琳，2004，《论现代汉语程度范畴》，硕士学位论文，东北师范大学。

李泉，1996，《副词和副词的再分类》，胡明扬主编，《词类问题考察》，北京语言学院出版社。

李宇明，2000，《汉语量范畴研究》，华中师范大学出版社。

李延波，2017，《汉语构式压制现象研究》，博士学位论文，北京语言大学。

李咏春，2005，《述语＋得＋"像 X 似的"研究》，硕士学位论文，上海师范大学。

李泽慧、朱玲玲，2014，《"X 得可以"和"X 得不行"的对比分析》，《廊坊师范学院学报》（社会科学版）第 1 期。

李忠亮，2018，《"不行"和"不成"的对比研究》，硕士学位论文，广西师范大学。

李宗江，2004，《说"完了"》，《汉语学习》第 5 期。

李宗江，2007，《几个含"死"义动词的虚化轨迹》，《古汉语研究》第 1 期。

厉善铎主编，1997，《现代汉语规范词典》，现代出版社。

梁银峰，2006，《汉语动补结构的产生与演变》，学林出版社。

梁银峰，2008，《语法化学说》，复旦大学出版社。

蔺璜、郭姝慧，2003，《程度副词的特点范围与分类》，《山西大学学报》第 2 期。

刘翠香，2014，《山东栖霞方言的程度补语"和什么"及其来源——兼谈普通话"什么似的"》，《沈阳师范大学学报》（社会科学版）第 3 期。

刘大为，2010，《从语法构式到修辞构式（上）》，《当代修辞学》第 3 期。

刘大为，2010，《从语法构式到修辞构式（下）》，《当代修辞学》第

4 期。

刘丹青，2005，《作为典型构式句的非典型"连"字句》，《语言教学与研究》第 4 期。

刘丹青，2009，《实词的拟声化重叠及其相关构式》，《中国语文》第 1 期。

刘丹青，2010，《构式的透明度和句法学地位：流行构式个案两则》，《东方语言学》第 1 期。

刘丹青，2011，《"有"字领有句的语义倾向和信息结构》，《中国语文》第 2 期。

刘丹青、孙泽方，2020，《寄生范畴、敏感范畴和形—义关联度——以汉语事态范畴为例》，《世界汉语教学》第 3 期。

刘璐，2019，《主观极量义"X 得 Y"构式研究》，硕士学位论文，上海师范大学。

刘通，2018，《也说主观程度大量义构式"X 得不行"》，《甘肃广播电视大学学报》第 3 期。

刘月华、潘文娱、故铧，1983，《实用现代汉语语法》，外语教学与研究出版社。

刘正光主编，2011，《构式语法研究》，上海外语教育出版社。

刘子瑜，2003，《也谈结构助词"得"的来源以及"V 得 C"述补结构的形成》，《中国语文》第 4 期。

卢惠惠，2016，《充当"得"字补语的"Y 似的"结构兼及"什么似的"的语法化》，《当代修辞学》第 2 期。

鲁晓琨，2001，《可能助动词"可以"的语义及与"能"的对比》，《汉语学报》第 3 期。

鲁晓琨，2001，《助动词"会"和"能"的隐喻对比》，《对外汉语研究的跨学科探索——汉语学习与认知国际学术研讨会论文集》。

鲁晓琨，2002，《助动词"会"的语义探索及与"能"的对比》，《第七届国际汉语教学讨论会论文选》。

鲁晓琨，2004，《现代汉语基本助动词语义研究》，中国社会科学出版社。

# 参考文献

陆丙甫，2008，《直系成分分析法——论结构分析中确保成分完整性的问题》，《中国语文》第 1 期。

陆俭明，2004，《词语句法、语义的多功能性：对"构式语法"理论的解释》，《外国语》第 2 期。

陆俭明，2008，《构式语法理论的价值与局限》，《南京师范大学文学院学报》第 1 期。

陆俭明，2009，《构式与意象图式》，《北京大学学报》第 3 期。

陆俭明，2009，《从构式看语块》，"首届全国语言语块教学与研究学术研讨会"，对外经济贸易大学，5 月 17 日。

陆俭明，2010，《从构式看语块》，《中国语言学》第 4 期。

陆俭明，2011，《再论构式语块分析法》，《语言研究》第 2 期。

陆俭明，2016，《从语法构式到修辞构式再到语法构式》，《当代修辞学》第 1 期。

陆俭明，2016，《对构式理论的三点思考》，《外国语》第 2 期。

罗美君，2014，《"够呛"的认知分析及其相关结构式研究》，《长春大学学报》第 11 期。

罗琼鹏，2018，《等级性、量级结构与汉语性质形容词分类》，《汉语学习》第 1 期。

吕佩，2019，《从构式增扩的角度看"X 得不行"》，《汉语学习》第 3 期。

吕叔湘，1982，《中国文法要略》，商务印书馆。

吕叔湘、朱德熙，2013，《语法修辞讲话》，商务印书馆。

吕叔湘，2016，《现代汉语八百词（增订本）》，商务印书馆。

吕文杰，2013，《现代汉语程度范畴表达方式研究》，博士学位论文，吉林大学。

马建忠，2010，《马氏文通》，商务印书馆。

马庆株，1992，《汉语动词和动词性结构》，北京语言学院出版社。

马庆株，2002，《拟声词研究》，《著名中年语言学家自选集·马庆株卷》，安徽教育出版社。原载《语言研究论丛》，南开大学出版社 1987 版。

马庆株，2000，《汉语的语义语法范畴问题》，北京语言文化大学出版社。

孟德腾，2013，《强调高程度义的"别提多X（了）"类构式》，《汉语学习》第5期。

沐婷，2017，《极性程度补语研究》，硕士学位论文，浙江师范大学。

牛保义，2011，《构式语法理论研究》，上海外语教育出版社。

欧齐，1983，《用助词"得"连接的补语所表示的意义》，《汉语学习》第4期。

彭利贞，2007，《现代汉语情态研究》，中国社会科学出版社。

彭睿，2007，《构式语法化的机制和后果——以"从而"、"以及"和"极其"的演变为例》，《汉语学报》第3期。

彭睿，2020，《图式性构式的边界：边缘构例和变异构例》，《世界汉语教学》第3期。

［美］琼·拜比、里维尔·珀金斯、威廉·帕柳卡，2017，《语法的演化：世界语言的时、体和情态》，陈前瑞等译，商务印书馆。

饶勤，2009，《现代汉语拟声词连用的特殊作用》，《汉语学习》第6期。

邵敬敏，1981，《拟声词初探》，《语言教学与研究》第4期。

邵敬敏，1989，《拟声词的摹拟性与结构义》，《逻辑与语言学习》第5期。

沈家煊，1994，《"语法化"研究综观》，《外语教学与研究》第4期。

沈家煊，1995，《"有界"与"无界"》，《中国语文》第5期。

沈家煊，1998，《语用法的语法化》，《福建外语》第2期。

沈家煊，2001，《语言的"主观性"和"主观化"》，《外语教学与研究》第4期。

沈家煊，2004，《语用原则、语用推理和语义演变》，《外语教学与研究》第4期。

沈家煊，2006a，《概念整合与浮现意义——在复旦大学"望道论坛"报告述要》，《修辞学习》第5期。

沈家煊，2006b，《"糅合"和"截搭"》，《世界汉语教学》第4期。

盛丽春，2005，《"不得了"和"了不得"》，《长春师范学院学报》（人

## 参考文献

文社会科学版）第 6 期。

施春宏，2001，《名词的描述性语义特征与副名组合的可能性》，《中国语文》第 3 期。

施春宏，2002，《试析名词的语义结构》，《世界汉语教学》第 4 期。

施春宏，2011，《面向第二语言教学汉语构式研究的基本状况和研究取向》，《语言教学与研究》第 6 期。

施春宏，2012，《从构式压制看语法和修辞的互动关系》，《当代修辞学》第 1 期。

施春宏，2013，《句式分析中的构式观及相关理论问题》，《汉语学报》第 2 期。

施春宏，2014，《"招聘"和"求职"：构式压制中双向互动的合力机制》，《当代修辞学》第 2 期。

施春宏，2015，《构式压制现象分析的语言学价值》，《当代修辞学》第 2 期。

施春宏，2016，《互动构式语法的基本理念及其研究路径》，《当代修辞学》第 2 期。

施春宏，2017，《构式语法的理论路径和应用空间》，《汉语学报》第 1 期。

施春宏，2018，《形式和意义互动的句式系统研究》，商务印书馆。

石毓智，2001，《肯定和否定的对称与不对称（增订本）》，北京语言大学出版社。

石毓智，2018，《语法构式的标记性差异——以现代汉语的语法现象为例》，《浙江外国语学院学报》第 1 期。

史维国，2016，《"语义滞留"原则及其在汉语语法中的表现》，《外语学刊》第 6 期。

宋永圭，2004，《现代汉语情态动词"能"的否定研究》，博士学位论文，复旦大学。

汤传扬，2017，《程度补语"紧""很"的历史与现状》，《汉语学报》第 2 期。

唐贤清、陈丽，2011，《"死"作程度补语的历时发展及跨语言考察》，《语言研究》第 3 期。

唐雪凝、张金圈，2011，《表感叹性评价的"这 NV 的"构式分析》，《语言科学》第 2 期。

唐玉环，2019，《论"想不 X 都难"构式》，《汉语学报》第 4 期。

唐正大、强星娜，2019，《言者—主体—观者三方的知情状态与"假装"的反叙实效应》，《辞书研究》第 1 期。

汪国胜、杨黎黎、李沛，2015，《构式"要多 A 有多 A"的跨句语法化》，《语文研究》第 2 期。

王春辉，2010，《了得、了不得、得了、不得了》，《现代语文》第 8 期。

王力，1985，《中国现代语法》，商务印书馆。

王连盛、吴春相，2019，《新兴主观极量表达的补位强势现象分析》，《语言研究集刊》第 2 期总第 24 辑。

王邱丕、施建基，1990，《程度与情状》，《中国语文》第 6 期。

王世凯，2010，《"去"和"多"作形容词程度补语的原因——兼谈述程式结构语法意义的分野》，《语文研究》第 1 期。

王伟，2000，《情态动词"能"在交际过程中的义项呈现》，《中国语文》第 3 期。

王伟民，2020，《述宾还是状中："情态动词 + VP"结构关系研究》，博士学位论文，上海师范大学。

王晓辉、池昌海，2014，《程度评价构式"X 就不用说了"研究》，《世界汉语教学》第 2 期。

王晓辉，2018，《习语构式的动态浮现——由程度评价构式"X 没说的"说开去》，《语言教学与研究》第 4 期。

王寅，2006，《认知语法概论》，上海外语教育出版社。

王寅，2009，《构式压制、词汇压制和惯性压制》，《外语与外语教学》第 12 期。

王寅，2011，《构式语法研究》（上下卷），上海外语教育出版社。

王寅、严辰松，2005，《语法化的特征、动因和机制——认知语言学视

## 参考文献

野中的语法化研究》,《解放军外国语学院学报》第 4 期。

文旭、杨旭,2016,《构式化:历时构式语法研究的新路径》,《现代外语》第 6 期。

吴春相、刘君章,2010,《汉语"拟声词"演化过程分析》,《淮北煤炭师范学院学报》(哲学社会科学版)第 1 期。

吴长安,1997,《口语句式"W 死了"的语义、语法特点》,《东北师大学报》(哲学社会科学版)第 1 期。

吴福祥,1999,《试论现代汉语动补结构的来源》,中国社会科学出版社。

吴福祥,2000,《关于动补结构"V 死 O"的来源》,《古汉语研究》第 3 期。

吴继峰,2014,《现代汉语新兴极性程度补语试析》,《海外华文教育》第 1 期。

吴为善,2016,《构式语法与汉语构式》,学林出版社。

武钦青,2012,《述程结构"V/A + 得 + 程度补语"研究》,硕士学位论文,上海师范大学。

项开喜,1997,《汉语重动句式的功能研究》,《中国语文》第 4 期。

谢平,2011,《浅论现代汉语的程度表达》,《世界汉语教学》第 3 期。

邢福义,1991,《现代汉语》,高等教育出版社。

徐盛桓,2006,《常规推理与"格赖斯循环"的消解》,《外语教学与研究》第 3 期。

徐时仪,2009,《"了不得"与"不得了"的成词与词汇化考探》,《江苏大学学报》(社会科学版)第 1 期。

徐文君,2013,《"X 得可以"的用法及形成》,《长江大学学报》第 2 期。

徐文君,2013,《"X 得可以"与"X 得厉害"的比较》,《赤峰学院学报》(汉文哲学社会科学版)第 6 期。

许绍早,1956,《略论补足语》,《东北人民大学人文科学学报》第 2 期。

(东汉)许慎,2012,《说文解字》,浙江古籍出版社。

严辰松,2006,《构式语法论要》,《解放军外国语学院学报》第 4 期。

杨黎黎，2014，《情态词"可以"的主观量度考察》，《语言与翻译》第 1 期。

杨黎黎、汪国胜，2018，《基于使用的语言观下频率对图式构式的建构作用》，《语言教学与研究》第 4 期。

杨平，1989，《"动词 + 得 + 宾语"结构的产生和发展》，《中国语文》第 1 期。

杨旭，2019，《构式化思想的演进及相关问题探讨》，《外国语文》第 1 期。

姚海斌，2020，《现代汉语程度补语"不得了"与"了不得"研究》，《对外汉语研究》第 2 期总第 22 期。

姚海斌，2021，《高程度溯因感叹构式"这是得有多 X"》，《语言研究集刊》第 2 期总第 28 辑。

叶南，2007，《程度副词作状语和补语的不对称性》，《西南民族大学学报》第 5 期。

殷树林，2011，《也说"完了"》，《世界汉语教学》第 3 期。

于国栋、吴亚欣，2003，《话语标记的顺应性解释》，《解放军外国语学院学报》第 1 期。

余光武、满在江，2008，《连词"完了"来源新解——兼谈"完了"与"然后"的区别》，《语言教学与研究》第 1 期。

余志鸿，1991，《补语在句中的语义联系》，《汉语学习》第 6 期。

袁明军，2007，《〈现代汉语词典〉里的拟声词》，《语文研究》第 1 期。

袁毓林、李湘、曹宏、王健，2009，《"有"字句的情景语义分析》，《世界汉语教学》第 3 期。

张宝，2017，《现代汉语否定式程度补语研究》，硕士学位论文，天津师范大学。

张伯江，1999，《现代汉语的双及物结构式》，《中国语文》第 3 期。

张伯江、方梅，1996，《汉语功能语法研究》，江西教育出版社。

张国宪，1995，《现代汉语的动态形容词》，《中国语文》第 5 期。

张国宪，2000，《现代汉语形容词的典型特征》，《中国语文》第 5 期。

# 参考文献

张国宪，2006，《性质、状态和变化》，《语言教学与研究》第 3 期。

张国宪，2006，《现代汉语形容词功能与认知研究》，商务印书馆。

张虹，2016，《带"不"的高程度义补语》，硕士学位论文，江西师范大学。

张辉，2017，《论主观极量义构式"X 得不行"》，《汉语学习》第 3 期。

张静，1982，《谈象声词》，《汉语学习》第 4 期。

张丽丽、刘闻笛，2013，《现代汉语拟声词的重叠用法》，《河北科技师范学院学报》（社会科学版）第 4 期。

张敏，1998，《认知语言学与汉语名词短语》，中国社会科学出版社。

张晓琴，2017，《程度构式"一点儿也不 X"的研究》，硕士学位论文，湘潭大学。

张谊生，2000，《程度副词充当补语的多维考察》，《世界汉语教学》第 2 期。

张谊生，2010，《现代汉语副词分析》，上海三联书店。

张谊生，2012，《试论叠加、强化的方式、类型与后果》，《中国语文》第 2 期。

张谊生主编，2013，《现代汉语》，中国人民大学出版社。

张谊生，2014，《现代汉语副词研究（修订本）》，商务印书馆。

张谊生，2014，《试论当代汉语新兴的补语标记"到"》，《当代语言学》第 1 期。

张谊生，2015，《从到顶义述宾短语到极性义程度副词——以"之极、至极"和"之至、之致"为例》，《语言科学》第 4 期。

张谊生，2018，《从夸张类别到穷尽方式与强调程度——"百般、万般"与"千般"的表达功能与演化模式探讨》，《语言研究》第 1 期。

张谊生，2019，《"很/太＋名/动"的形化模式与演化机制及其表达功用——兼论程度副词在相应组配中的四种功用》，《汉语学习》第 5 期。

张志公，1953，《汉语语法常识》，中国青年出版社。

赵军，2006，《极性程度副词研究》，硕士学位论文，上海师范大学。

赵丽华，2017，《习语性程度补语程度义的来源、成因及多维考察》，硕士学位论文，上海师范大学。

赵日新，2001，《形容词带程度补语结构的分析》，《语言教学与研究》第 6 期。

赵雅青，2010，《强调感叹义的"那/这叫一个 X"句式》，《华中师范大学研究生学报》第 1 期。

赵彧，2020，《语用推理与极性程度义的获得——以构式"V 过 A 的，没 V 过这么 A 的"为例》，《汉语学习》第 4 期。

赵元任，2010，《汉语口语语法》，吕叔湘译，商务印书馆。

赵长才，2002，《结构助词"得"的来源以及"V 得 C"述补结构的形成》，《中国语文》第 2 期。

甄珍，2015，《现代汉语主观极量构式"要多 A 有多 A"研究》，《汉语学习》第 1 期。

甄珍，2016，《现代汉语口语主观评议构式"那叫一个 A"研究》，《语言教学与研究》第 3 期。

甄珍、丁崇明，2020，《新兴主观超量构式"要不要这么 A"研究》，《汉语学习》第 1 期。

郑天刚，2002，《"会"与"能"的差异》，出自郭继懋、郑天刚主编《似同实异》，中国社会科学出版社。

中国社会科学院语言研究所词典编辑室编，2017，《现代汉语词典》（第 7 版），商务印书馆。

周颖，2019，《构式"X 在线"及相关构式解析》，《通化师范学院学报》第 5 期。

朱德熙，2002，《语法讲义》，商务印书馆。

朱冠明，2002，《〈摩诃僧祇律〉情态动词研究》，博士学位论文，复旦大学。

朱俊阳，2010，《"似的"结构》，《世界汉语教学》第 3 期。

朱磊，2018，《现代汉语程度副词的新形式和新功能研究》，博士学位论文，上海师范大学。

# 参考文献

卓尔，2018，《后置极限义程度补语"不行"考察》，硕士学位论文，华中师范大学。

宗守云，2010，《补语"透"语义的泛化与虚化》，《汉语学习》第6期。

宗守云，2014，《从"到家"的演变看终点义到极致义的语义发展路径》，《世界汉语教学》第3期。

宗守云，2018，《"R不是一般的X"构式的高程度性质及其获得途径》，《当代修辞学》第5期。

宗守云，2020，《"连"字句和社会固有模式》，《语言文字周报》7月16日。

Barcelona, A., 2000, *Metaphor and Metonymy at the Crossroads*: *A Cognitive Perspective*, Berlin New York: Mouton de Gruyter.

Barlow, M. & S. Kemmer, 2000, *Usage Based Models of Language*, Stanford: CSLI Publication.

Barnett, M. A., 1989, *More Than Meets the Eye——Foreign Language Reading*: *Theory And Practice*, New Jersey: Prentice Hall Regent.

Bergs, Alexander & Gabriele Diewald, 2008, *Constructions and Language Change Trends in Linguistics*: *Studies and Monographs*, Berlin: Mouton de Gruyter.

Bergs, A. & D. Diewald, 2009, *Contexts and Constructions*, Amsterdam: Benjamins.

Biber & Douglas and Edward Finegan, 1988, Adverbial stance types in English, *Discourse Processes*, (11).

Bybee, J. L., 2010, *Language, Usage and Cognition*, Cambridge: Cambridge University Press.

Bybee, J. L., Pagliuca, W., 1987, *The Evolution of Future Meaning*, In: Ramat, A. G., Carruba, O, Bernini, G. (Eds.), *Papers from the 7th International Conference on Historical Linguistics*, Berlin: Mouton de Gruyter.

Chafe, W., 1995, The Realis-irrealis Distinction in Caddo, the Northern

Iroquoian Languages, and English. Joan Bybee & Suzanne Fleischman. *Modality in Grammar and Discourse*, Amsterdam: John Benjamins Publishing Company.

Coates, J., 1983, *The Semantics of the Modal Auxiliaries*, London and Canberra: Croom Helm Ltd.

Comrie, B., 1976, *Aspect*, Cambridge: Cambridge University Press.

Comrie, B., 1985, *Tense*, Cambridge: Cambridge University Press.

Conrad & Biber, 2000, Adverbial marking of stance in speech and writing. In Hunston, Susan and Geoff Thompson (eds.), *Evaluation in Text: Authorial Stance and the Construction of Discourse*, Oxford: Oxford University Press.

Croft, W., 1991, *Syntactic Categories and Grammatical Relations*, Chicago: University of Chicago Press.

Croft, W., 2001, *Radical Construction Grammar: Syntactic Theory in Typological Perspective*, Oxford: Oxford University Press.

Croft, W., 2003, *Typology and universals*, Cambridge: Cambridge University Press.

Croft, W. & D. Alan Cruse, 2004, *Cognitive Linguistics*, Cambridge: Cambridge University Press: 15.

De Swart, Henriette, 1998, Aspect Shift and Coercion, *Natural Language and Linguistic Theory*, (16).

Fillmore, Charles J. Paul Kay and Mary Catherine O'Connpr, 1988, Regularity and Idiomaticity in Grammatical Construction: The Case of Let Alone, *Language*, 64 (3).

Fried, M., 2008, *Constructions and Constructs: Mapping a Shift between Predication and Attribution*, A. Bergs & G. Diewald, Constructions and Language Change, Berlin/New York: Mouton de Gruyter.

Gisborne, N., 2011, Constructions, Word Grammar and Grammaticalization, *Cognitive Linguistics*, 22 (1).

# 参考文献

Givón, T., 1979, *On Understanding Grammar*, New York: Academic Press.

Goldberg, Adele E., 1995, *Constructions: A Construction Grammar Approach to Argument Structure*, Chicago and London: The University of Chicago Press.

Goldberg, Adele E., 2002, Surface Generalizations: An Alternative to Alternations, *Cognitive Linguistics*, (13): 327 – 356.

Goldberg, Adele E., 2003, Constructions: A New Theoretical Approach to Language, 外国语 (3).

Goldberg, Adele E., 2006, *Constructions at Work: The Nature of Generalization in Language*, Oxford: Oxford University Press.

Goldberg, Adele E., 2013, Constructionist Approaches, T. Hoffmann & G. Trousdale, *The Oxford Handbook of Construction Grammar*, Oxford: Oxford University Press.

Haiman, John, 1985, *Natural Syntax*, Cambridge: Cambridge University Press.

Hall, S., 1973, *Encoding and Decoding in the Television Discourse*, Birmingham: University of Birmingham, Centre for Contemporary Cultural Studies.

Halliday, M. A. k., 1970, Language Structure and Language Function, In John Lyons (eds.), *New horizons in linguistics*, Harmondsworth: Penguin Boooks.

Hilpert, M., 2013, *Constructional Change in English: Developments in Allomorphy, Word-formation and Syntax*, Cambridge: Cambridge University Press.

Hopper, P. J., 1991, *On Some Principles of Grammaticization*, In Traugott, E. C., Heine, B. (Eds.), *Approaches to Grammaticalization*, Amsterdan: Benjamins,

Hopper, P. J. & Traugott, E. C., 1993, *Grammaticalization*, Cambridge: Cambridge University Press.

Hopper, P. J. & Traugott, E. C., 2001, *Grammaticalization*, Beijing: Foreign Language Teaching and Research Press.

Lakoff, G. & Johnson, M., 1980, *Metaphors We Live By*, Chicago: University of Chicago Press.

Lakoff, G., 1987, *Women, Fire and Dangerous Things*, Chicago: University of Chicago Press.

Langacker, R. W., 2007, *Ten Lectures on Cognition Grammar by Ronald Langacker*, 高远、李福印主编, 外语教学与研究出版社.

Langacker, R. W., 1987, *Foundations of Cognitive Grammar (Vol 1): Theoretical Prerequisites*, Stanford: Stanford University Press.

Langacker, R. W., 1990, Subjectification, *Cognition Linguistics*, (1): 5-38.

Langacker, R. W., 1991, *Foundations of Cognitive Grammar 2: Descriptive Application*, Stanford: Stanford University Press.

Langacker, R. W., 2008, *Cognition Grammer: A Basic Introduction*, Oxford: Oxford University Press.

Lehmann, C., 1995, *Thoughts on Grammaticalization*, Munich: Lincom Europa.

Lyons, J., 1977, *Semantics*, Cambridge: Cambridge University Press.

Masaru Kanetani, 2018, *Causation and Reasoning Constructions*, John Benjamins Publishing Company.

Morgan, J., 1978, Two Types of Convention in Indirect Speech Acts, In P. Cole (ed.), *Syntax and Semantics Vol 9*, New York Academic Press.

Palmer, F. R., 1986, *Mood and Modality (1st edition)*, Cambridge: Cambridge University Press.

Perkins, Michael R., 1983, *Modal Expressions in English*, Norwood: Ables Publishing Co.

Robert (eds.), 2007, *Stancetaking in Discourse: Subjectivity, Evaluation,*

*Interaction*, Amsterdam and Philadel phia: John Benjamins Publishing Co.

Taylor, John, 1995, *Linguistic Categorization: Prototypes in Linguistic Theory*, Oxford: Oxford University Press.

Taylor, J. R., 2002, *Cognitive Grammar*, Oxford: Oxford University Press.

Tiee, Henry Hung-Yeh, 1985, Modality in Chinese, In: Nam-Kil and Henry Hung-Yeh Tiee (eds.), *Studies in East Asian Linguistics*, Los Angeles: Department of East Asian Languages and Cltures. University of Southern California, 84 – 96.

Traugott, E. C., 1995, *Subjectification in Grammaticalization*, In Stein & Wright (eds.), *Subjectivity and Subjectivisation: Linguistic Perspectives*, Cambridge: Cambridge University Press.

Traugott, E. C., 2014, Toward A Constructional Framework for Research on Language, *Cognitive Linguistic Studies*, (1): 3 – 21.

Traugott, E. C. & G. Trousdale, 2013, *Constructionalization and Constructional Changes*, Oxford: Oxford University Press.

Trousdale, G. & M. Norde, 2013, Degrammaticalization and Constructionalization: Two Case Studies, *Language Science*, (36).

Vendler, Z., 1967, *Linguistics and Philosophy*, Ithaca: Cornell University Press.

Verhagen, A., 2007, *Construction of Intersubjectivity: Discourse, Syntax, and Cognition*, Oxford: Oxford University Press.

Violi, P., 2003, Embodiment at the Crossroads between Cognition and Semiosis, *Recherches En Communication*.

# 后　　记

"试玉要烧三日满，辨材须待七年期"这是我博士学位论文致谢的开头，那时候不知道如何落就致谢的第一笔才能表述文稿完成的心情，只好借他人之言，如今书稿的后记就再借用一次吧。时间不言只是奔流向前，转眼博士毕业已经近三年，这本小书也要出版面世，心里不免欣喜又有些许惶恐，欣喜在于它可以接受大家的批评指正，惶恐在于它似乎略显稚嫩，甚至会存在些许纰漏。无论如何，这本小书的顺利出版要感谢很多人。

这本小书是在博士学位论文基础上略加改动写就的。读博第一年几易选题，最终选定汉语程度构式作为学术研究的起步。构式理论解释力很强，程度范畴又是人类的一个普遍范畴，将二者结合起来探索汉语程度构式类型、构式演化进而探索关于程度的认知特征和识解方式。这是选题时的设想，也是我的博士导师对我博士学位论文的期待。在上海师范大学写博士学位论文的那段时间是十分纯粹的，因为纯粹所以快乐。论文写作过程中得到导师宗守云的精心指导，宗老师是我从事语法研究的领路人，学术上的点滴进步都源于导师的谆谆教诲。宗老师对语言研究有着极高的热情和不凡的造诣，指引我的语言研究一步步往前推进。书稿落就，感谢恩师。同时也要十分感谢张谊生老师给予论文学术上的匡正，开题、预答辩、答辩以及日常的课程及论文写作，都得到张老师的悉心指导。正所谓"蓬生麻中，不扶自直"，师大的学术氛围让我能够得到最好的浸润。本书部分成果已经刊发在

# 后　记

不同期刊上，感谢期刊编辑部及审稿专家们对文章的指点精进。

书稿从无到有，从粗到精离不开各位方家指正，也离不开字斟句酌的推敲斧凿。博士研究生毕业后这本小书沉淀了两年，2023年开始筹划将它出版面世。逐字逐句重读这份成果，还是为书中的一些理论深度和表达方式感到遗憾，只能尽力弥补。或许对于学术甚至对于人生而言，遗憾都是常有的，我们只要交出阶段内令人满意的答卷便可得到些许慰藉。感谢大连大学文学院领导们对这本书的出版给予支持与帮助。感谢中国社会科学出版社愿意出版此书，尤其感谢编辑王越，王越编辑毕业于北大，专业、细致、高效、思维敏捷是她给我的印象，整个编辑出版过程她付出很多，不仅字斟句酌地审读稿件，还给予了很多观点上的斧正。

最后，我想说说语言研究之于我的意义。法国哲学家帕斯卡有个著名论断："人是一根会思考的芦苇"，思考需要借助语言，语言之于人类的重要性不言自明。中国传统文人关于语言是慎之又慎，"两句三年得，一吟双泪流""为人性僻耽佳句，语不惊人死不休"……。我常想在现今凡事追求效率、追求速度的大环境下，"皓首穷经""板凳甘坐十年冷"的学术精神似乎更加重要，甚至弥足珍贵。无论外界如何变换流转，对待学术要一直保持敬畏，保持严谨，保持进步。于我而言，能从事语言研究是项快乐的事业，也是一件极为幸运的事情，我也必将继续行走在美妙的语言世界。

再次用博士学位论文致谢的结尾为本书作结，未来"愿乘长风破万里浪"。

姚海斌

2024年3月28日